#나의_사원증_미리_채우기

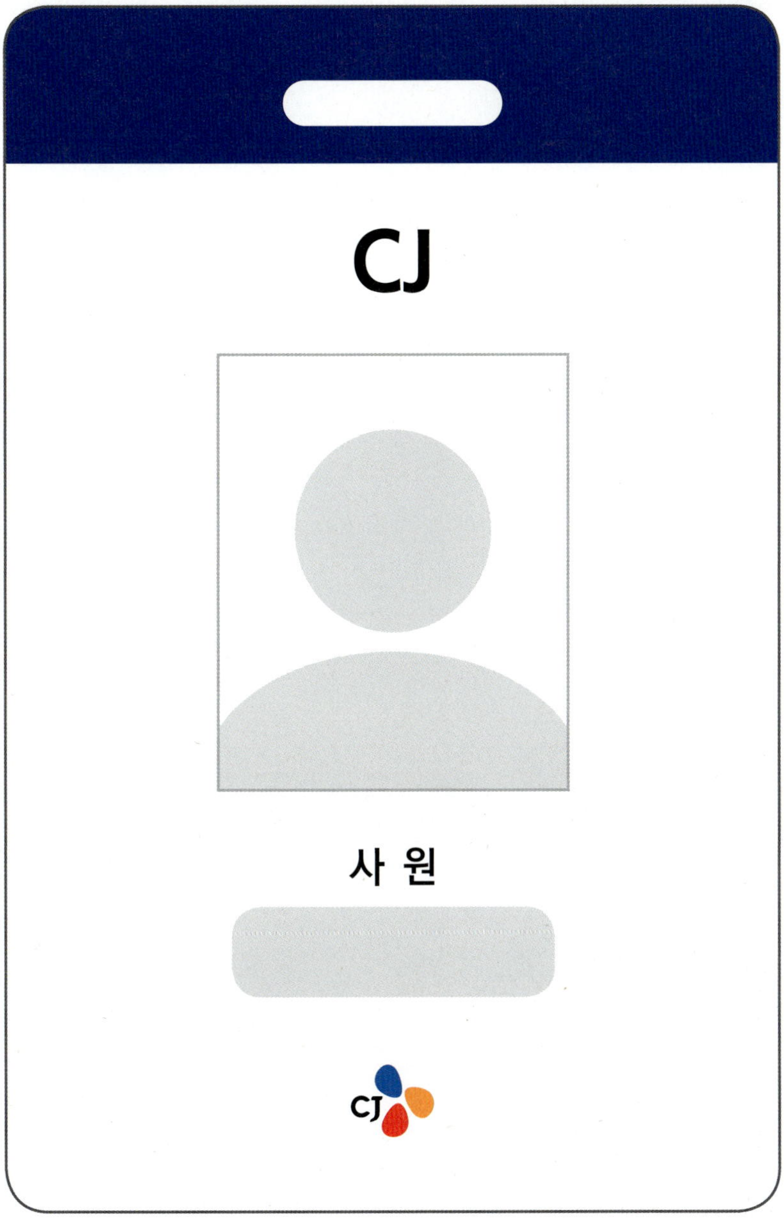

#취뽀성공 #합격은_나의_것 #올취완_올해취업완료 #CJ_신입사원

사
이
다

사일 동안
이것만 풀면
다 합격!

CJ그룹
온라인 CAT

시대에듀

2025 하반기 시대에듀 사이다 모의고사
CJ그룹 CAT 온라인 적성검사

Always **with you**

사람의 인연은 길에서 우연하게 만나거나 함께 살아가는 것만을 의미하지는 않습니다.
책을 펴내는 출판사와 그 책을 읽는 독자의 만남도 소중한 인연입니다.
시대에듀는 항상 독자의 마음을 헤아리기 위해 노력하고 있습니다. 늘 독자와 함께하겠습니다.

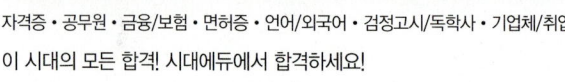

머리말 PREFACE

삼성그룹의 모태 기업으로 자리했던 CJ그룹은 창립기와 도약기를 거쳐 종합식품회사로 성장하고 이를 발판으로 첨단 기술 개발과 해외 진출을 시작했다. 1990년대 중반, 삼성그룹으로부터 독립한 이후에는 독자적인 사업 다각화를 통해 식품&식품서비스, 생명공학, 신유통, 엔터테인먼트&미디어의 4대 핵심 사업군을 구축, 현대 4대 핵심 사업군에서의 Leading Company로 성장했다.

이에 맞추어 CJ그룹은 채용절차에서 업무에 필요한 기초직무수행능력과 가치관을 알아봄으로써 수험생들이 CJ그룹 인재상에 부합하는 인재인지 객관적으로 검증하기 위해 적성검사(Cognitive Ability Test)와 인성검사(CJ Culture Fit Test)를 실시한다.

2018년 하반기와 2019년 하반기에 시행한 CAT에서 많은 변화를 선보였던 CJ그룹은 2020년부터 CAT와 CIT, 논술시험 등 계열사별로 별도의 시험을 치르기 시작했으며, 나아가 2021년 상반기부터는 새로운 유형이 반영된 온라인 CAT를 선보였다.

이에 시대에듀에서는 수험생들이 CJ그룹 CAT 온라인 적성검사에 대한 '철저한 준비'가 가능하도록 다음과 같은 특징을 지닌 본서를 출간하였다.

도서의 특징

❶ 언어이해/언어추리/자료해석/창의수리 총 4개의 출제영역으로 구성된 모의고사를 4회분 수록하여 매일 1회씩 풀며 시험 전 4일 동안 자신의 실력을 최종적으로 점검할 수 있도록 하였다.

❷ 전 회차에 도서 동형 온라인 실전연습 서비스를 제공하여 실제로 온라인 시험에 응시하는 것처럼 연습할 수 있도록 하였다.

❸ 온라인 모의고사 2회분을 더해 부족한 부분을 추가적으로 학습할 수 있도록 하였다.

끝으로 본서로 CJ그룹 입사를 준비하는 여러분 모두의 건강과 합격을 진심으로 기원한다.

SDC(Sidae Data Center) 씀

CJ그룹 기업분석 INTRODUCE

CJ는 ONLYONE 정신으로 세계인의 문화를 만들어 간다.

◇ 전략목표

CULTURE

문화를 만드는 일은 CJ가 가장 잘하는 일이다. CJ는 우리의 아름다운 문화를 전 세계 인들에게 알리기 위해 가장 앞서 달리고 있다. 세계의 라이프스타일을 주도하는 한류의 중심에 CJ가 있다.

GLOBAL

전 세계인이 일상생활 속에서 한국의 영화, 음식, 드라마, 음악을 마음껏 즐기며 일상의 행복을 누리게 되는 것 그리고 이를 가장 앞서서 이끄는 최고의 생활문화기업이 되는 것이 바로 CJ의 꿈이다.

ONLYONE

ONLYONE 정신은 모든 면에서 최초, 최고, 차별화를 추구하는 CJ가 최우선으로 지향하는 가치다. 이를 바탕으로 CJ는 남들이 하지 않은 새로운 제품과 서비스, 시스템, 사업을 지속적으로 창출해 가고 있다.

◇ 미션

ONLYONE 제품과 서비스로 **최고의 가치**를
창출하여 국가사회에 기여한다.

◇ 비전

건강, 즐거움, 편리를 창조하는 **글로벌 생활문화기업**

◇ 핵심가치

인재	ONLYONE	상생
일류인재, 강유문화	최초, 최고, 차별화	생태계 조성, 공유가치

◇ 행동원칙

정직 · 열정 · 창의 · 존중

신입사원 채용 안내 INFORMATION

◇ 모집시기

❶ 상반기와 하반기에 인력소요가 있는 계열사별로 진행한다.

❷ 계열사별 채용 시기가 다를 수 있다.

◇ 지원방법

❶ CJ그룹 채용 홈페이지(recruit.cj.net)에 로그인하여 원하는 공고를 클릭한다.

❷ 채용공고에 따라 지원서를 작성하고 접수기간 내에 제출한다.

❸ 이후 해당 계열사의 전형 절차에 따라 응시한다.

◇ 채용절차

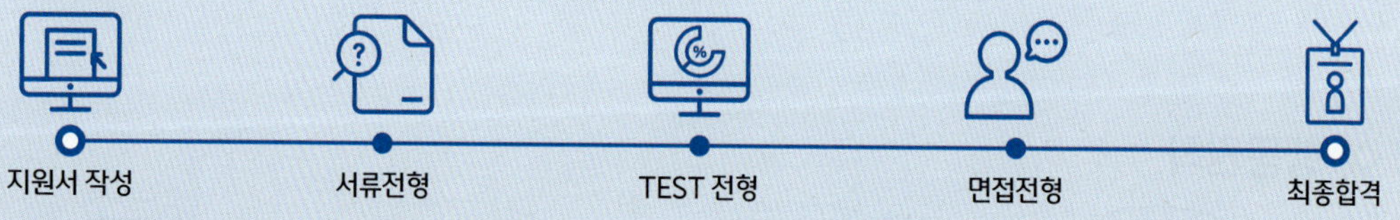

❖ 채용절차는 채용유형 · 직무 · 시기 등에 따라 변동될 수 있으니 반드시 CJ에서 발표하는 채용공고를 확인하기 바랍니다.

2025년 상반기 기출분석 ANALYSIS

총평

2025년 상반기 CJ그룹 CAT 온라인 인적성검사는 2024년 하반기와 동일한 문항 수, 영역으로 출제되었으며, 언어이해 · 언어추리 · 자료해석 · 창의수리 4가지 영역 모두 난도가 평이했다는 후기가 많았다. 한편, 일부 계열사의 창의수리 영역에서는 수열 문제가 출제되지 않았다. 제한시간에 비해 풀어야 하는 문제가 많으므로 모든 문제를 풀기보다는 정확하게 풀 수 있는 문제에 집중하는 것이 효율적이다. CJ그룹이 온라인 환경에서 제공하는 메모장, 그림판, 계산기만 사용할 수 있으므로 평소에 실제 시험 환경을 최대한 비슷하게 조성하여 연습했다면 좋은 결과를 얻었으리라 생각된다.

◇ 영역별 출제비중

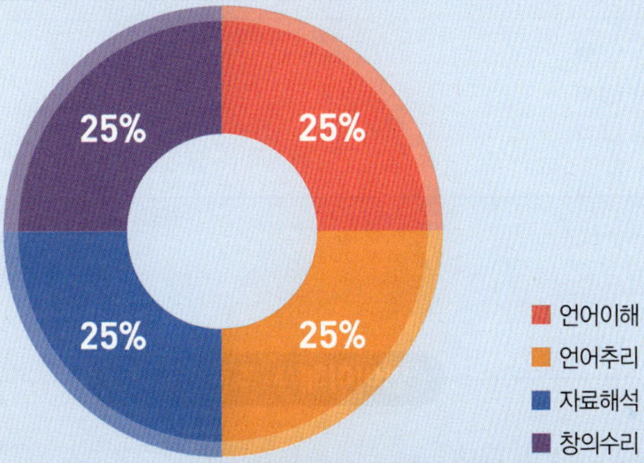

◇ 영역별 출제특징

구분	영역	출제특징
적성검사 (CAT)	언어이해	• 지문의 주제를 찾는 문제 • 지문과 일치하는 내용을 찾는 문제 • 문단 순서를 바르게 나열하는 문제
	언어추리	• 제시된 명제를 통해 참/거짓을 추론하는 문제 • 제시된 결론의 옳고 그름을 판단하는 문제 • 지문의 주장을 반박하는 내용을 찾는 문제
	자료해석	• 표에 제시된 수치를 해석하는 문제 • 증감률, 이익률 등을 계산하는 문제
	창의수리	• 거리 · 속력 · 시간, 농도 등 일차방정식을 활용하는 문제 • 직원 비율을 이용해 직원 수를 구하는 문제

CJ

자료해석 ▶ 자료계산

2025년 적중

07 다음은 농구 경기에서 갑 ~ 정 4개 팀의 월별 득점에 관한 자료이다. 빈칸에 들어갈 수치로 가장 적절한 것은?(단, 각 수치는 매월 일정한 규칙으로 변화한다)

〈월별 득점 현황〉

(단위 : 점)

구분	1월	2월	3월	4월	5월	6월	7월	8월	9월	10월
갑	1,024	1,266	1,156	1,245	1,410	1,545	1,205	1,365	1,875	2,012
을	1,352	1,702	2,000	1,655	1,320	1,307	1,232	1,786	1,745	2,100
병	1,078	1,423		1,298	1,188	1,241	1,357	1,693	2,041	1,988
정	1,298	1,545	1,658	1,602	1,542	1,611	1,080	1,458	1,579	2,124

① 1,358
② 1,397
③ 1,450
④ 1,498
⑤ 1,522

SK

언어이해 ▶ 추론적 독해

2025년 적중

01 다음 글을 읽고 추론한 내용으로 가장 적절한 것은?

EU는 1995년부터 철제 다리 덫으로 잡은 동물 모피의 수입을 금지하기로 했다. 모피가 이런 덫으로 잡은 동물의 것인지, 아니면 상대적으로 덜 잔혹한 방법으로 잡은 동물의 것인지 구별하는 것은 불가능하다. 그렇기 때문에 EU는 철제 다리 덫 사용을 금지하는 나라의 모피만 수입하기로 결정했다. 이런 수입 금지 조치에 대해 미국, 캐나다, 러시아는 WTO에 제소하겠다고 위협했다. 결국 EU는 WTO가 내릴 결정을 예상하여, 철제 다리 덫으로 잡은 동물의 모피를 계속 수입하도록 허용했다.

또한 1998년부터 EU는 화장품 실험에 동물을 이용하는 것을 금지했을 뿐만 아니라, 동물실험을 거친 화장품의 판매조차 금지하는 법령을 채택했다. 그러나 동물실험을 거친 화장품의 판매 금지는 WTO 규정 위반이 될 것이라는 유엔의 권고를 받았다. 결국 EU의 판매 금지는 실행되지 못했다.

한편 그 외에도 EU는 성장 촉진 호르몬이 투여된 쇠고기의 판매 금지 조치를 시행하기도 했다. 동물복지를 옹호하는 단체들이 소의 건강에 미치는 영향을 우려해 호르몬 투여 금지를 요구했지만, EU가 쇠고기 판매를 금지한 것은 주로 사람의 건강에 대한 염려 때문이었다. 미국은 이러한 판매 금지 조치에 반대하며 EU를 WTO에 제소했고, 결국 WTO 분쟁패널로부터 호르몬 사용이 사람의 건강을 위협한다고 믿을 만한 충분한 과학적 근거가 없다는 판정을 이끌어 내는 데 성공했다. EU는 항소했다. 그러나 WTO의 상소 기구는 미국의 손을 들어주었다. 그럼에도 불구하고 EU는 금지 조치를 철회하지 않았다. 이에 미국은 1억 1,600만 달러에 해당하는 EU의 농업 생산물에 100% 관세를 물리는 보복 조치를 발동했고 WTO는 이를 승인했다.

① EU는 환경의 문제를 통상 조건에서 최우선적으로 고려한다.
② WTO는 WTO 상소기구의 결정에 불복하는 경우 적극적인 제재조치를 취한다.
③ WTO는 사람의 건강에 대한 위협을 방지하는 것보다 국가 간 통상의 자유를 더 존중한다.

삼성

수리 ▶ 확률

2025년 적중

01 서로 다른 2개의 주사위 A, B를 동시에 던졌을 때, 나온 눈의 곱이 홀수일 확률은?

① $\frac{1}{4}$
② $\frac{1}{5}$
③ $\frac{1}{6}$
④ $\frac{1}{8}$
⑤ $\frac{1}{10}$

KT

언어 ▶ 주제 · 제목 찾기

2025년 적중

※ 다음 글을 읽고 글의 주제로 가장 적절한 것을 고르시오. [3~4]

03

오늘날 사회계층 간 의료수혜의 불평등이 심화되어 의료이용도의 소득계층별, 지역별, 성별, 직업별, 연령별 차이가 사회적 불만의 한 원인으로 대두되고, 보건의료서비스가 의 · 식 · 주에 이어 제4의 기본적 수요로 인식됨에 따라 의료보장제도의 필요성이 나날이 높아지고 있다.
의료보장제도란 국민의 건강권을 보호하기 위하여 요구되는 필요 보건의료서비스를 국가나 사회가 제도적으로 제공하는 것을 말하며 건강보험, 의료급여, 산재보험을 포괄한다. 이를 통해 상대적으로 과다한 재정의 부담을 경감시킬 수 있으며, 국민의 주인의식과 참여 의식을 고취할 수 있다.
의료보장제도는 의료수혜의 불평등을 해소하기 위한 사회적 · 국가적 노력이며, 예측할 수 없는 질병의 발생 등에 대한 개인의 부담능력의 한계를 극복하기 위한 제도이다. 또한 개인의 위험을 사회적 · 국가적 위험으로 인식하여 위험의 분산 및 상호부조 인식을 제고하기 위한 제도이기도 하다.
의료보장제도의 의료보험(National Health Insurance) 방식은 일명 비스마르크(Bismarck)형 의료제도라고 하는데, 개인의 기여를 기반으로 한 보험료를 주재원으로 하는 제도이다. 사회보험의 낭비를 줄이기 위하여 진찰 시에 본인 일부 부담금을 부과하는 것이 특징이라 할 수 있다. 반면, 국가보건서비스(National Health Service) 방식은 일명 조세 방식, 베버리지(Beveridge)형 의료제도라고 하며, 국민의 의료문제는 국가가 책임져야 한다는 관점에서 조세를 재원으로 모든 국민에게 국가가 직접 의료를 제공하는 의료보장방식이다.

① 의료보장제도의 장단점
② 의료보장제도의 개념과 유형
③ 의료보장제도의 종류
④ 의료급여제도의 필요성
⑤ 의료급여제도의 유형

학습플랜 STUDY PLAN

1일 차 학습플랜 1일 차 기출응용 모의고사

_____월 _____일			
언어이해	언어추리	자료해석	창의수리

2일 차 학습플랜 2일 차 기출응용 모의고사

_____월 _____일			
언어이해	언어추리	자료해석	창의수리

3일 차 학습플랜 3일 차 기출응용 모의고사

_____월 _____일			
언어이해	언어추리	자료해석	창의수리

4일 차 학습플랜 4일 차 기출응용 모의고사

_____월 _____일			
언어이해	언어추리	자료해석	창의수리

취약영역 분석 WEAK POINT

1일 차 취약영역 분석

시작 시간	:	종료 시간	:
풀이 개수	개	못 푼 개수	개
맞힌 개수	개	틀린 개수	개
취약영역 / 유형			
2일 차 대비 개선점			

2일 차 취약영역 분석

시작 시간	:	종료 시간	:
풀이 개수	개	못 푼 개수	개
맞힌 개수	개	틀린 개수	개
취약영역 / 유형			
3일 차 대비 개선점			

3일 차 취약영역 분석

시작 시간	:	종료 시간	:
풀이 개수	개	못 푼 개수	개
맞힌 개수	개	틀린 개수	개
취약영역 / 유형			
4일 차 대비 개선점			

4일 차 취약영역 분석

시작 시간	:	종료 시간	:
풀이 개수	개	못 푼 개수	개
맞힌 개수	개	틀린 개수	개
취약영역 / 유형			
시험일 대비 개선점			

이 책의 차례 CONTENTS

1일 차
기출응용 모의고사

〈문항 수 및 시험시간〉

CJ그룹 CAT 온라인 적성검사		
영역	문항 수	영역별 제한시간
언어이해	20문항	15분
언어추리	20문항	15분
자료해석	20문항	15분
창의수리	20문항	15분

CJ그룹 CAT 온라인 적성검사

1일 차 기출응용 모의고사

문항 수 : 80문항
시험시간 : 60분

제1영역 언어이해

01 다음 글의 내용으로 적절하지 않은 것은?

> 수박은 91% 이상이 수분으로 이뤄져 있어 땀을 많이 흘리는 여름철에 수분을 보충하고 갈증을 해소하는 데 좋다. 또한 몸에 좋은 기능 성분도 많이 들어 있어 여름의 보양 과일로 불린다. 수박 한 쪽이 약 100g이므로 하루에 6쪽이면 일일 권장량에 해당하는 대표적인 기능 성분인 리코펜과 시트룰린을 섭취할 수 있다고 한다. 그렇다면 좋은 수박을 고르기 위해서는 어떻게 해야 할까.
> 우선 신선한 수박은 수박 꼭지를 보고 판단할 수 있다. 수박은 꼭지부터 수분이 마르므로 길이나 모양에 상관없이 꼭지의 상태로 신선도를 판단할 수 있는 것이다. 예전엔 T자 모양의 수박 꼭지로 신선도를 판단했지만, 최근에는 「수박 꼭지 절단 유통 활성화 방안」에 따라 T자 모양 꼭지를 찾기 어려워졌다.
> 대신에 우리는 잘 익은 수박은 소리와 겉모양으로 구분할 수 있다. 살짝 두드렸을 때 '통통'하면서 청명한 소리가 나면 잘 익은 수박이며, 덜 익은 수박은 '깡깡'하는 금속음이, 너무 익은 수박은 '퍽퍽'하는 둔탁한 소리가 나게 된다. 또한 손에 느껴지는 진동으로도 구분할 수 있는데, 왼손에 수박을 올려놓고 오른손으로 수박의 중심 부분을 두드려본다. 이때 잘 익었다면 수박 아래의 왼손에서도 진동이 잘 느껴진다. 진동이 잘 느껴지지 않는다면 너무 익었거나 병에 걸렸을 가능성이 있다. 겉모양의 경우 호피무늬 수박은 껍질에 윤기가 나며 검은 줄무늬가 고르고 진하게 형성돼 있어야 좋다. 그리고 줄기의 반대편에 있는 배꼽의 크기가 작은 것이 당도가 높다.
> 최근에는 일부 소비자 가운데 반으로 자른 수박의 과육에 나타나는 하트 모양 줄무늬를 바이러스로 잘못 아는 경우도 있다. 이는 수박씨가 맺히는 자리에 생기는 '태좌'라는 것으로 지극히 정상적인 현상이다. 바이러스 증상은 수박잎에서 먼저 나타나기 때문에 농가에서 선별 후 유통한다. 또한 바이러스의 경우 꼭지에도 증상이 보이기 때문에 꼭지에 이상이 없다면 과육도 건강한 것이다.

① 수박은 91% 이상이 수분으로 이루어져 있어 여름철에 수분을 보충하기 좋은 과일이다.
② 수박 꼭지로부터 수박의 신선도를 판단할 수 있다.
③ 수박을 반으로 잘랐을 때 하트 모양의 줄무늬가 나타나면 바이러스에 감염된 것이다.
④ 잘 익은 수박의 경우, 살짝 두드렸을 때 '통통'하면서 청명한 소리가 난다.
⑤ 수박의 꼭지를 통해서 바이러스의 감염 여부를 확인할 수도 있다.

02 다음 글의 내용으로 가장 적절한 것은?

> 풍속화는 문자 그대로 풍속을 그린 그림이다. 세속을 그린 그림이라는 뜻에서 속화(俗畵)라고도 한다. 정의는 이렇게 간단하지만 따져야 할 문제들은 산적해 있다. 나는 풍속화에 대해 엄밀한 학문적 논의를 펼 만큼 전문적인 식견을 갖고 있지는 않다. 하지만 한 가지 확실하게 말할 수 있는 것은 풍속화가 인간의 모습을 화폭 전면에 채우는 그림이라는 사실이다. 그런데 현재 우리가 접하는 그림에서 인간의 모습이 그림의 전면을 차지하는 작품은 생각보다 많지 않다. 우리의 일상적인 모습은 더욱 그렇다. 만원 지하철에 시달리며 출근 전쟁을 하고, 직장 상사로부터 핀잔을 듣고, 포장마차에서 소주를 마시고, 노래방에서 스트레스를 푸는 평범한 사람들의 일상의 모습은 그림에 등장하지 않는다.
>
> 조선 시대에도 회화의 주류는 산수와 꽃과 새, 사군자와 같은 인간의 외부에 존재하는 대상을 그리는 것이었다. 이렇게 말하면 너무 지나치다고도 할 것이다. 산수화에도 인간이 등장하고 있지 않은가? 하지만 산수화 속의 인간은 산수에 부속된 것일 뿐이다. 산수화에서의 초점은 산수에 있지, 산수 속에 묻힌 인간에 있지 않다. 인간의 그림이라면, 초상화가 있지 않느냐고 물을 수도 있다. 사실 그렇다. 초상화는 인간이 화면 전체를 차지하는 그림이다. 나는 조선 시대 초상화에서 깊은 감명을 받은 적도 있다. 그것은 초상에 그 인간의 내면이 드러나 보일 때인데, 특히 송시열의 초상화를 보고 그런 느낌을 받았다. 하지만 초상화는 아무래도 딱딱하다. 초상화에서 보이는 것은 얼굴과 의복일 뿐, 구체적인 삶의 모습은 아니다.
>
> 이에 반해 조선 후기 풍속화는 인간의 현세적·일상적 모습을 중심 제재로 삼고 있다. 조선 사회가 양반 관료 사회인만큼 양반들의 생활이 그려지는 것은 당연하겠지만, 풍속화에 등장하는 인물의 주류는 이미 양반이 아니다. 농민과 어민 그리고 별감, 포교, 나장, 기생, 뚜쟁이 할미까지 도시의 온갖 인간들이 등장한다. 풍속화를 통하여 우리는 양반이 아닌 인간들을 비로소 만나게 된 것이다. 여성이 그림에 등장하는 것도 풍속화의 시대에 와서이다. 조선 시대는 양반·남성의 사회였다. 양반·남성 중심주의는 양반이 아닌 이들과 여성을 은폐하였다. 이들이 예술의 중심대상이 된 적은 거의 없었다. 특히 그림에서는 인간이 등장하는 일이 드물었고, 여성이 등장하는 일은 더욱 없었다. 풍속화에 와서야 비로소 여성이 회화의 주요대상으로 등장했던 것이다.
>
> 조선 시대 풍속화는 18, 19세기에 '그려진 것'이다. 물론 풍속화의 전통을 따지고 들면, 저 멀리 고구려 시대의 고분벽화에까지 이를 수 있다. 그러나 그것들은 의례적·정치적·도덕적 관념의 선전이란 목적을 가지고 '제작된 것'이다. 좀 더 구체적으로 말하자면, 죽은 이를 위하여, 농업의 중요성을 강조하고 생산력을 높이기 위하여 혹은 민중의 교화를 위하여 '제작된 것'이다. 이점에서 이 그림들은 18, 19세기의 풍속화와는 구분되어야 마땅하다.

① 풍속화는 인간의 외부에 존재하는 대상을 그리는 것이었다.
② 조선 후기 풍속화에는 양반들의 생활상이 주로 나타나 있다.
③ 조선 시대 산수화 속에 등장하는 인물은 부수적 존재에 불과하다.
④ 조선 시대 회화의 주류는 인간의 내면을 그린 그림이 대부분이었다.
⑤ 조선 전기에도 여성이 회화의 주요 대상으로 등장했다.

03 다음 글의 요지를 뒷받침할 수 있는 근거로 적절하지 않은 것은?

요즘 사람들은 티를 내고 싶어 안달한다. 유행에 민감한 소비자들의 행태를 자세히 살펴보라. 티를 내고 싶어 물불을 가리지 않는 사람들이 많다. 기업들은 그걸 간파하고 소비자들에게 티를 낼 것을 강력히 권유한다. 예컨대, 신용카드의 다음과 같은 광고 문구를 보자. '누구나 카드를 갖는 시대에 아무나 가질 수 없는 카드', '당신이 누구인지 말하지 마십시오. 다이너스 카드가 모든 걸 말해 드립니다.'

사람들의 그런 노력을 가리켜 부르디외는 '티 내기(Distinction)'라고 불렀다. 좀 어렵게 말하자면, 티 내기는 행위자들이 사회적인 구별을 확실히 하고 서로 구분되는 인지(認知) 양식을 확보하기 위해 사용하는 전략을 가리킨다. '티'란 '어떤 태도나 기색'을 의미한다. 그래서 우리는 '촌티'가 나느니 어쩌느니 하는 말을 한다. 물론 여기서 티 내기는 중상류층 사람들이 서민들과 구별되고 싶어 하는 상향적인 것을 의미하지만 말이다.

① 자신이 더욱 높은 계급에 속한 것처럼 보이고 싶어 하기 때문이다.
② 현대 사회는 개방된 시장에서의 경쟁으로 인해 개인의 선택의 폭이 넓어졌다.
③ 현대인은 타인과 구별되는 특별함을 가지고 싶은 욕구를 물질적으로 해소하려고 한다.
④ 타자화된 현대인들이 자신의 존재를 인정받으려는 욕구를 차별적인 방식으로 표출한다.
⑤ 중상류층 사람들이 서민들과 구별되고 싶어 하는 상향적인 것을 의미하는 단어는 '촌티'가 있다.

※ 다음 글의 주제로 가장 적절한 것을 고르시오. [4~5]

04

멸균이란 곰팡이, 세균, 박테리아, 바이러스 등 모든 미생물을 사멸시켜 무균 상태로 만드는 것을 의미한다. 멸균 방법에는 물리적, 화학적 방법이 있으며, 멸균 대상의 특성에 따라 적절한 멸균 방법을 선택하여 실시할 수 있다. 먼저 물리적 멸균법에는 열이나 화학약품을 사용하지 않고 여과기를 이용하여 세균을 제거하는 여과법, 병원체를 불에 태워 없애는 소각법, 100°C에서 10 ~ 20분간 물품을 끓이는 자비소독법, 미생물을 자외선에 직접 노출하는 자외선 소독법, 160 ~ 170°C의 열에서 1 ~ 2시간 동안 건열 멸균기를 사용하는 건열법, 포화된 고압증기 형태의 습열로 미생물을 파괴하는 고압증기 멸균법 등이 있다. 다음으로 화학적 멸균법은 화학약품이나 가스를 사용하여 미생물을 파괴하거나 성장을 억제하는 방법을 말한다. 여기에는 E.O가스, 알코올, 염소 등 여러 가지 화학약품이 사용된다.

① 멸균의 중요성
② 뛰어난 멸균 효과
③ 다양한 멸균 방법
④ 멸균 시 발생할 수 있는 부작용
⑤ 멸균 시 사용하는 약품의 종류

05

시장경제는 국민 모두가 잘살기 위한 목적을 달성하기 위한 수단으로서 선택한 나라 살림의 운영 방식이다. 그러나 최근에 재계, 정계, 그리고 경제 관료 사이에 벌어지고 있는 시장경제에 대한 논쟁은 마치 시장경제 그 자체가 목적인 것처럼 왜곡되고 있다. 국민이 잘살기 위해서는 경제가 성장해야 한다. 그러나 경제가 성장했는데도 다수의 국민이 잘사는 결과를 가져오지 못하고 경제적 강자들의 기득권을 확대 생산하는 결과만을 가져온다면 국민은 시장경제를 버리고 대안적 경제 체제를 찾을 것이다. 때문에 시장경제를 유지하기 위해서는 성장과 분배의 균형이 중요하다.
시장경제는 경쟁을 통해서 효율성을 높이고 성장을 달성한다. 경쟁의 동기는 사적인 이익을 추구하는 인간의 이기적 속성에 기인한다. 국민 각자는 모두가 함께 잘살기 위해서가 아니라 내가 잘살기 위해서 경쟁한다. 모두가 함께 잘살기 위한 공동의 목적을 달성하기 위한 수단으로 시장경제를 선택한 것이지만 개개인은 이기적인 동기로 시장에 참여하는 것이다. 이와 같이 시장경제는 개인과 공동의 목적이 상반되는 모순을 갖는 것이 그 본질이다. 그래서 시장경제가 제대로 운영되기 위해서는 국가의 소임이 중요하다.
시장경제에서 국가가 할 일을 크게 세 가지로 나누어 볼 수 있다. 첫째는 경쟁을 유도하는 시장 체제를 만드는 것이고, 둘째는 공정한 경쟁이 이루어지도록 시장 질서를 세우는 것이며, 셋째는 경쟁의 결과로 얻은 성과가 모두에게 공평하게 분배되도록 조정하는 것이다. 최근에 벌어지고 있는 시장경제의 논쟁은 세 가지 국가의 역할 중에서 논쟁의 주체들이 자신의 이해관계에 따라서 선택적으로 시장경제를 왜곡하고 있다. 경쟁에서 강자의 위치를 확보한 재벌들은 경쟁 촉진을 주장하면서 공정 경쟁이나 분배를 말하는 것은 반시장적이라고 매도한다. 정치권은 인기 영합의 수단으로, 그리고 일부 노동계는 이기적 동기에서 분배를 주장하면서 분배의 전제가 되는 성장을 위해서 필요한 경쟁을 훼손하는 모순된 주장을 한다. 경제 관료들은 자신의 권력을 강화하기 위한 부처의 이기적인 관점에서 경쟁 촉진과 공정 경쟁 사이에서 줄타기 곡예를 하면서, 분배에 대해 말하는 것은 금기시한다. 모두가 자신들의 기득권을 위해서 선택적으로 왜곡하고 있다.
경쟁은 원천적으로 공정성을 보장하지 못한다. 서로 다른 능력이 주어진 천부적인 차이는 물론이고, 물려받는 재산과 환경의 차이로 인하여 출발선에서부터 불공정한 경쟁이 시작된다. 그럼에도 불구하고 경쟁은 창의력을 가지고 노력하는 사람에게 성공을 가져다주는 체제이다. 그래서 출발점이 다를지라도 노력과 능력에 따라서 성공의 기회가 제공되도록 보장하기 위해서 공정 경쟁이 중요하다.
경쟁은 또한 분배의 공평성을 보장하지 못한다. 경쟁의 결과는 경쟁에 참여한 모든 사람의 노력의 결과로 이루어진 것이지, 승자만의 노력으로 이루어진 것은 아니다. 경쟁의 결과가 승자에 의해서 독점된다면 국민들은 경쟁의 참여를 거부할 수밖에 없다. 그래서 경쟁에 참여한 모두에게 공평한 분배가 이루어지는 것이 중요하다.

① 시장경제에서의 개인과 경쟁의 상호 관계
② 시장경제에서의 국가의 역할
③ 시장경제에서의 개인 상호 간의 경쟁
④ 시장경제에서의 경쟁의 양면성과 그 한계
⑤ 시장경제에서의 경쟁을 통한 개개인의 관계

※ 다음 문단을 논리적 순서대로 바르게 나열한 것을 고르시오. [6~7]

06

(가) 글의 구조를 고려한 독서의 방법에는 요약하기와 조직자 활용하기 방법이 있다. 내용 요약하기는 문단의 중심 화제를 한두 문장으로 표현해 보는 일이다. 조직자란 내용을 조직하는 단위들이다. 이를 잘 찾아내면 글의 요점을 파악하기 쉽다.

(나) 한 편의 완성된 글은 구조를 갖고 있으며, 그 속에는 글쓴이의 중심 생각은 물론 글쓰기 전략도 들어 있다. 이때 글을 쓰는 목적이 무엇이냐에 따라 글쓰기 전략이 달라진다.

(다) 정보를 전달하는 글은 정보를 쉽고 명료하게 조직하는 전략을 사용하고, 설득하는 글은 서론 – 본론 – 결론의 짜임을 취하며 주장을 설득력 있게 펼친다.

(라) 독자 입장에서는 글이 구조를 갖고 있다는 점을 염두에 두고 글쓴이가 글을 쓴 목적이나 의도를 추리하며 글을 읽어야 한다.

① (가) – (나) – (라) – (다)
② (가) – (다) – (나) – (라)
③ (가) – (라) – (나) – (다)
④ (나) – (다) – (라) – (가)
⑤ (나) – (라) – (가) – (다)

07

(가) 신채호는 아(我)를 소아(小我)와 대아(大我)로 구별한다. 그에 따르면, 소아는 개별화된 개인적 아이며, 대아는 국가와 사회 차원의 아이다. 소아는 자성(自省)을 갖지만 상속성(相續性)과 보편성(普遍性)을 갖지 못하는 반면, 대아는 자성을 갖고 상속성과 보편성을 가질 수 있다.

(나) 이러한 상속성과 보편성은 긴밀한 관계를 맺는데, 보편성의 확보를 통해 상속성이 실현되며 상속성의 유지를 통해 보편성이 실현된다. 대아가 자성을 자각한 이후, 항성과 변성의 조화를 통해 상속성과 보편성을 실현할 수 있다.

(다) 만약 대아의 항성이 크고 변성이 작으면 환경에 순응하지 못하여 멸(滅絶)할 것이며, 항성이 작고 변성이 크면 환경에 주체적으로 대응하지 못하여 우월한 비아에게 정복당한다고 하였다.

(라) 여기서 상속성이란 시간적 차원에서 아의 생명력이 지속되는 것을 뜻하며, 보편성이란 공간적 차원에서 아의 영향력이 파급되는 것을 뜻한다.

① (가) – (나) – (다) – (라)
② (가) – (나) – (라) – (다)
③ (가) – (라) – (나) – (다)
④ (나) – (다) – (라) – (가)
⑤ (나) – (라) – (다) – (가)

08 다음 글의 빈칸에 들어갈 내용으로 가장 적절한 것은?

기분관리 이론은 사람들의 기분과 선택 행동의 관계에 대해 설명하기 위한 이론이다. 이 이론의 핵심은 사람들이 현재의 기분을 최적 상태로 유지하려고 한다는 것이다. 따라서 기분관리 이론은 흥분 수준이 최적 상태보다 높을 때는 사람들이 이를 낮출 수 있는 수단을 선택한다고 예측한다. 반면에 흥분 수준이 낮을 때는 이를 회복시킬 수 있는 수단을 선택한다고 예측한다. 예를 들어, 음악 선택의 상황에서 전자의 경우에는 차분한 음악을 선택하고 후자의 경우에는 흥겨운 음악을 선택한다는 것이다. 기분조정 이론은 기분관리 이론이 현재 시점에만 초점을 맞추고 있다는 점을 지적하고 이를 보완하고자 한다. 기분조정 이론을 음악 선택의 상황에 적용하면, '____________________'고 예측할 수 있다.
연구자 A는 음악 선택 상황을 통해 기분조정 이론을 검증하기 위한 실험을 했다. 그는 실험 참가자들을 두 집단으로 나누고 집단1에게는 한 시간 후 재미있는 놀이를 하게 된다고 말했고, 집단2에게는 한 시간 후 심각한 과제를 하게 된다고 말했다. 집단1은 최적 상태 수준에서 즐거워했고, 집단2는 최적 상태 수준을 벗어날 정도로 기분이 가라앉았다. 이때 연구자 A는 참가자들에게 기다리는 동안 음악을 선택하게 했다. 그랬더니 집단1은 다소 즐거운 음악을 선택한 반면, 집단2는 과도하게 흥겨운 음악을 선택했다. 그런데 30분이 지나고 각 집단이 기대하는 일을 하게 될 시간이 다가오자 두 집단 사이에는 뚜렷한 차이가 나타났다. 집단1의 선택에는 큰 변화가 없었으나, 집단2는 기분을 가라앉히는 차분한 음악을 선택하는 쪽으로 변하는 경향을 보인 것이다. 이러한 선택의 변화는 기분조정 이론을 뒷받침하는 것으로 간주되었다.

① 사람들은 현재의 기분을 지속하는 데 도움이 되는 음악을 선택한다.
② 사람들은 다음에 올 상황을 고려해 흥분을 유발할 수 있는 음악을 선택한다.
③ 사람들은 다음에 올 상황에 맞추어 현재의 기분을 조정하는 음악을 선택한다.
④ 사람들은 현재의 기분과는 상관없이 자신이 평소 선호하는 음악을 선택한다.
⑤ 사람들은 현재의 기분이 즐거운 경우에는 그것을 조정하기 위해 그와 반대되는 기분을 자아내는 음악을 선택한다.

※ 다음 글을 읽고 추론한 내용으로 적절하지 않은 것을 고르시오. [9~10]

09

우리는 도시화, 산업화, 고도성장 과정에서 우리 경제의 뒷방살이 신세로 전락한 한국 농업의 새로운 가치에 주목해야 한다. 농업은 경제적 효율성이 뒤처져서 사라져야 할 사양 산업이 아니다. 전 지구적인 기후 변화와 식량 및 에너지 등 자원 위기에 대응하여 나라와 생명을 살릴 미래 산업으로서 농업의 전략적 가치가 크게 주목받고 있다. 농본주의의 기치를 앞세우고 농업 르네상스 시대의 재연을 통해 우리 경제가 당면한 불확실성의 터널을 벗어나야 한다.

우리는 왜 이런 주장을 하는가? 농업은 자원순환적이고 환경친화적인 산업이기 때문이다. 땅의 생산력에 기초해서 한계적 노동력을 고용하는 지연(地緣) 산업인 동시에 식량과 에너지를 생산하는 원천적인 생명 산업이기 때문이다. 물질적인 부의 극대화를 위해서 한 지역의 자원을 개발하여 이용한 뒤에 효용 가치가 떨어지면 다른 곳으로 이동하는 유목민적 태도가 오늘날 위기를 낳고 키워 왔는지 모른다. 급변하는 시대의 흐름에 부응하지 못하는 구시대의 경제 패러다임으로는 오늘날의 역사에 동승하기 어렵다. 이런 맥락에서, 지키고 가꾸어 후손에게 넘겨주는 문화적 지속성을 존중하는 농업의 가치가 새롭게 조명받는 이유에 주목할 만하다. 과학 기술의 눈부신 발전성과를 수용하여 새로운 상품과 시장을 창출할 수 있는 녹색 성장 산업으로서 농업의 잠재적 가치가 중시되고 있는 것이다.

① 산업화를 위한 국가의 정책 추진 과정에서 농업은 소외되어 왔다.
② 농업의 성장을 위해서는 먼저 과학 기술의 문제점을 성찰해야 한다.
③ 지나친 경제적 효율성 추구로 세계는 현재 자원 위기에 처해 있다.
④ 자원순환적 · 환경친화적 산업의 가치가 부각되고 있다.
⑤ 기존의 경제 패러다임으로는 미래 사회에 적응할 수 없다.

10

20세기로 들어서기 전에 이미 영화는 두 가지 주요한 방향으로 발전하기 시작했는데, 그것은 곧 사실주의와 형식주의이다. 1890년대 중반 프랑스의 뤼미에르 형제는 「열차의 도착」이라는 영화를 통해 관객들을 매혹시켰는데, 그 이유는 영화에 그들의 실생활을 거의 비슷하게 옮겨 놓은 것처럼 보였기 때문이다. 거의 같은 시기에 조르주 멜리에스는 순수한 상상의 사건인 기발한 이야기와 트릭 촬영을 혼합시켜 「달세계 여행」이라는 판타지 영화를 만들었다. 이들은 각각 사실주의와 형식주의 영화의 전통적 창시자라 할 수 있다.

① 「열차의 도착」은 사실주의를 나타낸 영화이다.
② 영화는 사실주의와 형식주의의 방향으로 발전했다.
③ 「달세계 여행」은 형식주의를 나타낸 영화이다.
④ 조르주 멜리에스는 형식주의 영화를 만들고자 했다.
⑤ 사실주의 영화에서 기발한 이야기와 트릭 촬영은 중요한 요소이다.

11 다음 글의 글쓰기 전략으로 가장 적절한 것은?

고객은 제품의 품질에 대해 나름의 욕구를 가지고 있다. 일본 도쿄리카대학교의 교수인 카노 노리아키는 품질에 대한 고객의 욕구와 만족도를 설명하는 모형을 개발하였다. 카노는 일반적으로 고객이 세 가지 욕구를 가지고 있다고 하였다. 그는 그것을 각각 기본적 욕구, 정상적 욕구, 감동적 욕구라고 지칭했다.
기본적 욕구는 고객이 가지고 있는 가장 낮은 단계의 욕구로서, 그들이 구매하는 제품이나 서비스에 당연히 포함되어 있을 것으로 기대되는 특성들이다. 만약 이런 특성들이 제품이나 서비스에 결여되어 있다면, 고객은 예외 없이 크게 불만족한다. 그러나 기본적 욕구가 충족되었다고 해서 고객이 만족감을 느끼는 것은 아니다. 정상적 욕구는 고객이 직접 요구하는 욕구로서, 이 욕구가 충족되지 못하면 고객은 불만족한다. 그러나 이 욕구가 충족되면 될수록 고객은 만족한다. 감동적 욕구는 고객이 지니고 있는 가장 높은 단계의 욕구로서, 고객이 기대하지는 않는 욕구이다. 감동적 욕구가 충족되면 고객은 큰 감동을 느끼지만, 충족되지 않아도 상관없다고 생각한다.
세 가지 욕구와 관련하여 고객이 식당에 가는 상황을 생각해 보자. 의자와 식탁이 당연히 깨끗해야 한다고 생각하는 고객은 의자와 식탁이 깨끗하다고 해서 만족하지는 않는다. 그러나 그렇지 않으면 그 고객은 크게 불만족한다. 한편 식탁의 크기가 적당해야 만족하는 고객은 식탁이 좁으면 불만족한다. 그러나 자신의 요구로 식탁의 크기가 적당해지면 고객의 만족도는 높아진다. 여기에 더해 꼭 필요하지는 않지만, 식탁 위에 장미가 놓여 있으면 좋겠다고 생각하는 고객이 실제로 식탁 위에 장미가 놓여 있는 것을 보면, 단순한 만족 이상의 감동을 느낀다. 그러나 이런 것이 없다고 해서 그 고객이 불만족하지는 않는다.
제품이나 서비스에 대한 고객의 기대가 항상 고정적이지는 않다. 고객의 기대는 시간이 지남에 따라 바뀐다. 즉, 감동적 욕구를 충족시킨 제품이나 서비스의 특성은 시간이 지나면 정상적 욕구를 충족시키는 특성으로, 시간이 더 지나면 기본적 욕구만을 충족시키는 특성으로 바뀐다. 또한 고객의 욕구는 일정한 단계를 지닌다. 고객의 기본적 욕구를 충족시키지 못하는 제품은 고객의 정상적 욕구를 절대로 충족시킬 수 없다. 마찬가지로 고객의 정상적 욕구를 충족시키지 못하는 제품은 고객의 감동적 욕구를 충족시킬 수 없다.

① 구체적인 사례를 들어 독자의 이해를 돕고 있다.
② 대상의 변화 과정과 그것의 문제점을 언급하고 있다.
③ 화제와 관련한 질문을 통해 독자의 관심을 환기하고 있다.
④ 개념 사이의 장단점을 비교하여 차이점을 부각하고 있다.
⑤ 이론이 등장하게 된 사회적 배경을 구체적으로 소개하고 있다.

12 다음 글의 빈칸에 들어갈 문장을 〈보기〉에서 찾아 바르게 짝지은 것은?

한 조사 기관에 따르면, 해마다 척추 질환으로 병원을 찾는 청소년들이 연평균 5만 명에 이르며 그 수가 지속적으로 증가하고 있다. 청소년의 척추 질환은 성장을 저해하고 학업의 효율성을 저하할 수 있다. ___(가)___ 따라서 청소년 척추 질환의 원인을 알고 예방하기 위한 노력이 필요하다.

전문가들은 앉은 자세에서 척추에 가해지는 하중이 서 있는 자세에 비해 1.4배 정도 크기 때문에 책상 앞에 오래 앉아 있는 청소년들의 경우, 척추 건강에 적신호가 켜질 가능성이 매우 높다고 말한다. 또한 전문가들은 청소년들의 운동 부족도 청소년 척추 질환의 원인이라고 강조한다. 척추 건강을 위해서는 기립근과 장요근 등을 강화하는 근력 운동이 필요하다. 그런데 실제로 질병관리본부의 조사에 따르면, 청소년들 가운데 주 3일 이상 근력 운동을 하고 있다고 응답한 비율은 남성이 약 33%, 여성이 약 9% 정도밖에 되지 않았다.

청소년들이 생활 속에서 비교적 쉽게 척추 질환을 예방할 수 있는 방법은 무엇일까? 첫째, 바른 자세로 책상 앞에 앉아 있는 습관을 들여야 한다. ___(나)___ 또한 책을 보기 위해 고개를 아래로 많이 숙이는 행동은 목뼈가 받는 부담을 크게 늘려 척추 질환을 유발하므로 책상 높이를 조절하여 목과 허리를 펴고 반듯하게 앉아 책을 보는 것이 좋다. 둘째, 틈틈이 척추 근육을 강화하는 운동을 해 준다. ___(다)___ 그리고 발을 어깨보다 약간 넓게 벌리고 서서 양손을 허리에 대고 상체를 서서히 뒤로 젖혀 준다. 이러한 동작들은 척추를 지지하는 근육과 인대를 강화해 척추가 휘어지거나 구부러지는 것을 막아 준다. 따라서 이런 운동은 척추 건강을 위해 반드시 필요하다.

보기

ㄱ. 허리를 곧게 펴고 앉아 어깨를 뒤로 젖히고 고개를 들어 하늘을 본다.
ㄴ. 그렇기 때문에 적절한 대응 방안이 마련되지 않으면 문제가 더욱 심각해질 것이다.
ㄷ. 의자에 앉아 있을 때는 엉덩이를 의자 끝까지 밀어 넣고 등받이에 반듯하게 상체를 기대 척추를 꼿꼿하게 유지해야 한다.

	(가)	(나)	(다)
①	ㄱ	ㄴ	ㄷ
②	ㄴ	ㄱ	ㄷ
③	ㄴ	ㄷ	ㄱ
④	ㄷ	ㄱ	ㄴ
⑤	ㄷ	ㄴ	ㄱ

13 다음 중 〈보기〉가 들어갈 위치로 가장 적절한 곳은?

(가) 불행이란 사물의 결핍 상태에서 오는 것이 아니라, 결핍감을 느끼게 하는 욕구에서 온다. 현실 세계에는 한계가 있지만 상상의 세계에는 한계가 없다. 현실 세계를 확대할 수는 없는 일이므로 상상의 세계를 제한할 수밖에 없다. 왜냐하면 우리를 진정으로 불행하게 하는 모든 고통은 오로지 이 두 세계의 차이에서만 생겨나는 것이기 때문이다. 체력과 건강과 스스로가 선한 사람이라는 확신을 제외한 그 밖의 인간 생활의 모든 행복은 모두 사람들의 억측에 불과한 것이다. 신체의 고통과 양심의 가책을 제외한 그 밖의 모든 불행은 공상적인 것이다.
(나) 인간은 약하다고 하는데 그것이 무엇을 뜻하는 것이겠는가? 이 약하다고 하는 말은 하나의 상대적 관계를, 즉 그 말이 적용되는 자의 어떤 관계를 나타내는 것이다. 능력이 모든 욕구보다 넘치고 있는 경우에는 곤충이든 벌레든 간에 모두 강자임에 틀림이 없다. 욕망이 그것을 능가할 때 그것이 코끼리든 사자이든, 또는 정복자든 영웅이든, 심지어 신이라 할지라도 모두 약자이다. 자신의 본분을 깨닫지 못하고 반항한 천사는 자신의 본분에 따라서 평화롭게 산 지상의 행복한 인간보다 더 약한 존재였다. 인간은 지금 있는 그대로 만족할 때 대단히 강해지고 인간 이상이고자 할 때 대단히 약해진다.
(다) 그리고 마치 거미가 거미줄 한가운데 있듯이 그 범위의 중심에 머물러 있도록 하자. 그렇게 하면 우리는 항상 우리 자신에게 만족하고 자신의 약함을 한탄하는 일이 없게 될 것이다. 왜냐하면 허약하다는 것을 새삼스레 느끼게 되는 일이 없을 것이기 때문이다.
(라) 모든 동물은 자기 보존에 필요한 만큼의 능력만을 지니고 있다. 인간만이 오직 그 이상의 능력을 가지고 있다. 그 여분의 능력이 인간의 불행을 만들어 내고 있으니 참으로 기이한 일이 아닌가? 어느 나라에서나 인간의 팔은 생활필수품 이상의 것을 만들어 낼 수 있다. 만약 인간이 상당히 현명하여 이 여분의 능력이란 것에 무관심해진다면, 결코 지나치게 많은 것을 손에 넣지 않게 될 것이기 때문에 항상 필요한 것만을 갖고 있게 될 것이다. (마)

보기

그러므로 여러분의 욕망을 확대하면 여러분들의 힘도 확대된다고 생각하지 말라. 만약에 여러분들의 오만이 힘보다도 더 확대된다면 오히려 힘이 줄어드는 결과가 될 것이다. 우리들의 힘이 미칠 수 있는 범위의 반경을 재어 보자.

① (가)
② (나)
③ (다)
④ (라)
⑤ (마)

14 다음 글의 내용으로 가장 적절한 것은?

> 도심항공교통 UAM은 Urban Air Mobility의 약자로 전기 수직 이착륙기(eVTOL)를 활용해 지상에서 450m 정도 상공인 저고도 공중에서 사람이나 물건 등을 운송하는 항공 교통 수단 시스템을 지칭하는 용어로, 기체 개발부터 운항, 인프라 구축, 플랫폼 서비스 그리고 유지보수에 이르기까지 이와 관련된 모든 사업을 통틀어 일컫는다.
>
> UAM은 전 세계적인 인구 증가와 대도시 인구 과밀화로 인해 도심의 지상교통수단이 교통체증 한계에 맞닥뜨리면서 이를 해결하고자 등장한 대안책이다. 특히 이 교통수단은 활주로가 필요한 비행기와 달리 로켓처럼 동체를 세운 상태로 이착륙이 가능한 수직이착륙 기술을 가지고 있고, 또 배터리와 모터로 운행되는 친환경적인 방식과 저소음 기술로 인해 탄소중립 시대에 새로운 교통수단으로 주목받고 있다.
>
> 이 때문에 많은 국가와 기업에서 UAM 상용화 추진에 박차를 가하고 있으며 우리나라 역시 예외는 아니다. 국내 기업들은 상용화를 목표로 기체 개발 중에 있으며, 현대자동차는 핵심 인프라 중 하나인 플라잉카 공항을 영국에서 건설 중이다. 공기업 역시 미래모빌리티 토탈솔루션 구축 등의 UAM 생태계 조성 및 활성화를 추진 중에 있다.
>
> 실제로 강릉시는 강릉역 '미래형 복합환승센터'에 기차, 버스, 철도, 자율주행차뿐만 아니라 UAM까지 한곳에서 승하차가 가능하도록 개발사업 기본 계획을 수립해 사업 추진에 나섰으며, 경기 고양시 역시 항공교통 상용화를 위한 UAM 이착륙장을 내년 완공 목표로 진행 중에 있다.
>
> 이와 같은 각 단체와 시의 노력으로 UAM이 상용화된다면 많은 기대효과를 가져올 수 있을 것이라 전망되는데, 특히 친환경적인 기술로 탄소배출 절감에 큰 역할을 할 것으로 판단된다. 이뿐만 아니라 도시권역 간 이동시간을 단축해 출퇴근 교통체증을 해소할 수 있고, 또 획기적인 운송 서비스의 제공으로 사회적 비용을 감소시킬 수 있을 것으로 보인다.

① UAM은 지상교통수단의 이용이 불가능해짐에 따라 대체 방안으로 등장한 기술이다.

② UAM이 상용화된다면, 도심지상교통이 이전보다 원활하게 운행이 가능해질 것으로 예측된다.

③ UAM은 수직이착륙 기술을 가지고 있어 별도의 활주로와 공항이 없이도 어디서든 운행이 가능하다.

④ UAM은 상공을 통해 사람이나 물품 등의 이동이 가능하게 하는 모든 항공교통수단 시스템을 지칭한다.

⑤ 국내 공기업과 사기업 그리고 정부와 각 시는 UAM의 상용화를 위해 각 역할을 분담하여 추진 중에 있다.

15 다음 글의 주제로 가장 적절한 것은?

아이슬란드에는 각종 파이프와 열교환기, 화학물질 저장탱크, 압축기로 이루어져 있는 '조지 올라 재생가능 메탄올 공장'이 있다. 이곳은 이산화탄소로 메탄올을 만드는 첨단 시설로, 2011년 아이슬란드 기업 '카본리사이클링인터내셔널(CRI)'이 탄소 포집·활용(CCU) 기술의 실험을 위해서 지은 곳이다.
이곳에서는 인근 지열발전소에서 발생하는 적은 양의 이산화탄소(CO_2)를 포집한 뒤 물을 분해해 조달한 수소(H)와 결합해 재생 메탄올(CH_3OH)을 제조하였고, 이때 필요한 열과 냉각수 역시 지역발전소의 부산물을 이용했다. 이렇게 만들어진 메탄올은 자동차, 선박, 항공 연료는 물론 플라스틱 제조 원료로 활용하는 등 여러 곳에서 활용이 되었다.
하지만 이렇게 메탄올을 만드는 것이 미래 원료 문제의 근본적인 해결책이 될 수는 없었다. 왜냐하면 메탄올이 만드는 에너지보다 메탄올을 만드는 데 들어가는 에너지가 더 필요하다는 문제점과 액화천연가스 LNG를 메탄올로 변환할 경우 이전보다 오히려 탄소배출량이 증가했고, 탄소배출량을 감소시키기 위해서는 태양광과 에너지 저장장치를 활용해 메탄올 제조에 필요한 에너지를 모두 조달해야만 했기 때문이다.
또한 탄소를 포집해 지하에 영구 저장하는 탄소포집 저장방식과 달리, 탄소를 포집해 만든 연료나 제품은 사용 중에 탄소를 다시 배출할 가능성이 있어 이에 대한 논의가 분분한 상황이다.

① 탄소 재활용의 득과 실
② 재생 에너지 메탄올의 다양한 활용
③ 지열발전소에서 탄생한 재활용 원료
④ 탄소 재활용을 통한 미래 원료의 개발
⑤ 미래의 에너지 원료로 주목받는 재활용 원료, 메탄올

16 다음 글을 읽고 추론할 수 있는 내용으로 가장 적절한 것은?

조선이 임진왜란 중에도 필사적으로 보존하고자 한 서적이 바로 조선왕조실록이다. 실록은 원래 서울의 춘추관과 성주·충주·전주 4곳의 사고(史庫)에 보관되었으나, 임진왜란 이후 전주 사고의 실록만 온전한 상태였다. 전란이 끝난 후 단 1벌 남은 실록을 다시 여러 벌 등서하자는 주장이 제기되었다. 우여곡절 끝에 실록 인쇄가 끝난 시기는 1606년이었다. 재인쇄 작업의 결과 원본을 포함해 모두 5벌의 실록을 갖추게 되었다. 원본은 강화도 마니산에 봉안하고 나머지 4벌은 서울의 춘추관과 평안도 묘향산, 강원도의 태백산과 오대산에 봉안했다.

이 5벌 중에서 서울 춘추관의 것은 1624년 이괄의 난 때 불에 타 없어졌고, 묘향산의 것은 1633년 후금과의 관계가 악화하자 전라도 무주의 적상산에 사고를 새로 지어 옮겼다. 강화도 마니산의 것은 1636년 병자호란 때 청군에 의해 일부 훼손되었던 것을 현종 때 보수하여 숙종 때 강화도 정족산에 다시 봉안했다. 결국 내란과 외적 침입으로 인해 5곳 가운데 1곳의 실록은 소실되었고, 1곳의 실록은 장소를 옮겼으며, 1곳의 실록은 손상을 입었던 것이다.

정족산, 태백산, 적상산, 오대산 4곳의 실록은 그 후 안전하게 지켜졌다. 그러나 일본이 다시 여기에 손을 대었다. 1910년 조선 강점 이후 일제는 정족산과 태백산에 있던 실록을 조선총독부로 이관하고, 적상산의 실록은 구황궁 장서각으로 옮겼으며, 오대산의 실록은 일본 동경제국대학으로 반출했다. 일본으로 반출한 것은 1923년 관동 대지진 때 거의 소실되었다. 정족산과 태백산의 실록은 1930년에 경성제국대학으로 옮겨져 지금까지 서울대학교에 보존되어 있다. 한편 장서각의 실록은 6·25 전쟁 때 북한으로 옮겨져 현재 김일성종합대학에 소장되어 있다.

① 재인쇄하였던 실록은 모두 5벌이다.

② 태백산에 보관하였던 실록은 현재 일본에 있다.

③ 현재 한반도에 남아 있는 실록은 모두 4벌이다.

④ 적상산에 보관하였던 실록은 일부가 훼손되었다.

⑤ 현존하는 실록 중에서 가장 오래된 것은 서울대학교에 있다.

17 다음 글의 중심 주장을 강화하는 진술은?

> 변호사이자 법학자인 스티븐 와이즈는 그의 저서『Rattling the Cage』에서 사람들에 대해서는 권리를 인정하면서도 동물에 대해서는 그렇게 하지 않는 법을 지지할 수 없다고 주장했다. 이렇게 하는 것은, 자유인에 대해서는 권리를 인정하면서도 노예에 대해서는 그렇게 하지 않는 법과 마찬가지로 불합리하다는 것이다. 동물학자인 제인 구달은 이 책을 동물의 마그나 카르타라고 극찬했으며, 하버드 대학은 저자인 와이즈를 동물권법 교수로 임용했다.
>
> 와이즈는 동물의 권리에 대해 이야기하면서 권리와 의무와 같은 법적 관계를 논의하기 위한 기초가 되는 법철학에 대해서는 별로 다루고 있지 않다. 그가 의존하고 있는 것은 자연과학이다. 특히 유인원이 우리 인간과 얼마나 비슷한지를 알려주는 영장류 동물학의 연구 성과에 기초하여 동물의 권리에 대해 이야기하고 있다. 인간이 권리를 갖는 이유는 우리 인간이 생물학적으로 인간종(種)의 일원이기 때문이기도 하지만, 법적 권리와 의무의 주체가 될 수 있는 '인격체'이기 때문이다. 예를 들어 자연인(自然人)이 아닌 법인(法人)이 권리와 의무의 주체가 되는 것은 그것이 인간종의 일원이기 때문이 아니라 법적으로 인격체로 인정받기 때문이다. 인격체는 생물학에서 논의할 개념이 아니라 법철학에서 다루어야 할 개념이다.
>
> 인격체는 공동체의 일원이 될 수 있는 개체를 의미한다. 공동체의 일원이 되기 위해서는 협상, 타협, 동의의 능력이 필요하고, 이런 능력을 지닌 개체에게는 권리와 의무 그리고 책임 등이 부여된다. 이러한 개념을 바탕으로 사회 질서의 근원적 규칙을 마련할 수 있고 이 규칙은 우리가 사회생활을 영위하기 위한 전략을 규정한다. 하지만 이런 전략의 사용은, 우리와 마찬가지로 규칙에 기초하여 선택된 전략을 사용할 수 있는 개체를 상대할 경우로 국한된다.
>
> 우리 인간이 동물을 돌보거나 사냥하는 것은, 공동체의 규칙에 근거하여 선택한 결정이다. 비록 동물이 생명을 갖는 개체라 하더라도 인격체는 아니기 때문에 동물은 법적권리를 가질 수 없다.

① 애완견에게 유산을 상속하는 것도 법적 효력을 갖는다.

② 여우사냥 반대운동이 확산된 결과 에스키모 공동체가 큰 피해를 입었다.

③ 동물들은 철학적 사유도 못하고 물리학도 못하지만, 인간들 가운데에도 그러한 지적 능력이 없는 사람은 많다.

④ 어떤 동물은 인간에게 해를 입히거나 인간을 공격하기도 하지만 우리는 그 동물에게 법적 책임을 묻지 않는다.

⑤ 늑대를 지적이고 사회적인 존재라고 생각한 아메리카 인디언들은 자신들의 초기 문명기에 늑대 무리를 모델로 하여 사회를 만들었다.

18 다음 글을 통해 답을 확인할 수 있는 질문으로 적절하지 않은 것은?

'붕어빵'을 팔던 가게에서 붕어빵과 모양은 비슷하지만 크기가 더 큰 빵을 '잉어빵'이란 이름의 신제품으로 내놓았다고 하자. 이 잉어빵은 어떻게 만들어진 말일까? '붕어 : 붕어빵=잉어 : _____'과 같은 관계를 통해 잉어빵의 형성을 설명할 수 있다. 이는 붕어와 붕어빵의 관계를 바탕으로 붕어빵보다 크기가 큰 신제품의 이름을 잉어빵으로 지었다는 뜻이다. 붕어빵에서 잉어빵을 만들어 내듯이 기존 단어의 유사한 속성을 바탕으로 새로운 단어를 만들어 내는 것을 유추에 의한 단어 형성이라고 한다.

유추에 의해 단어가 형성되는 과정은 보통 네 가지 단계로 이루어진다. 첫째, 새로운 개념을 나타내는 어떤 단어가 필요한 경우 그것을 만들겠다고 결정한다. 둘째, 머릿속에 들어 있는 수많은 단어 가운데 근거로 이용할 만한 단어들을 찾는다. 셋째, 수집한 단어들과 만들려는 단어의 개념과 형식을 비교하여 공통성을 포착한다. 이 단계에서 근거로 삼을 단어를 확정한다. 넷째, 근거로 삼은 단어의 개념과 형식 관계를 적용해서 단어 형성을 완료한다. 이렇게 형성된 단어는 처음에는 신어(新語)로 다루어지지만, 이후에 널리 쓰이게 되면 국어사전에 등재된다.

그러면 이러한 단계에 따라 '종이공'이라는 단어가 형성되는 과정을 살펴보자. 먼저 '종이로 만든 공'이라는 개념의 단어를 만들기로 결정한다. 그 다음에 근거가 되는 단어를 찾는다. 그런데 근거 단어가 될 만한 '○○공'에는 두 가지 종류가 있다. 하나는 축구공, 야구공 유형이고 다른 하나는 고무공, 가죽공 유형이다. 전자의 경우 공 앞에 오는 말이 공의 사용 종목인 반면 후자는 공의 재료라는 차이가 있다. 국어 화자는 종이공을 고무공, 가죽공보다 축구공, 야구공에 가깝다고 생각하지는 않는다. 그러므로 '종이를 할 때 쓰는 공'으로 해석하지 않고 '종이로 만든 공'으로 해석한다. 그 결과 '종이로 만든 공'을 의미하는 종이공이라는 새로운 단어가 형성된다.

유추에 의해 단어가 형성되는 과정을 잘 살펴보면 불필요한 단어를 과도하게 생성하지 않는 장치가 있다는 것을 알 수 있다. 필요에 의해 기존 단어를 본떠서 단어를 형성하므로 불필요한 단어의 생성을 최대한 억제할 수 있는 것이다. 유추에 의해 단어가 형성된다는 이론에서는 이러한 점을 포착할 수 있다는 장점이 있다.

① 유추에 의한 단어 형성이란 무엇인가?
② 유추에 의해 단어가 형성되는 과정은 무엇인가?
③ 유추에 의해 단어가 형성되는 예로는 무엇이 있는가?
④ 유추에 의한 단어 형성 외에 어떤 단어 형성 방식이 있는가?
⑤ 유추에 의해 단어가 형성되는 이론의 장점은 무엇인가?

19 다음 글의 밑줄 친 ㉠과 같은 현상이 나타나게 된 이유를 추론해볼 때 적절하지 않은 것은?

고려와 조선은 국가적으로 금속화폐의 통용을 추진한 적이 있다. 화폐 주조권을 장악하여 세금을 효과적으로 징수하고 효율적으로 저장하려는 것이 그 목적이었다. 그러나 물품화폐에 익숙한 농민들은 금속화폐를 불편하게 여겼으므로 금속화폐의 유통 범위는 한정되고 끝내는 삼베를 비롯한 물품화폐에 압도당하고 말았다. ㉠ 조선 태종 때와 세종 때에도 동전의 유통을 시도하였지만 실패하였다. 조선 전기 은화(銀貨)는 서울을 중심으로 유통되었는데, 주로 왕실과 관청, 지배층과 상인, 역관(譯官) 등이 이용한 '돈'이었다. 그러나 은화(銀貨)는 고액 화폐였다. 그 때문에 서민의 경제생활에서는 여전히 무명 옷감이 화폐의 기능을 담당하였다.
그러한 가운데서도 농업생산력의 발전과 인구의 증가, 17세기 이후 지방시장의 성장은 금속화폐 통용을 위한 여건이 마련되었음을 뜻하였다. 17세기 전반 이미 개성에서는 모든 거래가 동전으로 이루어지고 있었다. 이러한 여건 아래에서 1678년(숙종 4년)부터 강력한 통용책이 추진되면서 금속화폐가 널리 보급될 수 있었다. 동전인 상평통보 1개는 1푼(分)이었다. 10푼이 1전(錢), 10전이 1냥(兩), 10냥이 1관(貫)이다. 대원군이 집권할 때 주조된 당백전(當百錢)과 1883년 주조된 당오전(當五錢)은 1개가 각각 100푼과 5푼의 가치를 가지는 동전이었다. 동전 주조가 늘면서 그 유통 범위가 경기, 충청지방으로부터 점차 확산해 18세기 초에는 전국에 미칠 정도였다. 동전을 시전(市廛)에 무이자로 대출하고, 관리의 녹봉을 동전으로 지급하고, 일부 세금을 동전으로 거두어들이는 등의 국가 정책도 동전의 통용을 촉진하였다. 화폐경제의 성장은 상업적 동기를 촉진하고 경제생활, 나아가 사회생활에 변화를 주었다.
이러한 가운데 일부 위정자들은 화폐경제로 인한 부작용을 우려했는데 특히 농촌 고리대금업(高利貸金業)의 성행을 가장 심각한 문제로 생각했다. 그래서 동전의 폐지를 주장하는 이도 있었다. 1724년 등극한 영조는 이 주장을 받아들여 동전 주조를 정지하였다. 그런데 당시에 동전은 이미 일상생활로 퍼졌기 때문에 동전의 수요에 비해 공급이 부족한 현상이 일어나 동전주조의 정지는 화폐 유통질서와 상품경제에 타격을 가하였다. 돈이 매우 귀하여 농민과 상인의 교역에 불편을 가져다준 것이다. 또한 소수의 부유한 상인이 동전을 집중적으로 소유하여 고리대금업(高利貸金業) 활동을 강화함에 따라서 오히려 농민 몰락이 조장되었다. 결국 영조 7년 이후 동전은 다시 주조되기 시작했다.

① 화폐가 통용될 시장이 발달하지 않았군.
② 화폐가 주로 일부 계층 위주로 통용되었군.
③ 백성들이 화폐보다 물품화폐를 선호하였군.
④ 국가가 화폐 수요량에 맞추어 원활하게 공급하지 못했군.
⑤ 화폐가 필요할 만큼 농업생산력이 발전하지 못했군.

20 다음 글의 빈칸에 들어갈 내용으로 가장 적절한 것은?

포논(Phonon)이라는 용어는 소리(Pho–)라는 접두어에 입자(–non)라는 접미어를 붙여 만든 단어로, 실제로 포논이 고체 안에서 소리를 전달하기 때문에 이런 이름이 붙었다. 어떤 고체의 한쪽을 두드리면 포논이 전파해 반대쪽에서 소리를 들을 수 있다.

아인슈타인이 새롭게 만든 고체의 비열 공식(아인슈타인 모형)은 실험 결과와 상당히 잘 맞았다. 그런데 그의 성공은 고체 내부의 진동을 포논으로 해석한 데에만 있지 않다. 그는 포논이 보손(Boson) 입자라는 사실을 간파하고, 고체 내부의 세상에 보손의 물리학(보스 – 아인슈타인 통계)을 적용했다. 비로소 고체의 비열이 온도에 따라 달라진다는 결론을 얻을 수 있었다.

양자역학의 세계에서 입자는 스핀 상태에 따라 분류된다. 스핀이 1/2의 홀수배(1/2, 3/2, …)인 입자들은 원자로를 개발한 유명한 물리학자 엔리코 페르미의 이름을 따 '페르미온'이라고 부른다. 오스트리아의 이론물리학자 볼프강 파울리는 페르미온들은 같은 에너지 상태를 가질 수 없고 서로 배척한다는 사실을 알아냈다(즉, 같은 에너지 상태에서는 + / – 반대의 스핀을 갖는 페르미온끼리만 같이 존재할 수 있다). 이를 '파울리의 배타원리'라고 한다. 페르미온은 대개 양성자, 중성자, 전자 같은 물질을 구성하며, 파울리의 배타원리에 따라 페르미온 입자로 이뤄진 물질은 우리가 손으로 만질 수 있다.

스핀이 0, 1, 2, … 등 정수 값인 입자도 있다. 바로 보손이다. 인도의 무명 물리학자였던 사티엔드라 나트 보스의 이름을 본 땄다. 보스는 페르미가 개발한 페르미 통계를 공부하고 보손의 물리학을 만들었다. 당시 그는 박사학위도 없는 무명의 물리학자여서 논문을 작성한 뒤 아인슈타인에게 편지로 보냈다. 다행히 아인슈타인은 그 논문을 쓰레기통에 넣지 않고 꼼꼼히 읽어본 뒤 자신의 생각을 첨가하고 독일어로 번역해 학술지에 제출했다. 바로 보손 입자의 물리학(보스 – 아인슈타인 통계)이다. 이에 따르면, 보손 입자는 페르미온과 달리 파울리의 배타원리를 따르지 않는다. 따라서 같은 에너지 상태를 지닌 입자라도 서로 겹쳐서 존재할 수 있다. 만져지지 않는 에너지 덩어리인 셈이다. 이들 보손 입자는 대개 힘을 매개한다.

빛 알갱이, 즉 ____________________ 빛은 실험을 해보면 입자의 특성을 보이지만, 질량이 없고 물질을 투과하며 만져지지 않는다. 포논은 어떨까? 원자 사이의 용수철 진동을 양자화한 것이므로 물질이 아니라 단순한 에너지의 진동으로서 파울리의 배타원리를 따르지 않는다. 즉, 포논은 광자와 마찬가지로 스핀이 0인 보손 입자다.

① 광자는 파울리의 배타원리를 따른다.
② 광자는 스핀 상태에 따라 분류할 수 없다.
③ 광자는 스핀이 1/2의 홀수배인 입자의 대표적인 예다.
④ 광자는 보손의 대표적인 예다.
⑤ 광자는 페르미온의 대표적인 예다.

제2영역 언어추리

※ 제시된 명제가 모두 참일 때, 다음 중 항상 참인 것을 고르시오. [1~2]

01

> • 성공한 사업가는 존경받는다.
> • 어떤 합리적인 사업가는 존경받지 못한다.

① 어떤 사업가는 합리적임에도 불구하고 성공하지 못한다.

② 모든 사업가는 합리적이다.

③ 합리적인 사업가는 모두 성공한다.

④ 존경받는 사업가는 모두 합리적이다.

⑤ 성공한 모든 사업가는 합리적이다.

02

> • 갑과 을 앞에 감자칩, 쿠키, 비스킷이 놓여 있다.
> • 세 가지의 과자 중에는 각자 좋아하는 과자가 반드시 있다.
> • 갑은 감자칩과 쿠키를 싫어한다.
> • 을이 좋아하는 과자는 갑이 싫어하는 과자이다.

① 갑은 좋아하는 과자가 없다.

② 갑은 비스킷을 싫어한다.

③ 을은 비스킷을 싫어한다.

④ 갑과 을이 같이 좋아하는 과자가 있다.

⑤ 갑과 을이 같이 싫어하는 과자가 있다.

※ 제시된 명제가 모두 참일 때, 다음 중 빈칸에 들어갈 명제로 가장 적절한 것을 고르시오. [3~4]

03

전제1. 야근을 하는 모든 사람은 X분야의 업무를 한다. 전제2. 야근을 하는 모든 사람은 Y분야의 업무를 한다. 결론. ______________________

① X분야의 업무를 하는 모든 사람은 야근을 한다.
② Y분야의 업무를 하는 어떤 사람은 X분야의 업무를 한다.
③ Y분야의 업무를 하는 모든 사람은 야근을 한다.
④ X분야의 업무를 하는 모든 사람은 Y분야의 업무를 한다.
⑤ 야근을 하는 어떤 사람은 X분야의 업무를 하지 않는다.

04

• 보상을 받는다면 노력했다는 것이다. • ______________________ • 호야는 보상을 받지 못했다.

① 호야는 노력하지 않았다.
② 보상을 받았다는 것은 곧 노력했다는 의미다.
③ 호야는 보상을 받았다.
④ 호야는 노력하고 있다.
⑤ 보상을 받았다는 것이 곧 노력했다는 의미는 아니다.

05 J사의 A ~ F 6개 팀은 월요일부터 토요일까지 하루에 2팀씩 함께 회의를 진행한다. 다음 〈조건〉을 참고할 때, 반드시 참인 것은?(단, 월요일부터 토요일까지 각 팀의 회의 진행 횟수는 서로 같다)

> **조건**
> • 오늘은 목요일이고 A팀과 F팀이 함께 회의를 진행했다.
> • B팀은 A팀과 연이은 요일에 회의를 진행하지 않는다.
> • B팀은 오늘을 포함하여 이번 주에는 더 이상 회의를 진행하지 않는다.
> • C팀은 월요일에 회의를 진행했다.
> • D팀과 C팀은 이번 주에 B팀과 1번씩 회의를 진행한다.
> • A팀과 F팀은 이번 주에 이틀을 연이어 함께 회의를 진행한다.

① E팀은 수요일과 토요일 중 하루에만 회의를 진행한다.
② 화요일에 회의를 진행한 팀은 B팀과 E팀이다.
③ C팀과 E팀은 함께 회의를 진행하지 않는다.
④ C팀은 월요일과 수요일에 회의를 진행했다.
⑤ F팀은 목요일과 금요일에 회의를 진행한다.

06 4일간 태국으로 여행을 간 현수는 하루에 한 번씩 매일 발 마사지를 받았는데, 현수가 간 마사지 숍에는 30분, 1시간, 1시간 30분, 2시간의 발 마사지 코스가 있었다. 제시된 내용이 모두 참일 때, 다음 중 항상 참인 것은?

> • 첫째 날에는 2시간이 소요되는 코스를 선택하였다.
> • 둘째 날에는 3일 차보다 1시간이 더 소요되는 코스를 선택하였다.
> • 넷째 날에 받은 코스의 소요 시간은 첫째 날의 코스보다 짧고, 셋째 날의 코스보다 길었다.

① 첫째 날에 받은 마사지 코스가 둘째 날에 받은 마사지 코스보다 길다.
② 넷째 날에 받은 마사지 코스는 둘째 날에 받은 마사지 코스보다 짧다.
③ 첫째 날에 받은 마사지 코스는 넷째 날에 받은 마사지 코스보다 1시간 이상 더 길다.
④ 셋째 날에 가장 짧은 마사지 코스를 선택하였다.
⑤ 현수는 4일간 총 5시간의 발 마사지를 받았다.

07 5명의 취업준비생 갑, 을, 병, 정, 무가 C그룹에 지원하여 그중 1명이 합격하였다. 취업준비생들은 다음과 같이 이야기하였고, 그중 1명이 거짓말을 하였다. 합격한 사람은 누구인가?

- 갑 : 을은 합격하지 않았다.
- 을 : 합격한 사람은 정이다.
- 병 : 내가 합격하였다.
- 정 : 을의 말은 거짓말이다.
- 무 : 나는 합격하지 않았다.

① 갑
② 을
③ 병
④ 정
⑤ 무

08 A～D 4명의 사원은 각각 홍보부, 총무부, 영업부, 기획부 소속으로 3～6층의 서로 다른 층에서 근무하고 있다. 이들 중 1명이 거짓말을 하고 있을 때, 다음 중 바르게 추론한 것은?(단, 각 팀은 서로 다른 층에 위치한다)

- A사원 : 저는 홍보부와 총무부 소속이 아니며, 3층에서 근무하고 있지 않습니다.
- B사원 : 저는 영업부 소속이며, 4층에서 근무하고 있습니다.
- C사원 : 저는 홍보부 소속이며, 5층에서 근무하고 있습니다.
- D사원 : 저는 기획부 소속이며, 3층에서 근무하고 있습니다.

① A사원은 홍보부 소속이다.
② B사원은 영업부 소속이다.
③ 기획부는 3층에 위치한다.
④ 홍보부는 4층에 위치한다.
⑤ D사원은 5층에서 근무하고 있다.

09 다음 〈조건〉을 통해 추론할 때, 항상 거짓이 되는 것은?

조건

- A ~ E 5명의 이름을 입사한 지 오래된 순서로 이름을 적었다.
- A와 B의 이름은 바로 연달아서 적혔다.
- C와 D의 이름은 연달아서 적히지 않았다.
- E는 C보다 먼저 입사하였다.
- 가장 최근에 입사한 사람은 입사한 지 2년 된 D이다.

① C의 이름은 A의 이름보다 먼저 적혔다.
② B는 E보다 먼저 입사하였다.
③ E의 이름 바로 다음에 C의 이름이 적혔다.
④ A의 이름은 B의 이름보다 나중에 적혔다.
⑤ B는 C보다 나중에 입사하였다.

10 다음은 혜진이가 지원한 C아울렛 입사 지원 현황을 조사한 결과이다. 혜진이가 패션디자인팀에 지원했다는 결론을 이끌어내기 위해 필요한 정보는?

- 비주얼 머천다이징팀과 광고그래픽팀에 둘 다 지원하는 사람은 패션디자인팀에도 지원했다.
- 광고홍보팀과 경영지원팀에 둘 다 지원하는 사람은 패션디자인팀에도 지원했다.
- 아울렛 지원자 모두 인테리어팀이나 액세서리 디자인팀 가운데 적어도 한 팀에 지원했다.
- 인테리어팀에 지원하는 사람은 모두 비주얼 머천다이징팀에 지원했다.
- 액세서리 디자인팀에 지원하는 사람은 모두 광고홍보팀에 지원했다.

① 혜진이는 광고홍보팀과 광고그래픽팀에 지원했다.
② 혜진이는 인테리어팀과 광고홍보팀에 지원했다.
③ 혜진이는 광고그래픽팀과 경영지원팀에 지원했다.
④ 혜진이는 액세서리 디자인팀과 비주얼 머천다이징팀에 지원했다.
⑤ 혜진이는 비주얼 머천다이징팀과 경영지원팀에 지원했다.

※ 제시된 내용을 바탕으로 내린 A, B의 결론에 대한 판단으로 항상 옳은 것을 고르시오. [11~12]

11

- A ~ F가 6층 건물에서 살고 있다.
- B는 C의 바로 위층에 산다.
- A는 D보다 3층 이래에 산다.
- F는 2층에 산다.

A : D는 4층에 산다.
B : E는 1층에 산다.

① A만 옳다.
② B만 옳다.
③ A, B 모두 옳다.
④ A, B 모두 틀리다.
⑤ A, B 모두 옳은지 틀린지 판단할 수 없다.

12

- 준열, 정환, 수호, 재하는 '데이터 선택 65.8', '데이터 선택 54.8', '데이터 선택 49.3', '데이터 선택 43.8' 중 하나의 요금제를 사용한다.
- 4명 중 같은 요금제를 사용하는 사람은 아무도 없다.
- 준열은 '데이터 선택 54.8'과 '데이터 선택 43.8'을 사용하지 않는다.
- 수호는 '데이터 선택 49.3'을 사용하지 않는다.
- 정환은 '데이터 선택 65.8'을 사용한다.

A : 준열은 '데이터 선택 49.3'을 사용한다.
B : 수호는 '데이터 선택 54.8'을 사용한다.

① A만 옳다.
② B만 옳다.
③ A, B 모두 옳다.
④ A, B 모두 틀리다.
⑤ A, B 모두 옳은지 틀린지 판단할 수 없다.

13 제시된 명제가 모두 참일 때, 추론할 수 없는 것은?

> • 비가 많이 내리면 습도가 높아진다.
> • 겨울보다 여름에 비가 더 많이 내린다.
> • 습도가 높으면 먼지가 잘 나지 않는다.
> • 습도가 높으면 정전기가 잘 일어나지 않는다.

① 겨울은 여름보다 습도가 낮다.
② 먼지는 여름이 겨울보다 잘 난다.
③ 여름에는 겨울보다 정전기가 잘 일어나지 않는다.
④ 비가 많이 오면 정전기가 잘 일어나지 않는다.
⑤ 정전기가 잘 일어나면 비가 적게 온 것이다.

14 A～E 5명 중 단 1명만 거짓을 말하고 있을 때, 다음 중 범인은?

> • A : C가 범인입니다.
> • B : A는 거짓말을 하고 있습니다.
> • C : B가 거짓말을 하고 있습니다.
> • D : 저는 범인이 아닙니다.
> • E : A가 범인입니다.

① A
② A, B
③ A, C
④ C, D
⑤ D, E

※ 다음 글의 주장에 대한 반박으로 가장 적절한 것을 고르시오. [15~16]

15

최근 들어 도시의 경쟁력 향상을 위한 새로운 전략의 하나로 창조 도시에 대한 논의가 활발하게 진행되고 있다. 창조 도시는 창조적 인재들이 창의성을 발휘할 수 있는 환경을 갖춘 도시이다. 즉 창조 도시는 인재들을 위한 문화 및 거주 환경의 창조성이 풍부하며, 혁신적이고도 유연한 경제 시스템을 구비하고 있는 도시인 것이다.

창조 도시의 주된 동력을 창조 산업으로 볼 것인가 창조 계층으로 볼 것인가에 대해서는 견해가 다소 엇갈리고 있다. 창조 산업을 중시하는 관점에서는, 창조 산업이 도시에 인적·사회적·문화적·경제적 다양성을 불어넣음으로써 도시의 재구조화를 가져오고 나아가 부가가치와 고용을 창출한다고 주장한다. 창의적 기술과 재능을 소득과 고용의 원천으로 삼는 창조 산업의 예로는 광고, 디자인, 출판, 공연 예술, 컴퓨터 게임 등이 있다.

창조 계층을 중시하는 관점에서는, 개인의 창의력으로 부가가치를 창출하는 창조 계층이 모여서 인재 네트워크인 창조 자본을 형성하고, 이를 통해 도시는 경제적 부를 축적할 수 있는 자생력을 갖게 된다고 본다. 따라서 창조 계층을 끌어들이고 유지하는 것이 도시의 경쟁력을 높이는 관건이 된다. 창조 계층에는 과학자, 기술자, 예술가, 건축가, 프로그래머, 영화 제작자 등이 포함된다.

① 창조 산업의 산출물은 그것에 대한 소비자의 수요와 가치 평가를 예측하기 어렵다.
② 창조 도시를 통해 효과적으로 인재를 육성할 수 있다.
③ 창조 산업을 통해 도시를 새롭게 구조화할 수 있다.
④ 광고 등의 산업을 중심으로 부가가치를 창출해 낼 수 있다.
⑤ 인재 네트워크 형성 역시 부가가치를 창출하는 방법 중 하나이다.

16

최근 불안감을 느끼는 현대인들이 점점 많아져 사회 문제가 되고 있다. 경쟁이 심화된 성과 중심의 사회에서 사람들은 직장 내 다른 사람과 자신을 비교하면서 혹시 자신이 뒤처지고 있는 것은 아닌지 불안해한다. 심지어 사람들은 일어나지도 않을 일에 대해 불안감을 느끼기도 한다. 청소년도 예외는 아니다. 성장기에 있는 청소년들은 다양한 고민을 하게 되는데, 이것이 심해져 불안감을 느끼는 원인이 되곤 한다. 특히 학업에 대한 지나친 고민으로 생긴 과도한 불안은 학업에 집중하는 것을 방해하여 학업 수행에 부정적으로 작용한다.

① 상대적 평가 방식은 청소년이 불안감을 느끼는 원인이 된다.
② 친구나 부모와의 상담을 통해 고민을 해결해야 한다.
③ 청소년기의 지나친 고민은 건강을 해칠 수 있다.
④ 시험 기간에 느끼는 약간의 불안감은 성적이 향상되는 결과를 내는 경우도 있다.
⑤ 현대인의 불안을 제때 해소하지 못한다면 더 큰 사회 문제를 초래할 수 있다.

17 다음 글의 주장에 대한 반박으로 적절하지 않은 것은?

> 쾌락주의는 모든 쾌락이 그 자체로서 가치가 있으며 쾌락의 증가와 고통의 감소를 통해 최대의 쾌락을 산출하는 행위를 올바른 것으로 간주하는 윤리설이다. 쾌락주의에 따르면 쾌락만이 내재적 가치를 지니며, 모든 것은 이러한 쾌락을 기준으로 가치 평가되어야 한다.
>
> 그런데 쾌락주의자는 단기적·말초적 쾌락만을 추구함으로써 결국 고통에 빠지게 된다는 오해를 받기도 한다. 하지만 쾌락주의적 삶을 순간적이고 감각적인 쾌락만을 추구하는 방탕한 삶과 동일시하는 것은 옳지 않다. 쾌락주의는 일시적인 쾌락의 극대화가 아니라, 장기적인 쾌락의 극대화를 목적으로 하므로 단기적·말초적 쾌락만을 추구하는 것은 아니다. 예를 들어 사회적 성취가 장기적으로 더 큰 쾌락을 가져다준다면 쾌락주의자는 단기적 쾌락보다는 사회적 성취를 우선으로 추구한다.
>
> 또한 쾌락주의는 쾌락 이외의 것은 모두 무가치한 것으로 본다는 오해를 받기도 한다. 하지만 쾌락주의가 쾌락만을 가치 있는 것으로 보는 것은 아니다. 세상에는 쾌락 말고도 가치 있는 것들이 있으며, 심지어 고통조차도 가치 있는 것으로 볼 수 있다. 발이 불구덩이에 빠져서 통증을 느껴 곧바로 발을 빼낸 상황을 생각해 보자. 이때의 고통은 분명히 좋은 것임이 틀림없다. 만약 고통을 느끼지 못했다면, 불구덩이에 빠진 발을 꺼낼 생각을 하지 못해서 큰 부상을 당했을 수도 있기 때문이다. 물론 이때 고통이 가치 있다는 것은 도구인 의미에서 그런 것이지 그 자체가 목적이라는 의미는 아니다.
>
> 쾌락주의는 고통을 도구가 아닌 목적으로 추구하는 것을 이해할 수 없다고 본다. 금욕주의자가 기꺼이 감내하는 고통조차도 종교적·도덕적 성취와 만족을 추구하기 위한 도구인 것이지 고통 그 자체가 목적인 것은 아니기 때문이다. 대부분의 세속적 금욕주의자는 재화나 명예와 같은 사회적 성취를 위해 당장의 쾌락을 포기하며, 종교적 금욕주의자들은 내세의 성취를 위해 현세의 쾌락을 포기하는데, 그것이 사회적 성취이든 내세적 성취이든지 간에 모두 넓은 의미로 쾌락을 추구하고 있는 것이다.

① 쾌락의 원천은 다양한데, 서로 다른 쾌락을 같은 것으로 볼 수 있는가?

② 순간적이고 감각적인 쾌락만을 추구하는 삶을 쾌락주의적 삶이라고 볼 수 있는가?

③ 식욕의 충족에서 비롯된 쾌락과 사회적 명예의 획득에서 비롯된 쾌락은 같은 것인가?

④ 쾌락의 질적 차이를 인정한다면, 이질적인 쾌락을 어떻게 서로 비교할 수 있는가?

⑤ 과연 쾌락이나 고통만으로 가치를 규정할 수 있는가?

18 다음 글의 내용을 바탕으로 〈보기〉의 밑줄 친 주장에 대해 반박하려고 할 때, 그 논거로 적절하지 않은 것은?

> 기자 : 교수님, 영국에서 탄생한 복제 양과 우리의 복제 송아지의 차이점은 무엇이라고 생각하시는지요.
>
> 교수 : 두 가지 차원에서 이야기할 수 있습니다. 지금까지는 생명을 복제하기 위해서 빈드시 생식 세포를 이용해야 한다는 것이 정설이었습니다. 그런데 복제 양은 생식 세포가 아닌 일반 체세포, 그중에서도 젖샘 세포를 이용했습니다. 이는 노화 등의 이유로 생식 세포가 죽은 개체들로 체세포를 통해 복제가 가능하다는 얘기가 됩니다. 체세포를 통한 복제는 기존 생물학적 개념을 완전히 바꾼 것입니다. 반면 산업적 측면에서는 문제가 있습니다. 동물 복제는 순수 발생학적 관심 못지않게 경제적으로도 중요합니다. 생산력이 뛰어난 가축을 적은 비용으로 복제 생산해야 한다는 것입니다. 이 점에서는 체세포를 통한 복제는 아직 한계가 있습니다. 경제적인 측면에서는 생식 세포를 이용한 복제가 훨씬 효과적입니다.
>
> 기자 : 이런 복제 기술들을 인간에게도 적용할 수 있을까요?
>
> 교수 : 기술적으로는 그렇습니다. 그러나 인간에게 적용했을 때는 기존 인간관계의 근간을 파괴하는 사회 문제를 발생시킬 것입니다. 또 생명체 복제 기술의 적용 영역을 확대하다 보면, 자의로 또는 적용 과정에서 우연히 인체에 치명적이거나 통제 불가능한 생물체가 만들어질 가능성도 있습니다. 이것을 생물 재해라고 합니다. 생명공학에 종사하는 학자들은 이 두 가지 문제를 늘 염두에 두어야 합니다. 물론 아직까지 이런 문제들이 발생하지 않았지만, 어느 국가 또는 특정 집단이 복제 기술을 악용할 위험성을 배제할 수는 없습니다.

> **보기**
>
> 미국 위스콘신 생명윤리 연구 센터의 아서더스 박사는 <u>인간에게 동물 복제 기술을 적용하면 왜 안 되는지에 대한 논리적 이유가 없다</u>고 하면서, 인간 복제를 규제한다 하더라도 대단한 재력가나 권력가는 이를 충분히 피해갈 것이라고 말했다.

① 사람들 사이의 신뢰가 무너질 수 있다.
② 범죄 집단에 악용될 위험이 있다.
③ 인구가 폭발적으로 증가할 염려가 있다.
④ 통제 불가능한 인간을 만들어 낼 수 있다.
⑤ 치료법이 없는 바이러스가 만들어질 수도 있다.

19 아름이는 연휴를 맞아 유럽 일주를 할 계획이다. 하지만 시간 관계상 벨기에, 프랑스, 영국, 독일, 오스트리아, 스페인 중 4개 국가만 방문하고자 한다. 다음 〈조건〉에 따라 방문할 국가를 고를 때, 아름이가 방문하지 않을 국가로 바르게 짝지어진 것은?

조건

- 스페인은 반드시 방문한다.
- 프랑스를 방문하면 영국은 방문하지 않는다.
- 오스트리아를 방문하면 스페인은 방문하지 않는다.
- 벨기에를 방문하면 영국도 방문한다.
- 오스트리아, 벨기에, 독일 중 적어도 2개 국가를 방문한다.

① 벨기에, 영국

② 벨기에, 독일

③ 프랑스, 영국

④ 프랑스, 오스트리아

⑤ 독일, 오스트리아

20 현수, 주현, 지연, 재현, 형호는 한 유명 가수의 공연을 보기 위해 각자 표를 예매하기로 했다. 모두 서로 다른 열의 좌석을 예매했을 때, 다음 〈조건〉을 읽고 바르게 추론한 것은?(단, 앞 열일수록 무대와 가깝다)

조건

- 현수의 좌석은 지연이와 주현이의 좌석보다 무대와 가깝다.
- 재현이의 좌석은 지연이의 좌석보다 앞이고, 형호의 좌석보다는 뒤이다.
- 무대와 형호의 좌석 간 거리는 무대와 현수의 좌석 간 거리보다 길다.
- 주현이의 좌석이 무대와 가장 멀리 떨어져 있다.

① 현수는 다섯 중 가장 뒤쪽 열의 좌석을 예매했다.

② 형호는 현수 바로 뒤의 좌석을 예매했다.

③ 형호는 재현이와 지연 사이의 좌석을 예매했다.

④ 형호는 현수와 재현 사이의 좌석을 예매했다.

⑤ 재현이는 지연 바로 앞의 좌석을 예매했다.

01 다음은 C병원을 찾은 당뇨병 환자 수에 대한 자료이다. 이에 대한 설명으로 옳지 않은 것은?

〈당뇨병 환자 수〉

(단위 : 명)

구분 \ 당뇨병	경증		중증	
	여성	남성	여성	남성
50세 미만	8	14	9	9
50세 이상	10	18	9	23

① 남성 환자가 여성 환자보다 28명 더 많다.
② 여성 환자 중 중증 환자의 비율은 50%이다.
③ 경증 환자 중 남성 환자의 비율은 중증 환자 중 남성 환자의 비율보다 높다.
④ 50세 이상 환자 수는 50세 미만 환자 수의 1.5배이다.
⑤ 전체 당뇨병 환자 중 중증 여성 환자의 비율은 18%이다.

02 다음은 10개 도시의 2024년 6월 및 2024년 12월의 부동산 전세 가격지수 동향에 대한 자료이다. 2024년 6월 대비 2024년 12월 부동산 전세 가격지수의 증가량이 가장 적은 도시의 증감률은?(단, 소수점 둘째 자리에서 반올림한다)

〈10개 도시 부동산 전세 가격지수 동향〉

구분	2024년 6월	2024년 12월	구분	2024년 6월	2024년 12월
A시	90.2	95.4	F시	98.7	98.8
B시	92.6	91.2	G시	100.3	99.7
C시	98.1	99.2	H시	92.5	97.2
D시	94.7	92.0	I시	96.5	98.3
E시	95.1	98.7	J시	99.8	101.5

① −2.9%
② −1.5%
③ 1%
④ 5.8%
⑤ 7%

03 다음은 우표 발행 현황에 대한 자료이다. 이에 대한 설명으로 옳은 것은?

〈우표 발행 현황〉

(단위 : 십만 장)

구분	2019년	2020년	2021년	2022년	2023년
보통우표	1,670	1,640	770	1,100	1,050
기념우표	430	560	400	350	360
나만의 우표	50	40	30	20	10
합계	2,150	2,240	1,200	1,470	1,420

① 2019년부터 2023년까지 보통우표와 기념우표 발행 수의 증감 추이는 같다.

② 기념우표와 나만의 우표 모두 발행 수가 가장 적은 해는 2022년이다.

③ 보통우표와 기념우표 발행 수가 가장 큰 차이를 보이는 해는 2019년이다.

④ 2021년 전체 발행 수에서 나만의 우표가 차지하고 있는 비율은 3% 이상이다.

⑤ 2019년 대비 2023년 나만의 우표 발행 수의 감소율은 70%이다.

04 J사는 회사 복지 프로그램인 A, B, C안에 대한 투표를 진행했다. 총 50명의 직원이 1표씩 행사했고, 지금까지의 개표 결과는 다음과 같다. 무효표 없이 모두 정상적으로 투표했다고 할 때, A, B안의 득표수와 상관없이 C안이 선정되려면 최소 몇 표가 더 필요한가?

〈개표 중간 결과〉

A안	B안	C안
15표	8표	6표

① 12표 ② 13표

③ 14표 ④ 15표

⑤ 16표

05 다음은 지방자치단체 여성 공무원 현황에 대한 자료이다. 이에 대한 설명으로 옳지 않은 것은?

〈지방자치단체 여성 공무원 현황〉

(단위 : 백 명, %)

구분	2018년	2019년	2020년	2021년	2022년	2023년
전체 공무원	2,660	2,725	2,750	2,755	2,780	2,795
여성 공무원	705	750	780	805	820	830
여성 공무원 비율	26.5	27.5	28.4	29.2	29.5	29.7

① 2018년 이후 여성 공무원 수는 매년 증가하고 있다.
② 2021년 전체 공무원 수는 전년 대비 증가하였다.
③ 2022년 남성 공무원 수는 1,960백 명이다.
④ 2023년 여성 공무원 비율은 2018년과 비교했을 때, 3.2%p 증가했다.
⑤ 2023년에 남성 공무원이 차지하는 비율과 여성 공무원이 차지하는 비율의 차이는 40%p 미만이다.

06 다음은 1인당 우편 이용 물량을 나타낸 그래프이다. 이에 대한 설명으로 옳은 것은?

〈1인당 우편 이용 물량〉

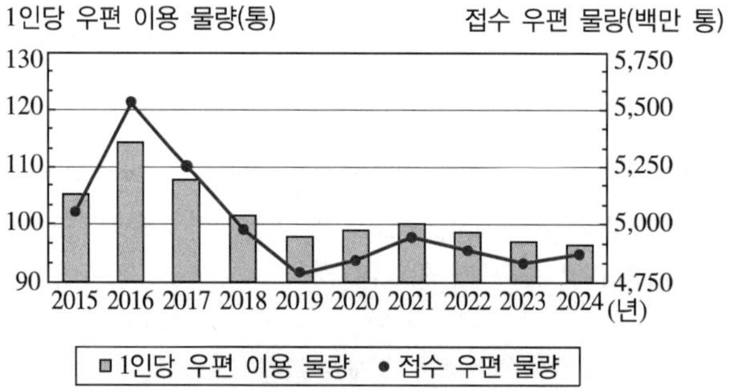

① 1인당 우편 이용 물량은 증가 추세에 있다.
② 1인당 우편 이용 물량은 2016년에 가장 높았고, 2019년에 가장 낮았다.
③ 매년 평균적으로 1인당 4일에 1통 이상은 우편물을 보냈다.
④ 1인당 우편 이용 물량과 접수 우편 물량 모두 2021년부터 2024년까지 지속적으로 감소하고 있다.
⑤ 접수 우편 물량이 가장 많은 해와 가장 적은 해의 차이는 약 900백만 통이다.

07 다음은 6개 수종의 기건비중 및 강도에 대한 자료이다. 〈조건〉에 따라 A와 C에 해당하는 수종이 바르게 연결된 것은?

〈6개 수종의 기건비중 및 강도〉

구분	기건비중 (ton/m^3)	강도(N/mm^2)			
		압축강도	인장강도	휨강도	전단강도
A	0.53	50	52	88	10
B	0.89	60	125	118	12
C	0.61	63	69	82	9
삼나무	0.37	42	45	72	7
D	0.31	24	27	39	6
E	0.43	49	59	80	7

조건

- 전단강도 대비 압축강도 비가 큰 상위 2개 수종은 낙엽송과 전나무이다.
- 휨강도와 압축강도 차가 큰 상위 2개 수종은 소나무와 참나무이다.
- 참나무의 기건비중은 오동나무 기건비중의 2배 이상이다.
- 압축강도와 인장강도의 차가 두 번째로 큰 수종은 전나무이다.

	A	C
①	소나무	낙엽송
②	소나무	전나무
③	오동나무	낙엽송
④	참나무	소나무
⑤	참나무	전나무

08 이탈리안 음식을 판매하는 J레스토랑에서는 파스타와 피자를 묶은 런치세트를 구성해 판매한다. 런치세트 메뉴와 금액이 다음과 같을 때, 아라비아타의 할인 전 가격은?

〈런치세트 메뉴〉

구분	구성 음식	금액(원)
A세트	카르보나라, 알리오올리오	24,000
B세트	마르게리타피자, 아라비아타	31,000
C세트	카르보나라, 고르곤졸라피자	31,000
D세트	마르게리타피자, 알리오올리오	28,000
E세트	고르곤졸라피자, 아라비아타	32,000

※ 런치세트 메뉴의 가격은 파스타 종류는 500원, 피자 종류는 1,000원을 할인하여 책정한 가격임
※ 파스타 : 카르보나라, 알리오올리오, 아라비아타
※ 피자 : 마르게리타피자, 고르곤졸라피자

① 14,000원
② 14,500원
③ 15,000원
④ 15,500원
⑤ 16,000원

09 다음은 한국생산성본부에서 작성한 혁신클러스터 시범단지 현황이다. 반월시화공단과 울산공단의 업체당 평균 고용인원의 차이는 얼마인가?(단, 업체당 평균 고용인원은 소수점 둘째 자리에서 반올림한다)

〈혁신클러스터 시범단지 현황〉

구분	특화업종	입주기업(개 사)	생산규모(억 원)	수출액(백만 불)	고용인원(명)	지정시기
창원공단	기계	1,893	424,399	17,542	80,015	2016년
구미공단	전기전자	1,265	612,710	36,253	65,884	2016년
반월시화공단	부품소재	12,548	434,106	6,360	195,635	2016년
울산공단	자동차	1,116	1,297,185	57,329	101,677	2016년

① 83.1명
② 75.5명
③ 71.4명
④ 68.6명
⑤ 65.9명

10 다음은 C신도시 쓰레기 처리 관련 통계 자료이다. 이에 대한 설명으로 옳지 않은 것은?

〈C신도시 쓰레기 처리 관련 통계〉

구분	2021년	2022년	2023년	2024년
1kg 쓰레기 종량제 봉투 가격	100원	200원	300원	400원
쓰레기 1kg당 처리비용	400원	400원	400원	400원
C신도시 쓰레기 발생량	5,013톤	4,521톤	4,209톤	4,007톤
C신도시 쓰레기 관련 예산 적자	15억 원	9억 원	4억 원	0원

① 연간 쓰레기 발생량 감소곡선보다 쓰레기 종량제 봉투 가격의 인상곡선이 더 가파르다.

② 봉투 가격이 인상됨으로써 주민들은 비용에 부담을 느끼고 쓰레기 배출을 줄였다고 추론할 수 있다.

③ 쓰레기 종량제 봉투 가격 상승과 C신도시의 쓰레기 발생량은 반비례한다.

④ 쓰레기 종량제 봉투 가격이 100원이었던 2021년에 비해 400원이 된 2024년에는 쓰레기 발생량이 약 20%나 감소하였고 쓰레기 관련 예산 적자는 0원이 되었다.

⑤ 쓰레기 1kg당 처리비용이 인상될수록 C신도시의 쓰레기 발생량과 쓰레기 관련 예산 적자가 급격히 감소하는 것을 볼 수 있다.

11 다음은 특정 기업 47개를 대상으로 제품전략, 기술개발 종류 및 기업형태별 기업 수에 대해 조사한 자료이다. 이에 대한 설명으로 옳은 것은?

〈제품전략, 기술개발 종류 및 기업형태별 기업 수〉

(단위 : 개)

제품전략	기술개발 종류	기업형태	
		벤처기업	대기업
시장견인	존속성 기술	3	9
	와해성 기술	7	8
기술추동	존속성 기술	5	7
	와해성 기술	5	3

※ 각 기업은 한 가지 제품전략을 취하고 한 가지 종류의 기술을 개발함

① 와해성 기술을 개발하는 기업 중에는 벤처기업의 비율이 대기업의 비율보다 낮다.

② 존속성 기술을 개발하는 기업의 비율이 와해성 기술을 개발하는 기업의 비율보다 높다.

③ 벤처기업 중에서 기술추동전략을 취하는 비율은 시장견인전략을 취하는 비율보다 높다.

④ 대기업 중에서 시장견인전략을 취하는 비율은 기술추동전략을 취하는 비율보다 낮다.

⑤ 기술추동전략을 취하는 기업 중에는 존속성 기술을 개발하는 비율이 와해성 기술을 개발하는 비율보다 낮다.

12 다음은 국가별 4차 산업혁명 기반산업 R&D 투자 현황에 대한 자료이다. 이에 대한 설명으로 옳지 않은 것을 〈보기〉에서 모두 고르면?

〈국가별 4차 산업혁명 기반산업 R&D 투자 현황〉

(단위 : 억 달러)

구분	서비스				제조					
	IT서비스		통신 서비스		전자		기계장비		바이오·의료	
	투자액	상대수준	투자액	상대수준	투자액	상대수준	투자액	상대수준	투자액	상대수준
한국	3.4	1.7	4.9	13.1	301.6	43.1	32.4	25.9	16.4	2.3
미국	200.5	100.0	37.6	100.0	669.8	100.0	121.3	96.6	708.4	100.0
일본	30.0	14.9	37.1	98.8	237.1	33.9	125.2	100.0	166.9	23.6
독일	36.8	18.4	5.0	13.2	82.2	11.7	73.7	58.9	70.7	10.0
프랑스	22.3	11.1	10.4	27.6	43.2	6.2	12.8	10.2	14.2	2.0

※ 투자액은 기반산업별 R&D 투자액의 합계

※ 상대수준은 최대 투자국의 R&D 투자액을 100으로 두었을 때의 상대적 비율임

보기

ㄱ. 한국의 IT서비스 부문 투자액은 미국 대비 1.7%이다.

ㄴ. 미국은 모든 산업의 상대수준이다.

ㄷ. 한국의 전자 부문 투자액은 전자 외 부문 투자액을 모두 합한 금액의 6배 이상이다.

ㄹ. 일본과 프랑스의 부문별 투자액 순서는 동일하지 않다.

① ㄱ, ㄴ　② ㄱ, ㄷ

③ ㄴ, ㄷ　④ ㄴ, ㄹ

⑤ ㄷ, ㄹ

13 C사는 사무실을 새롭게 꾸미기 위해 바닥에 붙일 타일을 구매하려고 한다. 타일을 붙일 사무실 바닥의 크기는 가로 8m, 세로 10m이며, 다음 3개의 타일 중 하나를 선택하여 구매하려고 할 때, 가장 저렴한 타일로 한다면 어느 타일이고, 총가격은 얼마인가?

〈타일별 정보〉

구분	크기(가로×세로)	단가(원)	배송비(원)
A타일	20cm×20cm	1,000	50,000
B타일	250mm×250mm	1,500	30,000
C타일	25cm×20cm	1,250	75,000

① A타일, 1,950,000원
② A타일, 2,050,000원
③ B타일, 1,950,000원
④ B타일, 2,050,000원
⑤ C타일, 1,950,000원

14 다음은 C통신사의 가입상품별 요금 안내 자료이다. 가장 비싼 가입상품의 총요금에서 가장 싼 가입상품의 총요금을 뺀 값으로 옳은 것은?

〈가입상품별 요금 안내〉

(단위 : 원)

가입상품	인터넷 요금	기본 전화료	전화기 할부금	Wi-Fi 임대료	IPTV 요금
인터넷	22,000				
인터넷+일반전화	20,000	1,100			
인터넷+인터넷전화	20,000	1,100	2,400	1,650	
인터넷+TV(베이직)	19,800				12,100
인터넷+TV(스마트)	19,800				17,600
인디넷+TV(프라임)	19,800				19,800
인터넷+일반전화+TV(베이직)	19,800	1,100			12,100
인터넷+일반전화+TV(스마트)	19,800	1,100			17,600
인터넷+일반전화+TV(프라임)	19,800	1,100			19,800
인터넷+인터넷전화+TV(베이직)	19,800	1,100	2,400	1,650	12,100
인터넷+인터넷전화+TV(스마트)	19,800	1,100	2,400	1,100	17,600
인터넷+인터넷전화+TV(프라임)	19,800	1,100	2,400		19,800

※ 총요금=인터넷 요금+기본 전화료+전화기 할부금+Wi-Fi 임대료+IPTV 요금

① 20,000원
② 22,000원
③ 24,000원
④ 28,000원
⑤ 30,000원

15 다음 그래프는 C공사의 최근 4년간 청렴도 측정결과 추세를 나타낸 자료이다. 이를 이해한 내용으로 옳지 않은 것은?(단, 소수점 둘째 자리에서 반올림한다)

〈최근 4년간 청렴도 측정결과 추세〉

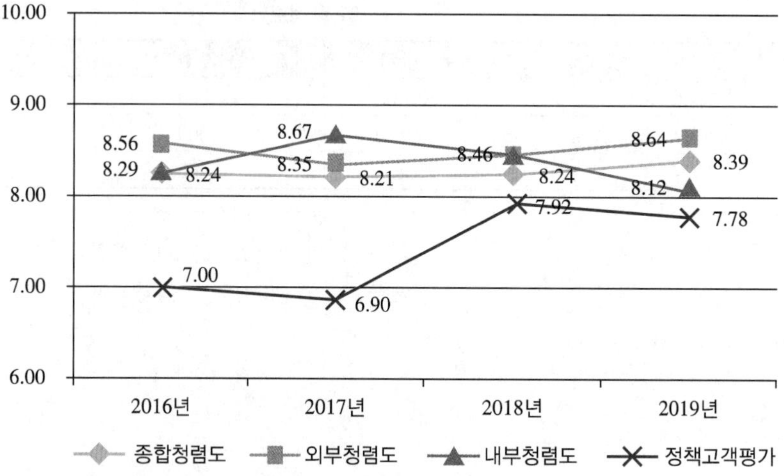

① 최근 4년간 내부청렴도의 평균은 외부청렴도 평균보다 낮다.

② 2017 ~ 2019년 외부청렴도와 종합청렴도의 증감추이는 같다.

③ 정책고객평가가 전년 대비 가장 높은 비율의 변화가 있던 것은 2018년이다.

④ 전년 대비 가장 크게 하락한 항목은 2018년의 내부청렴도이다.

⑤ 내부청렴도와 정책고객평가는 2019년에 하락하였다.

16 새로운 원유의 정제비율을 조사하기 위해 상압증류탑을 축소한 파일럿 플랜트에 새로운 원유를 투입해 사전 분석실험을 시행했다. 다음과 같은 실험 결과를 얻었다고 할 때, 아스팔트는 최초 투입한 원유의 양 대비 몇 % 생산되는가?

〈사전분석실험 결과〉

생산제품	생산량
LPG	투입한 원유량의 5%
휘발유	LPG를 생산하고 남은 원유량의 20%
등유	휘발유를 생산하고 남은 원유량의 50%
경유	등유를 생산하고 남은 원유량의 10%
아스팔트	경유를 생산하고 남은 원유량의 4%

① 1.168%

② 1.368%

③ 1.568%

④ 1.768%

⑤ 1.968%

17 다음은 2020년부터 2024년까지 교육수준으로 최종학력별 인구분포 비율에 대한 그래프이다. 다음 중 최종학력이 대학교 졸업 이상인 인구 구성비의 2020년 대비 2024년 증가율과 중학교 졸업 이하인 인구 구성비의 2020년 대비 2023년 감소율을 순서대로 바르게 나열한 것은?(단, 증감률은 소수점 둘째 자리에서 반올림한다)

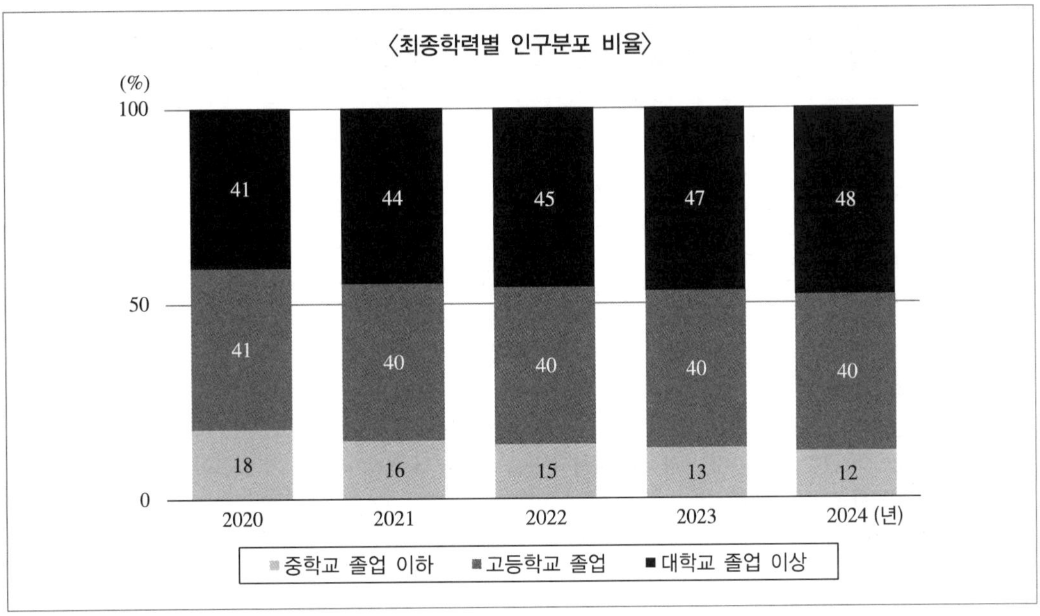

① 15.6%, −22.4%
② 15.6%, −27.8%
③ 17.1%, −22.4%
④ 17.1%, −27.8%
⑤ 17.1%, −32.1%

18 다음은 2018 ~ 2023년 관광통역 안내사 자격증 취득현황 자료이다. 이에 대한 〈보기〉의 설명 중 옳지 않은 것을 모두 고르면?

〈관광통역 안내사 자격증 취득현황〉

(단위 : 명)

구분	영어	일어	중국어	불어	독어	스페인어	러시아어	베트남어	태국어
2023년	464	153	1,418	6	3	3	6	5	15
2022년	344	137	1,963	7	3	4	5	5	17
2021년	379	266	2,468	3	1	4	6	15	35
2020년	238	244	1,160	3	4	3	4	4	8
2019년	166	278	698	2	3	2	3	–	12
2018년	156	357	370	2	2	1	5	1	4
합계	1,747	1,435	8,077	23	16	17	29	30	91

보기

ㄱ. 영어와 스페인어 관광통역 안내사 자격증 취득자는 2019년부터 2023년까지 매년 증가하였다.

ㄴ. 중국어 관광통역 안내사 자격증 취득자는 2021년부터 2023년까지 매년 일어 관광통역 안내사 자격증 취득자의 8배 이상이다.

ㄷ. 태국어 관광통역 안내사 자격증 취득자 수 대비 베트남어 관광통역 안내사 자격증 취득자 수 비율은 2020년부터 2022년까지 매년 증가하였다.

ㄹ. 불어 관광통역 안내사 자격증 취득자 수와 스페인어 관광통역 안내사 자격증 취득자 수는 2019년부터 2023년까지 전년 대비 증감추이가 동일하다.

① ㄱ
② ㄴ, ㄹ
③ ㄱ, ㄷ
④ ㄱ, ㄷ, ㄹ
⑤ ㄴ, ㄷ, ㄹ

19 다음은 C공단에서 1,600명의 직원에게 지방이전 만족도를 조사한 결과이다. 이에 대한 설명으로 옳지 않은 것은?(단, 복수응답과 무응답은 없다)

〈C공단 지방이전 만족도 통계〉

(단위 : %)

구분	매우 그렇다	그렇다	보통이다	그렇지 않다	매우 그렇지 않다
1. 지방이전 후 공단 주변 환경에 대해 만족합니까?	15	10	30	25	20
2. 이전한 사무실 시설에 만족합니까?	21	18	35	15	11
3. 지방이전 후 출·퇴근 교통에 만족합니까?	12	7	13	39	29
4. 새로운 환경에서 그 전보다 업무집중이 더 잘 됩니까?	16	17	37	14	16
5. 지방이전 후 새로운 환경에 잘 적응하고 있습니까?	13	23	36	9	19

① 전체 질문 중 '보통이다' 비율이 가장 높은 질문은 '매우 그렇다' 비율도 가장 높다.

② 사무실 시설 만족에 '매우 그렇다'를 선택한 직원 수는 '보통이다'를 선택한 직원 수보다 200명 이상 적다.

③ 전체 질문에서 '그렇다'를 선택한 평균 비율보다 '매우 그렇지 않다'를 선택한 평균 비율이 4%p 높다.

④ 다섯 번째 질문에서 '매우 그렇지 않다'를 선택한 직원 수와 '그렇지 않다'를 선택한 직원 수의 차이는 150명 이상이다.

⑤ C공단의 지방이전 후 직원들의 가장 큰 불만은 출·퇴근 교통편이다.

20 다음은 2013 ~ 2024년 치킨전문점 개·폐업점 수에 대한 자료이다. 이를 나타낸 그래프로 옳은 것은?

〈치킨전문점 개·폐업점 수〉

(단위 : 개)

구분	개업점 수	폐업점 수	구분	개업점 수	폐업점 수
2013년	3,449	1,965	2019년	3,252	2,873
2014년	3,155	2,121	2020년	3,457	2,745
2015년	4,173	1,988	2021년	3,620	2,159
2016년	4,219	2,465	2022년	3,244	3,021
2017년	3,689	2,658	2023년	3,515	2,863
2018년	3,887	2,785	2024년	3,502	2,758

①

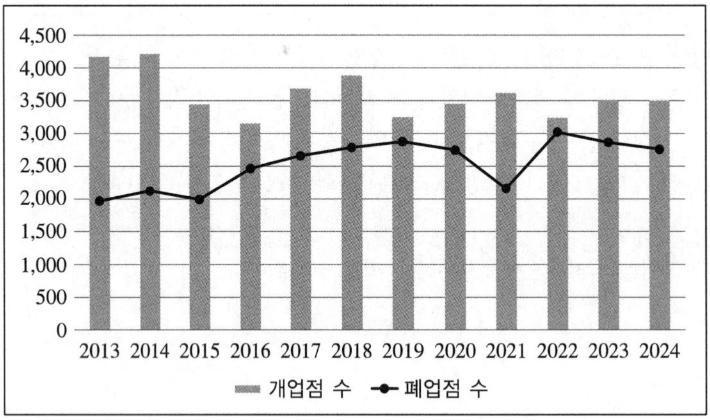

②

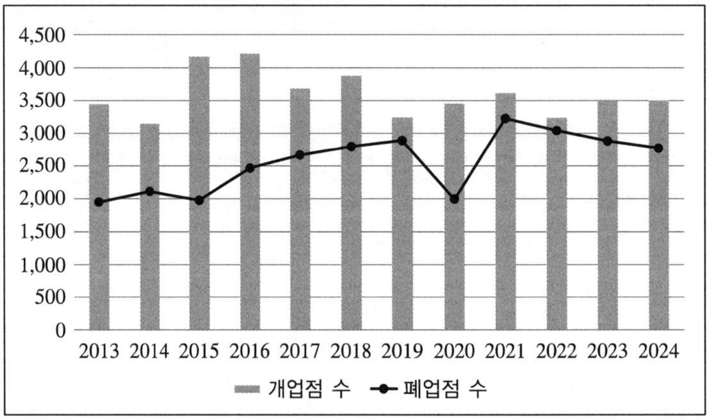

③

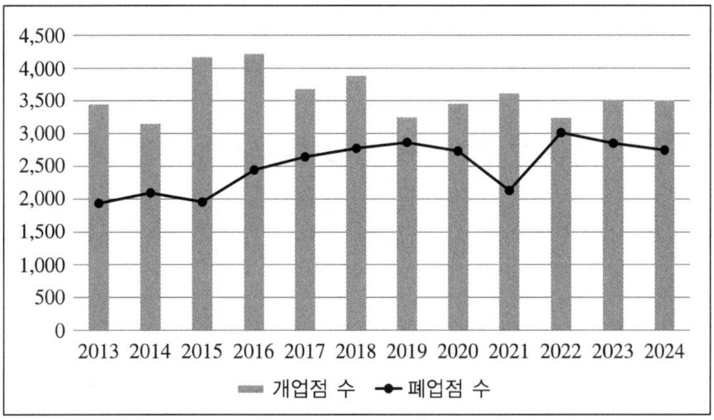
4,500
4,000
3,500
3,000
2,500
2,000
1,500
1,000
500
0
2013 2014 2015 2016 2017 2018 2019 2020 2021 2022 2023 2024
개업점 수
폐업점 수

④

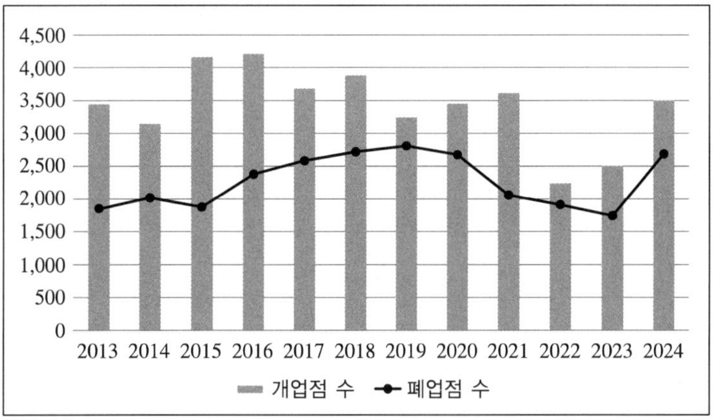
4,500
4,000
3,500
3,000
2,500
2,000
1,500
1,000
500
0
2013 2014 2015 2016 2017 2018 2019 2020 2021 2022 2023 2024
개업점 수
폐업점 수

⑤

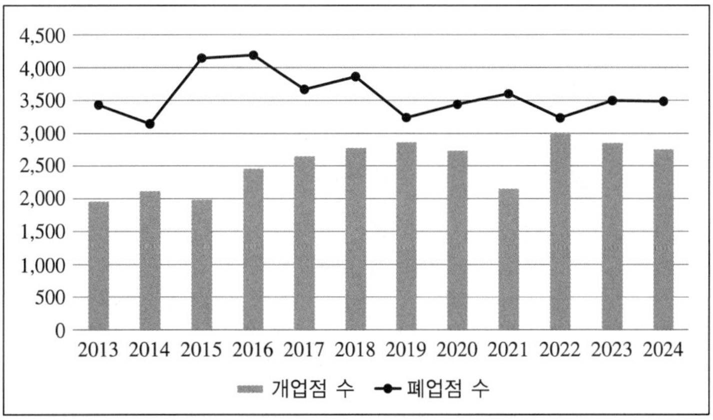
4,500
4,000
3,500
3,000
2,500
2,000
1,500
1,000
500
0
2013 2014 2015 2016 2017 2018 2019 2020 2021 2022 2023 2024
개업점 수
폐업점 수

제4영역 창의수리

※ 다음과 같이 일정한 규칙으로 수를 나열할 때, 빈칸에 들어갈 알맞은 수를 고르시오. [1~5]

01

7 20 59 176 527 ( )

① 1,482
② 1,580
③ 1,582
④ 1,680
⑤ 1,682

02

18 13 10.5 9.25 ( )

① 6.5
② 8.5
③ 8.625
④ 9.625
⑤ 10.5

03

4 2 6 −2 14 −18 ( )

① 46
② −46
③ 52
④ −52
⑤ 74

04

$\frac{7}{11}$ $\frac{2}{22}$ $-\frac{4}{44}$ $-\frac{11}{77}$ $-\frac{19}{121}$ ( )

① $-\frac{20}{150}$
② $-\frac{22}{154}$
③ $-\frac{26}{176}$
④ $-\frac{28}{176}$
⑤ $-\frac{33}{186}$

05

6　4　4	21　5　32	19　(　)　10

① 18
② 16
③ 14
④ 12
⑤ 10

06 다음 일차방정식에서 미지수 x의 값으로 옳은 것은?

$$2\left(x+\frac{3}{2}\right)-\frac{1}{2}(6x-12)=7$$

① $\frac{1}{2}$
② $\frac{1}{3}$
③ 1
④ $\frac{3}{2}$
⑤ 2

07 다음 이차방정식에서 미지수 x의 해 2개의 곱은?

$$16+(3x-12)\times\frac{2}{3}x=106$$

① -108
② -64
③ -52
④ -48
⑤ -45

08 농도 10%의 소금물 500g을 끓여 물을 기화시킨 후 농도 2%의 소금물 250g을 더 넣었더니 농도 8%의 소금물이 만들어졌다. 기화시킨 물의 양은?

① 52.5g
② 55g
③ 57.5g
④ 60g
⑤ 62.5g

09 작년 정기 연수회에 참가한 여성 비율은 전체 참가인원의 65%였다. 올해 연수회에 참가한 여성은 2,500명 감소하고, 남성은 500명 증가하여 여성 수의 비율은 전체 인원의 45%가 되었다. 올해 연수회에 참가한 여성의 수는?

① 2,450명
② 2,500명
③ 2,700명
④ 3,000명
⑤ 3,250명

10 마스크 필터를 생산하는 공장에서 A기계는 1분에 8개, B기계는 1분에 4개의 필터를 생산할 수 있다고 한다. 현재 A기계에서 90개, B기계에서 10개의 필터를 생산하였다면 A의 생산량이 B의 생산량의 3배가 될 때는 몇 분 후인가?

① 12분
② 15분
③ 18분
④ 21분
⑤ 24분

11 어떤 황색 점멸 신호등은 6초 점등 후 4초 소등되고 맞은편 신호등은 8초 점등 후 6초 소등된다고 한다. 두 신호등이 동시에 켜진 후 다시 처음으로 동시에 점등될 때는 몇 초 후인가?

① 40초
② 50초
③ 60초
④ 70초
⑤ 80초

12 흰 공 3개, 검은 공 2개가 들어 있는 상자에서 1개의 공을 꺼냈을 때, 흰 공이면 동전 3번, 검은 공이면 동전 4번을 던진다고 한다. 앞면이 3번 나올 확률은?

① $\frac{6}{40}$
② $\frac{7}{40}$
③ $\frac{8}{40}$
④ $\frac{9}{40}$
⑤ $\frac{11}{40}$

13 C야구팀의 작년 승률은 40%였고, 올해는 총 120경기 중 65승을 하였다. 작년과 올해의 경기를 합하여 구한 승률이 45%일 때, 작년과 올해 승리한 횟수의 합은?

① 151회
② 152회
③ 153회
④ 154회
⑤ 155회

14 C회사에서 주요 고객을 대상으로 설문조사를 실시하려고 한다. 설문조사를 3일 안에 끝내는 데 필요한 아르바이트생은 최소 몇 명인가?

- 주요 고객 3,200명에게 설문조사를 할 것이다.
- 고객 1명당 설문조사 시간은 3분이 걸린다.
- 아르바이트생 1명은 하루에 400분 동안 일을 할 수 있다.

① 5명
② 6명
③ 7명
④ 8명
⑤ 9명

15 의자 6개가 나란히 설치되어 있다. 여학생 2명과 남학생 3명이 모두 의자에 앉을 때, 여학생이 이웃하지 않게 앉는 경우의 수는?(단, 두 학생 사이에 빈 의자가 있는 경우는 이웃하지 않는 것으로 한다)

① 120가지
② 240가지
③ 360가지
④ 480가지
⑤ 600가지

16 열차가 50m의 터널을 통과하는 데 10초, 200m의 터널을 통과하는 데 25초가 걸린다. 열차의 길이는 몇 m인가?

① 35m
② 40m
③ 45m
④ 50m
⑤ 55m

17 어느 고등학교에서 열린 수학경시대회에서 1학년의 평균은 20점, 2학년의 평균은 13점, 3학년의 평균은 20점이었다. 대회에 참가한 1학년 학생 수는 2학년 학생 수의 2배이고, 3학년 학생 수의 4배이다. 참가 학생 전체의 평균은?

① 15점 ② 16점
③ 17점 ④ 18점
⑤ 19점

18 현재 아버지의 나이는 35세, 아들은 10세이다. 아버지 나이가 아들 나이의 2배가 되는 것은 몇 년 후인가?

① 5년 후 ② 10년 후
③ 15년 후 ④ 20년 후
⑤ 25년 후

19 물건의 정가에서 20%를 할인한 후 3,000원을 뺀 가격과 정가에서 50%를 할인한 가격이 같았다면, 이 물건의 정가는 얼마인가?

① 10,000원 ② 15,000원
③ 20,000원 ④ 25,000원
⑤ 30,000원

20 주머니 속에 빨간 구슬, 흰 구슬이 섞여 15개 들어있다. 이 주머니에서 2개를 꺼내보고 다시 넣는 일을 여러 번 반복하였더니, 5회에 1번꼴로 2개 모두 빨간 구슬이었다. 이 주머니에서 구슬을 하나 뽑을 때 빨간 구슬일 확률은?

① $\frac{1}{15}$ ② $\frac{4}{15}$
③ $\frac{7}{15}$ ④ $\frac{11}{15}$
⑤ $\frac{13}{15}$

2일 차
기출응용 모의고사

〈문항 수 및 시험시간〉

CJ그룹 CAT 온라인 적성검사		
영역	문항 수	영역별 제한시간
언어이해	20문항	15분
언어추리	20문항	15분
자료해석	20문항	15분
창의수리	20문항	15분

CJ그룹 CAT 온라인 적성검사

2일 차 기출응용 모의고사

문항 수 : 80문항
시험시간 : 60분

제 1 영역 언어이해

01 다음 글의 내용으로 가장 적절한 것은?

미국 로체스터대 교수 겸 노화연구센터 공동 책임자인 베라 고부노바는 KAIST 글로벌전략연구소가 '포스트 코로나, 포스트 휴먼 – 의료 · 바이오 혁명'을 주제로 개최한 제3차 온라인 국제 포럼에서 "대다수 포유동물보다 긴 수명을 가진 박쥐는 바이러스를 체내에 보유하고 있으면서도 염증 반응이 일어나지 않는다."라며 "박쥐의 염증 억제 전략을 생물학적으로 이해하면 코로나19는 물론 자가면역질환 등 다양한 염증 질환 치료제에 활용할 수 있을 것"이라고 말했다.
박쥐는 밀도가 높은 군집 생활을 한다. 또한, 포유류 중 유일하게 날개를 지닌 생물로서 뛰어난 비행 능력과 비행 중에도 고온의 체온을 유지하는 것 등의 능력으로 먼 거리까지 무리를 지어 날아다니기 때문에 쉽게 질병에 노출되기도 한다. 그럼에도 오랜 기간 지구상에 존재하며 바이러스에 대항하는 면역 기능이 발달한 것으로 추정된다. 박쥐는 에볼라나 코로나바이러스에 감염돼도 염증 반응이 일어나지 않기 때문에 대표적인 바이러스 숙주로 지목되고 있다.
고부노바 교수는 "인간이 도시에 모여 산 것도, 비행기를 타고 돌아다닌 것도 사실상 약 100년 정도로 오래되지 않아 박쥐만큼 바이러스 대항 능력이 강하지 않다."라며 "박쥐처럼 약 6,000 ~ 7,000만 년에 걸쳐 진화할 수도 없다."라고 설명했다. 그러면서 "박쥐 연구를 통해 박쥐의 면역체계를 이해하고 바이러스에 따른 다양한 염증 반응 치료제를 개발하는 전략이 필요하다."라고 강조했다.
고부노바 교수는 "이 같은 비교생물학을 통해 노화를 억제하고 퇴행성 질환에 대응하기 위한 방법을 찾을 수 있다."며 "안전성이 확인된 연구 결과물들을 임상에 적용해 더욱 발전해 나가는 것이 필요하다."고 밝혔다.

① 박쥐의 수명은 긴 편이지만 평균적인 포유류 생물의 수명보다는 짧다.
② 박쥐는 날개가 있는 유일한 포유류지만 짧은 거리만 날아서 이동할 수 있다.
③ 박쥐는 현재까지도 바이러스에 취약한 생물이지만 긴 기간 지구상에 존재할 수 있었다.
④ 박쥐가 많은 바이러스를 보유하고 있는 것은 무리생활과 더불어 수명과도 관련이 있다.
⑤ 박쥐의 면역은 인간에 직접 적용할 수 없기에 연구가 무의미하다.

02 다음 글을 읽고 추론한 내용으로 가장 적절한 것은?

> EU는 1995년부터 철제 다리 덫으로 잡은 동물 모피의 수입을 금지하기로 했다. 모피가 이런 덫으로 잡은 동물의 것인지, 아니면 상대적으로 덜 잔혹한 방법으로 잡은 동물의 것인지 구별하는 것은 불가능하다. 그렇기 때문에 EU는 철제 다리 덫 사용을 금지하는 나라의 모피만 수입하기로 결정했다. 이런 수입 금지 조치에 대해 미국, 캐나다, 러시아는 WTO에 제소하겠다고 위협했다. 결국 EU는 WTO가 내릴 결정을 예상하여, 철제 다리 덫으로 잡은 동물의 모피를 계속 수입하도록 허용했다.
>
> 또한 1998년부터 EU는 화장품 실험에 동물을 이용하는 것을 금지했을 뿐만 아니라, 동물실험을 거친 화장품의 판매조차 금지하는 법령을 채택했다. 그러나 동물실험을 거친 화장품의 판매 금지는 WTO 규정 위반이 될 것이라는 유엔의 권고를 받았다. 결국 EU의 판매 금지는 실행되지 못했다.
>
> 한편, 그 외에도 EU는 성장 촉진 호르몬이 투여된 쇠고기의 판매 금지 조치를 시행하기도 했다. 동물복지를 옹호하는 단체들이 소의 건강에 미치는 영향을 우려해 호르몬 투여 금지를 요구했지만, EU가 쇠고기 판매를 금지한 것은 주로 사람의 건강에 대한 염려 때문이었다. 미국은 이러한 판매 금지 조치에 반대하며 EU를 WTO에 제소했고, 결국 WTO 분쟁패널로부터 호르몬 사용이 사람의 건강을 위협한다고 믿을 만한 충분한 과학적 근거가 없다는 판정을 이끌어 내는 데 성공했다. EU는 항소했다. 그러나 WTO의 상소 기구는 미국의 손을 들어주었다. 그럼에도 불구하고 EU는 금지 조치를 철회하지 않았다. 이에 미국은 1억 1,600만 달러에 해당하는 EU의 농업 생산물에 100% 관세를 물리는 보복 조치를 발동했고 WTO는 이를 승인했다.

① EU는 환경의 문제를 통상 조건에서 최우선적으로 고려한다.
② WTO는 WTO 상소기구의 결정에 불복하는 경우 적극적인 제재조치를 취한다.
③ WTO는 사람의 건강에 대한 위협을 방지하는 것보다 국가 간 통상의 자유를 더 존중한다.
④ WTO는 제품의 생산과정에서 동물의 권리를 침해한다는 이유로 해당 제품 수입을 금지하는 것을 허용하지 않는다.
⑤ WTO 규정에 의하면 각 국가는 타국의 환경, 보건, 사회 정책 등이 자국과 다르다는 이유로 타국의 특정 제품의 수입을 금지할 수 있다.

03 **다음 글의 빈칸 (가)~(마)에 들어갈 내용으로 적절하지 않은 것은?**

> "언론의 잘못된 보도나 마음에 들지 않는 논조조차도 그것이 토론되는 과정에서 옳은 방향으로 흘러가게끔 하는 것이 옳은 방향이다." 한 야당 정치인이 서울외신기자클럽(SFCC) 토론회에 나와 마이크에 대고 밝힌 공개 입장이다. 언론은 ___(가)___ 해야 한다. 이것이 지역 신문이라 할지라도 언론이 표준어를 사용하는 이유이다.
>
> 언론중재법 개정안이 국회 본회의를 통과할 것이 확실시되었을 때 정부는 침묵으로 일관했었다. 청와대 핵심 관계자들은 이 개정안에 대한 입장을 묻는 국내 일부 매체에 영어 표현인 "None of My Business"라는 답을 내놨다고 한다.
>
> 그사이, 이 개정안에 대한 국제 사회의 ___(나)___는 높아지고 있다. 이 개정안이 시대착오적이며 정권의 오남용이고 더 나아가 아이들에게 좋지 않은 영향을 줄 수 있다는 것이 논란의 요지이다. SFCC는 이사회 전체 명의로 성명을 냈다. 그 내용을 그대로 옮기자면 다음과 같다. "___(다)___ 내용을 담은 언론중재법 개정안을 국회에서 강행 처리하려는 움직임에 깊은 우려를 표한다."며 "이 법안이 국회에서 전광석화로 처리되기보다 '돌다리도 두들겨 보고 건너라.'는 한국 속담처럼 심사숙고하며 ___(라)___을 기대한다."고 밝혔다.
>
> 다만, 언론이 우리 사회에서 발생하는 다양한 전투만을 중계하는 것으로 기능하는 건 ___(마)___ 우리나라뿐만 아니라 일본 헌법, 독일 헌법 등에서 공통적으로 말하는 것처럼 언론이 자유를 가지고 대중에게 생각할 거리를 끊임없이 던져주어야 한다. 이러한 언론의 기능을 잘 수행하기 위해서는 언론의 힘과 언론에 가해지는 규제의 정도가 항상 적절하도록 절제하는 법칙이 필요하다.

① (가) : 모두가 읽기 쉽고 편향되지 않은 어조를 사용

② (나) : 규탄의 목소리

③ (다) : 언론의 자유를 심각하게 위축시킬 수 있는

④ (라) : 보편화된 언어 사용

⑤ (마) : 바람직하지 않다.

04 다음 글에서 〈보기〉의 문장이 들어갈 위치로 가장 적절한 것은?

(가) 1783년 영국 자연철학자 존 미첼은 빛은 입자라는 생각과 뉴턴의 중력이론을 결합한 이론을 제시하였다. 그는 우선 별들이 어떻게 보일 것인지 사고 실험을 통해 예측하였다.
별의 표면에서 얼마간의 초기 속도로 입자를 쏘아 올려 아무런 방해 없이 위로 올라간다고 가정해 보자. (나) 만약에 초기 속도가 충분히 빠르지 않으면 별의 중력은 입자의 속도를 점점 느리게 할 것이며, 결국 그 입자를 별의 표면으로 되돌아가게 할 것이다. 만약 초기 속도가 충분히 빠르면 입자는 중력을 극복하고 별을 탈출할 수 있을 것이다. 이렇게 입자가 별을 탈출할 수 있는 최소한의 초기 속도는 '탈출 속도'라고 불린다.
(다) 이를 바탕으로 미첼은 '임계 둘레'라는 것도 추론해냈다. 임계 둘레란 탈출 속도와 빛의 속도를 같게 만드는 별의 둘레를 말한다. 빛 입자는 다른 입자들처럼 중력의 영향을 받는다. 그로 인해 빛은 임계 둘레보다 작은 둘레를 가진 별에서는 탈출할 수 없다. 그런 별에서 약 30만 km/s의 초기 속도로 빛 입자를 쏘아 올렸을 때 입자는 우선 위로 날아갈 것이다. (라) 그런 다음 멈출 때까지 느려지다가, 결국 별의 표면으로 되돌아갈 것이다. 미첼은 임계 둘레를 쉽게 계산할 수 있었다. 태양과 동일한 질량을 가진 별의 임계 둘레는 약 19km로 계산되었다. (마) 이러한 사고 실험을 통해 미첼은 임계 둘레보다 작은 둘레를 가진 암흑의 별들이 무척 많을 테고, 그 별들에선 빛 입자가 빠져나올 수 없기에 지구에서는 볼 수 없을 것으로 추측했다.

보기

미첼은 뉴턴의 중력이론을 이용해서 탈출 속도를 계산할 수 있었으며, 그 속도가 별 질량을 별의 둘레로 나눈 값의 제곱근에 비례한다는 것을 유도하였다.

① (가)
② (나)
③ (다)
④ (라)
⑤ (마)

※ 다음 문단을 논리적 순서대로 바르게 나열한 것을 고르시오. [5~6]

05

(가) 친환경 농업은 최소한의 농약과 화학비료만을 사용하거나 전혀 사용하지 않은 농산물을 일컫는다. 친환경 농산물이 주목받는 이유는 우리가 먹고 마시는 것들이 건강과 직결되기 때문이다.

(나) 사실상 병충해를 막고 수확량을 늘리는 데 있어, 농약은 전 세계에 걸쳐 관행적으로 사용됐다. 깨끗이 씻어도 쌀에 남아있는 잔류농약을 완전히 제거하기는 어렵다. 잔류농약은 아토피와 각종 알레르기를 유발한다. 출산율을 저하하고 유전자 변이의 원인이 되기도 한다. 특히 제초제 성분이 체내에 들어올 경우, 면역체계에 치명적인 손상을 일으킨다.

(다) 미국 환경보호청은 제초제 성분의 60%를 발암물질로 규정했다. 결국 더 많은 농산물을 재배하기 위한 농약과 제초제 사용이 오히려 인체에 치명적인 피해를 줄지 모를 '잠재적 위험요인'으로 자리매김한 셈이다.

① (가) – (나) – (다)
② (나) – (가) – (다)
③ (나) – (다) – (가)
④ (다) – (가) – (나)
⑤ (다) – (나) – (가)

06

(가) 19세기 초 헤겔은 시민사회라는 용어를 국가와 구분하여 정교하게 정의하였다. 그가 활동하던 시기에 유럽의 후진국인 프로이센에는 미성숙한 산업 자본주의로 인해 심각한 빈부격차나 계급갈등 등의 사회문제를 해결해야 하는 시대적 과제가 있었다.

(나) 따라서 그는 시민사회가 개인들의 사익을 추구하며 살아가는 생활 영역이자 그 욕구를 사회적 의존 관계 속에서 추구하게 하는 공동체 윤리성의 영역이어야 한다고 생각했다. 특히 시민사회 내에서 사익 조정과 공익 실현에 기여하는 직업 단체와 복지 및 치안 문제를 해결하는 복지 행정 조직의 역할을 설정하여 시민사회를 이상적인 국가로 이끌고자 하였다.

(다) 하지만 이러한 시민사회 내에서도 빈곤과 계급갈등은 근원적으로 해결될 수 없었다. 결국 그는 국가를 사회문제 해결과 공적 질서 확립의 최종 주체로 설정하고, 시민사회가 국가에 협력해야 한다고 생각했다.

(라) 헤겔은 공리주의가 사익의 극대화를 통해 국부(國富)를 증대해 줄 수 있으나, 그것이 시민사회 내에서 개인들의 무한한 사익 추구가 일으키는 빈부격차나 계급갈등 등의 사회문제를 해결할 수는 없다고 보았다.

① (가) – (나) – (다) – (라)
② (가) – (다) – (나) – (라)
③ (가) – (라) – (나) – (다)
④ (나) – (다) – (라) – (가)
⑤ (라) – (나) – (다) – (가)

07 다음 글을 읽고 이해한 내용으로 적절하지 않은 것은?

모든 수는 두 정수의 조화로운 비로 표현될 수 있다고 믿었던 피타고라스는 음악에도 이런 사고를 반영하여 '순정률(Pure Temperament)'이라는 음계를 만들어냈다. 진동수는 현의 길이에 반비례하므로 현의 길이가 짧아지면 진동수가 많아지고 높은 음을 얻게 된다. 피타고라스는 주어진 현의 길이를 1/2로 하면 8도 음정을 얻을 수 있고 현의 길이를 2/3와 3/4으로 할 때는 각각 5도 음정과 4도 음정을 얻을 수 있음을 알아냈다. 현악기에서 광범위하게 쓰이는 순정률에서는 2도 음정 사이의 진동수의 비가 일정하지 않은 단점이 있다. 예를 들어 똑같은 2도 음정이라도 진동수의 비가 9 : 8, 10 : 9, 16 : 15 등으로 달라진다. 이때 9 : 8이나 10 : 9를 온음이라 하고, 16 : 15를 반음이라 하는데, 두 개의 반음을 합친다고 온음이 되는 것이 아니다. 이 점은 보통 때는 별 상관이 없지만 조바꿈을 할 때는 큰 문제가 된다. 이를 보완하여 진동수의 비가 일정하도록 정한 것이 건반악기에서 이용되는 '평균율(Equal Temperament)'이다. 평균율도 순정률과 마찬가지로 진동수를 2배하면 한 옥타브의 높은 음이 된다. 기준이 되는 '도'에서부터 한 옥타브 위의 '도'까지는 12단계의 음이 있으므로 인접한 두 음 사이의 진동수의 비를 12번 곱하면 한 옥타브 높은 음의 진동수의 비인 2가 되어야 한다. 즉, 두 음 사이의 진동수의 비는 약 1.0595가 된다. 순정률과 평균율은 결과적으로는 비슷한 진동수들을 갖게 되며, 악기의 특성에 따라 다양하게 사용된다.

① 조바꿈할 때 일정한 진동수의 비를 갖도록 정한 것은 평균율이다.
② 순정률이 평균율보다 오래되었다.
③ 현악기에서는 순정률이, 건반악기에서는 평균율이 주로 사용된다.
④ 조바꿈을 여러 번 하는 음악을 연주할 때는 순정률을 사용하는 것이 좋다.
⑤ 순정률의 단점을 보완한 것이 평균율이다.

08 다음 글의 빈칸에 들어갈 문장으로 적절한 것은?

______________________________ 사람과 사람이 직접 얼굴을 맞대고 하는 접촉이 라디오나 텔레비전 등의 매체를 통한 접촉보다 결정적인 영향력을 미친다는 것이 일반적인 견해로 알려져 있다. 매체는 어떤 마음의 자세를 준비하게 하는 구실을 한다. 예를 들어 어떤 사람에게서 새 어형을 접했을 때 그것이 텔레비전에서 자주 듣던 것이면 더 쉽게 그쪽으로 마음의 문을 열게 된다. 하지만, 새 어형이 전파되는 것은 매체를 통해서보다 상면(相面)하는 사람과의 직접적인 접촉에 의해서라는 것이 더 일반적인 견해이다. 사람들은 한두 사람의 말만 듣고 언어 변화에 가담하지 않고 주위의 여러 사람이 다 같은 새 어형을 쓸 때 비로소 그것을 받아들이게 된다고 한다. 매체를 통한 것보다 자주 접촉하는 사람들을 통해 언어 변화가 진전된다는 사실은 언어변화의 여러 면을 바로 이해하는 핵심적인 내용이라 해도 좋을 것이다.

① 언어 변화는 결국 접촉에 따라 진행되는 현상이다.
② 연령층으로 보면 대개 젊은 층이 언어 변화를 주도한다.
③ 접촉의 형식도 언어 변화에 영향을 미치는 요소로 지적되고 있다.
④ 매체의 발달이 언어 변화에 큰 영향을 미치는 것으로 알려져 있다.
⑤ 언어 변화는 외부와의 접촉이 극히 제한된 곳일수록 그 속도가 느리다.

09 다음 글의 주된 내용 전개 방식으로 가장 적절한 것은?

> 1972년 프루시너는 병에 걸린 동물을 연구하다가, 우연히 정상 단백질이 어떤 원인에 의해 비정상적인 구조로 변하면 바이러스처럼 전염되며 신경 세포를 파괴한다는 사실을 밝혀냈다. 프루시너는 이 단백질을 '단백질(Protein)'과 '바이러스 입자(Viroid)'의 합성어인 '프리온(Prion)'이라 명명하고 이를 학계에 보고했다.
> 프루시너가 프리온의 존재를 발표하던 당시, 분자 생물학계의 중심 이론은 1957년 크릭에 의해 주창된 '유전 정보 중심설'이었다. 이 이론의 핵심은 유전되는 모든 정보는 DNA 속에 담겨 있다는 것과, 유전 정보는 핵산(DNA, RNA)에서 단백질로만 이동이 가능하다는 것이다. 크릭에 따르면 모든 동식물의 세포에서 DNA의 유전 정보는 DNA로부터 세포핵 안의 또 다른 핵산인 RNA가 전사되는 과정에서 전달되고, 이 RNA가 세포질로 나와 단백질을 합성하는 번역의 과정을 통해 단백질로의 전달이 이루어진다. 따라서 단백질은 핵산이 없으므로 스스로 정보를 저장할 수 없고 자기 복제를 할 수 없다는 것이다.
> 그런데 프루시너는, 프리온이라는 단백질은 핵산이 아예 존재하지 않음에도 자기 복제를 한다고 주장하였다. 이 주장은 크릭의 유전 정보 중심설에 기반한 분자 생물학계의 중심 이론을 흔들게 된다. 아직 논란이 끝난 것은 아니지만 '자기 복제하는 단백질'이라는 개념이 분자 생물학자들에게 받아들여지기까지는 매우 험난한 과정이 필요했다. 과학자들은 충분하지 못한 증거를 가진 주장에 대해서는 매우 보수적일 뿐만 아니라, 기존의 이론으로 설명할 수 없는 현상을 대했을 때는 어떻게든 기존의 이론으로 설명해내려 노력하기 때문이다.
> 프루시너가 프리온을 발견한 공로로 노벨 생리학·의학상을 받은 것은 1997년에 이르러서였다.

① 특정 이론과 그에 대립하는 이론을 함께 설명하고 있다.
② 특정 이론의 관점에서 그 원인을 분석하고 나아가야 할 방향성을 제시하고 있다.
③ 특정 이론을 실제 사례에 적용하여 실현 가능성을 검토하고 있다.
④ 현상에 대한 여러 관점을 소개한 뒤, 각 관점의 장단점을 평가하고 있다.
⑤ 어떤 현상을 비판하고 그에 대한 반박 가능성을 예측하고 있다.

10 다음 글의 제목으로 가장 적절한 것은?

> 많은 경제학자는 제도의 발달이 경제 성장의 중요한 원인이라고 생각해 왔다. 예를 들어 재산권 제도가 발달하면 투자나 혁신에 대한 보상이 잘 이루어져 경제 성장에 도움이 된다는 것이다. 그러나 이를 입증하기는 쉽지 않다. 제도의 발달 수준과 소득 수준 사이에 상관관계가 있다 하더라도, 제도는 경제 성장에 영향을 줄 수 있지만 경제 성장으로부터 영향을 받을 수도 있으므로 그 인과관계를 판단하기 어렵기 때문이다.

① 경제 성장과 소득 수준
② 경제 성장과 제도 발달
③ 소득 수준과 제도 발달
④ 소득 수준과 투자 수준
⑤ 제도 발달과 투자 수준

11 다음 글의 표제와 부제로 가장 적절한 것은?

검무는 칼을 들고 춘다고 해서 '칼춤'이라고 부르기도 하며, '황창랑무(黃倡郎舞)'라고도 한다. 검무의 역사적 기록은 『동경잡기(東京雜記)』의 「풍속조(風俗條)」에 나타난다. 신라의 소년 황창랑은 나라를 위하여 백제 왕궁에 들어가 왕 앞에서 칼춤을 추다 왕을 죽이고 자신도 잡혀서 죽는다. 신라 사람들이 이러한 그의 충절을 추모하여, 그의 모습을 본뜬 가면을 만들어 쓰고 그가 추던 춤을 따라 춘 것에서 검무가 시작되었다고 한다. 이처럼 민간에서 시작된 검무는 고려 시대를 거쳐 조선 시대로 이어지며, 궁중으로까지 전해진다. 이때 가면이 사라지는 형식적 변화가 함께 일어난다.

조선 시대 민간의 검무는 기생을 중심으로 전승되었으며, 재인들과 광대들의 판놀이로까지 이어졌다. 조선 후기에는 각 지방까지 전파되었는데, 진주검무와 통영검무가 그 대표적인 예이다. 한편 궁중의 검무는 주로 궁중의 연회 때에 추는 춤으로 전해졌으며, 후기에 정착된 순조 때의 형식이 중요무형문화재로 지정되어 현재까지 보존되고 있다.

궁중에서 추어지던 검무의 구성은 다음과 같다. 전립을 쓰고 전복을 입은 4명의 무희가 쌍을 이루어, 바닥에 놓여진 단검(短劍)을 어르는 동작부터 시작한다. 그 후 칼을 주우면서 춤이 이어지고, 화려한 춤사위로 검을 빠르게 돌리는 연풍대(筵風擡)로 마무리한다.

검무의 절정인 연풍대는 조선 시대 풍속화가 신윤복의 「쌍검대무(雙劍對舞)」에서 잘 드러난다. 그림 속의 두 무용수를 통해 춤의 회전 동작을 예상할 수 있다. 즉, 이 장면에는 오른쪽에 선 무희의 자세에서 시작해 왼쪽 무희의 자세로 회전하는 동작이 나타나 있다. 이렇게 무희들이 쌍을 이루어 좌우로 이동하면서 원을 그리며 팽이처럼 빙빙 도는 동작을 연풍대라 한다. 이 명칭은 대자리를 걷어 내는 바람처럼 날렵하게 움직이는 모습에서 비롯한 것이다.

오늘날의 검무는 검술의 정밀한 무예 동작보다 부드러운 곡선을 그리는 춤 형태로만 남아 있다. 칼을 쓰는 살벌함은 사라졌지만, 민첩하면서도 유연한 동작으로 그 아름다움을 표출하고 있는 것이다. 검무는 신라 시대부터 면면히 이어지는 고유한 문화이자 예술미가 살아있는 몇 안 되는 소중한 우리의 전통유산이다.

① 신라 황창랑의 의기와 춤 – 검무의 유래와 발생을 중심으로

② 역사 속에 흐르는 검빛・춤빛 – 검무의 변천 과정과 구성을 중심으로

③ 무예 동작과 아름다움의 조화 – 연풍대의 의미를 중심으로

④ 무희의 칼끝에서 펼쳐지는 바람 – 검무의 예술적 가치를 중심으로

⑤ 검과 춤의 혼합, 우리의 문화유산 – 쌍검대무의 감상을 중심으로

12 다음 글의 (가) ~ (마) 문단에 대한 설명으로 가장 적절한 것은?

(가) 현재 각종 SNS 및 동영상 게재 사이트에서 흔하게 접할 수 있는 콘텐츠 중 하나가 ASMR이다. 그러다 보니 자주 접하는 ASMR의 이름의 뜻에 대해 다수의 네티즌이 궁금해하고 있다. ASMR은 자율감각 쾌락반응으로, 뇌를 자극해 심리적인 안정을 유도하는 것을 말한다.

(나) 힐링을 얻고자 하는 청취자들이 ASMR의 특정 소리를 들으면 이 소리가 일종의 트리거(Trigger)로 작용해 팅글(Tingle, 기분 좋게 소름 돋는 느낌)을 느끼게 한다. 트리거로 작용하는 소리는 사람에 따라 다를 수 있다. 이는 청취자마다 삶의 경험이나 취향 등에서 뚜렷한 차이를 보이기 때문이다.

(다) ASMR 현상은 시각적, 청각적 혹은 인지적 자극에 반응한 뇌가 신체 뒷부분에 분포하는 자율 신경계에 신경 전달 물질을 촉진하며 심리적 안정감을 느끼게 한다. 일상생활에서 편안하게 느꼈던 소리를 들으면, 그때 느낀 긍정적인 감정을 다시 느끼면서 스트레스 정도를 낮출 수 있고 불면증과 흥분 상태 개선에 도움이 되며 안정감을 받을 수 있다. 소곤소곤 귓속말하는 소리, 자연의 소리, 특정 사물을 반복적으로 두드리는 소리 등이 담긴 영상 속 소리 등을 예로 들 수 있다.

(라) 최근 유튜버를 비롯한 연예인들이 ASMR 코너를 만들어 대중과 소통 중이다. 요즘은 청포도 젤리나 동결건조 젤리 등 식감이나 씹는 소리가 좋은 음식으로 먹방 ASMR을 하기도 한다. 많은 사람들이 ASMR을 진행하기 때문에 인기 있는 ASMR 콘텐츠가 되기 위해서는 세분화된 분야를 공략하거나 다른 사람들과 차별화하는 전략이 필요하게 되었다.

(마) 독특한 ASMR 채널로 대중의 사랑을 받고 있는 것은 공감각적인 ASMR이다. 공감각은 시각, 청각, 촉각 등 우리의 오감 중에서 하나의 감각만을 자극하는 것이 아니라, 2개 이상의 감각이 결합하여 자극받을 수 있도록 하는 것이다. 공감각적인 ASMR이 많은 인기를 끌고 있는 만큼 앞으로의 ASMR 콘텐츠들은 공감각적인 콘텐츠로 대체될 것이라는 이야기가 대두되었다.

① (가) : ASMR을 자주 접하는 사람들의 특징은 일상에 지친 현대인이다.
② (나) : 많은 사람들이 선호하는 트리거는 소곤거리는 소리이다.
③ (다) : 신체의 자율 신경계가 뇌에 특정 신경 전달 물질을 전달한다.
④ (라) : 연예인들은 일반인보다 ASMR에 많이 도전하는 경향이 있다.
⑤ (마) : ASMR 콘텐츠들은 공감각적인 ASMR로 대체될 전망이다.

13 다음 글에서 밑줄 친 ㉠을 설명하기 위해 사용한 방식으로 가장 적절한 것은?

> 134년 전인 1884년 10월 13일, 국제 자오선 회의에서 영국의 그리니치 자오선을 본초 자오선으로 채택하면서 지구상의 모든 지역은 하나의 시간을 공유하게 됐다. 본초 자오선을 정하기 전, 인류 대부분은 태양의 위치로 시간을 파악했다. 그림자가 생기지 않는 정오를 시간의 기준점으로 삼았는데, 관측 지점마다 시간이 다를 수밖에 없었다. 지역 간 이동이 활발하지 않던 그 시절에는 지구상에 수많은 시간이 공존했던 것이다. 그러나 세계가 확장하고 지역과 지역을 넘나들면서 문제가 발생했다.
>
> 기차의 발명이 변화의 시초였다. 기차는 공간을 빠르고 편리하게 이동할 수 있어 산업혁명의 바탕이 됐지만, 지역마다 다른 시간의 충돌을 일으켰다. 역마다 시계를 다시 맞춰야 했고, 시간이 엉킬 경우 충돌 등 대형 사고가 일어날 가능성도 높았다. 이런 문제점을 공식 제기하고 세계 표준시 도입을 주창한 인물이 '세계 표준시의 아버지' 샌포드 플레밍이다. 그는 1876년 아일랜드의 시골 역에서 그 지역의 시각과 자기 손목시계의 시각이 달라 기차를 놓치고 다음 날 런던에서 출발하는 배까지 타지 못했다. 당시의 경험을 바탕으로 기준시의 필요성을 주창하고 경도를 기준으로 시간을 정하는 구체적 방안까지 제안했다. 그의 주장이 받아들여진 결과가 1884년 미국 워싱턴에서 열린 국제 자오선 회의다.
>
> 시간을 하나로 통일하는 회의 과정에서는 영국이 주장하는 그리니치 표준시와 프랑스가 밀어붙인 파리 표준시가 충돌했다. 자존심을 건 시간 전쟁이었다. 결과는 그리니치 표준시의 일방적인 승리로 끝났다. 이미 30년 이상 영국의 그리니치 표준시를 기준 삼아 기차 시간표를 사용해 왔고, 미국의 철도 회사도 이를 따르고 있다는 게 이유였다. 당시 결정한 그리니치 표준시(GMT)는 1972년 원자시계를 도입하면서 협정세계시(UTC)로 대체했지만, 여전히 GMT 표기를 사용하는 경우도 많다. 둘의 차이는 1초보다 작다.
>
> ㉠ <u>표준시</u>를 도입했다는 건 완전히 새로운 세상이 열렸음을 의미한다. 세계의 모든 인구가 하나의 표준시에 맞춰 일상을 살고, 국가마다 다른 철도와 선박, 항공 시간을 체계적으로 정리할 수 있게 됐다. 지구 곳곳에 파편처럼 흩어져 살아가던 인류가 하나의 세계로 통합된 것이다.
>
> 협정세계시에 따르면 한국의 표준시는 UTC+ 09:00이다. 그리니치보다 9시간 빠르다는 의미다. 우리나라가 표준시를 처음으로 도입한 것은 고종의 대한제국 시절이며 동경 127.5도를 기준으로 UTC+ 08:30, 그러니까 지금보다 30분 빠른 표준시를 썼다. 현재 한국은 동경 135도를 기준으로 한 표준시를 쓰고 있다.

① ㉠을 일정한 기준에 따라 나누고, 각각의 장점과 단점을 열거하고 있다.

② ㉠에 적용된 과학적 원리를 검토하고, 역사적 변천 과정을 되짚어보고 있다.

③ ㉠의 본격적인 도입에 따라 야기된 문제점을 지적하고, 대안을 모색하고 있다.

④ ㉠이 한국에 적용되게 된 시기를 살펴보고, 다른 나라들의 사례와 비교하고 있다.

⑤ ㉠의 필요성이 대두되게 된 배경과 도입과정을 밝히고, 그에 따른 의의를 설명하고 있다.

※ 다음 글의 내용으로 가장 적절한 것을 고르시오. [14~15]

14

사람의 키는 주로 다리뼈의 길이에 의해서 결정된다. 다리뼈는 뼈대와 뼈끝판, 그리고 뼈끝으로 구성되어 있다. 막대기 모양의 뼈대는 뼈 형성세포인 조골세포를 가지고 있다. 그리고 뼈끝은 다리뼈의 양쪽 끝 부분이며 뼈끝과 뼈대의 사이에는 여러 개의 연골세포 층으로 구성된 뼈끝판이 있다. 뼈끝판의 세포층 중 뼈끝과 경계면에 있는 세포층에서만 세포분열이 일어난다.

연골세포의 세포분열이 일어날 때, 뼈대 쪽에 가장 가깝게 있는 연골세포의 크기가 커지면서 뼈끝판이 두꺼워진다. 크기가 커진 연골세포는 결국 죽으면서 빈 공간을 남기고 이렇게 생긴 공간이 뼈대에 있는 조골세포로 채워지면서 뼈가 형성된다. 이 과정을 되풀이하면서 뼈끝판이 두꺼워지는 만큼 뼈대의 길이 성장이 일어나는데, 이는 연골세포의 분열이 계속되는 한 지속된다.

사춘기 동안 뼈의 길이 성장에는 여러 호르몬이 관여하는데, 이 중 뇌에서 분비하는 성장호르몬은 직접 뼈에 작용하여 뼈를 성장시킨다. 또한 성장호르몬은 간세포에 작용하여 뼈의 길이 성장 과정 전체를 촉진하는 성장 인자를 분비하도록 한다. 이외에도 갑상샘 호르몬과 남성호르몬인 안드로겐도 뼈의 길이 성장에 영향을 미친다. 성장호르몬이 뼈에 작용하기 위해서는 갑상샘 호르몬의 작용이 있어야 하기 때문에 갑상샘 호르몬은 뼈의 성장에 중요한 요인이다. 안드로겐은 뼈의 성장을 촉진함으로써 사춘기 아이의 급격한 성장에 일조한다. 부신에서 분비되는 안드로겐은 이 시기에 나타나는 뼈의 길이 성장에 관여한다. 하지만 사춘기가 끝날 때, 안드로겐은 뼈끝판 전체에서 뼈가 형성되도록 하여 뼈의 길이 성장을 정지시킨다. 결국 사춘기 이후에는 호르몬에 의한 뼈의 길이 성장이 일어나지 않는다.

① 사람의 키를 결정짓는 다리뼈는 연골세포의 분열로 인해 성장하게 된다.
② 뼈끝판의 세포층 중 뼈대와 경계면에 있는 세포층에서만 세포분열이 일어난다.
③ 사춘기 이후에 뼈의 길이가 성장하였다면, 호르몬이 그 원인이다.
④ 뼈의 성장을 촉진시키는 호르몬인 안드로겐은 남성호르몬으로서, 여자에게서는 생성되지 않는다.
⑤ 성장호르몬은 간세포에 작용하여 뼈 성장을 촉진하는 성장인자를 분비하는 등 뼈 성장에 간접적으로 도움을 준다.

15

> 이슬람 사회에서 결혼은 계약관계로 간주된다. 따라서 부부관계는 계약사항이 위반될 때 해제될 수 있다. 결혼식 전 신랑 측과 신부 측이 서로 합의하에 결혼계약서를 작성하며, 결혼식에서 신랑과 신부 집안의 가장(家長), 양가의 중재자, 양쪽 집안에서 정한 증인이 결혼계약서에 각각 서명해야 하는 점은 이를 반영한다. 결혼계약서에 서명이 없거나, 이슬람의 관습에 따라 결혼식이 진행되지 않았거나, 서명이 끝난 결혼계약서가 정부에 등록되지 않으면 결혼은 무효로 간주되어 법적 효력이 없다.
> 결혼식은 아랍어로 '시가'라고 하는 결혼서약으로 시작된다. 이는 결혼식 날 주례로서 결혼을 주관하는 '마우준'이 신랑 측과 신부 측에 결혼 의사를 묻고 동의 의사를 듣는 것으로 이루어진다. 이슬람 사회의 관습에 따르면 결혼식에서 직접 동의 의사를 공표하는 신랑과 달리, 신부는 스스로 자신의 결혼 의사를 공표할 수 없다. 신부의 후견인인 '왈리'가 신부를 대신해 신부의 결혼 의사를 밝힌다. 보통 아버지가 그 역할을 담당하지만 아버지의 부재 시 삼촌이나 오빠가 대신한다. 당사자 혹은 대리인의 동의 없는 결혼서약은 무효로 간주된다.
> 결혼에 대한 양가의 의사 이외에도 이슬람 사회에서 결혼이 성립되기 위한 필수조건으로 '마흐르'라고 불리는 혼납금이 있어야 한다. 이슬람 사회의 관습에 따르면 혼납금은 신부의 개인 재산으로 간주된다. 혼납금은 결혼계약서를 작성하면서 신랑이 신부에게 지급해야 한다.
> 증인 또한 중요하다. 결혼식의 증인으로는 믿을 만한 양가 친척이나 부모의 친구가 선택된다. 양가를 대표하는 두 명의 증인은 결혼계약서에 서명함으로써 결혼에 거짓이 없음을 증명한다. 결혼식에서 증인이 확인하는 내용은 신랑이나 신부가 친남매 간이나 수양남매 관계가 아니라는 것, 양가의 사회적 지위가 비슷하며 종교가 같다는 것, 이전에 다른 결혼관계가 있었는지 여부, 신부가 '잇다'에 있지 않다는 것 등이다. '잇다'란 여성이 이전 결혼관계가 해제된 후 다음 결혼 전까지 두어야 하는 결혼 대기 기간으로, 이 기간 동안 전 결혼에서 발생했을지 모를 임신 여부를 확인한다.

① 이슬람 사회에서 남성은 전처의 '잇다' 동안에는 재혼할 수 없다.

② 이슬람 사회에서 결혼은 계약관계로 간주되기 때문에 결혼의 당사자가 직접 결혼계약서에 서명해야 법적 효력이 있다.

③ 이슬람 사회의 결혼계약서에는 신랑과 신부의 가족관계, 양가의 사회적 배경, 양가의 결합에 대한 정부의 승인 등의 내용이 들어 있다.

④ 이슬람 사회에서 남녀의 결혼이 합법적으로 인정받기 위해서는 결혼 중재자와 결혼식 주례, 결혼계약서, 혼납금, 증인, 결혼식 하객이 필수적이다.

⑤ 이슬람 사회에서 대리인을 통하지 않고 법적으로 유효하게 결혼 동의 의사를 밝힌 결혼 당사자는 상대방에게 혼납금을 지급하였을 것이다.

16 다음 글의 주제로 가장 적절한 것은?

> 싱가포르에서는 1982년부터 자동차에 대한 정기 검사 제도가 시행되었는데, 그 체계가 우리나라의 검사제도와 매우 유사하다. 단, 국내와는 다르게 재검사에 대해 수수료를 부과하고 있고 금액은 처음 검사 수수료의 절반이다.
> 자동차 검사에서 특이한 점은 2007년 1월 1일부터 디젤 자동차에 대한 배출가스 정밀검사가 시행되고 있다는 점이다. 안전도 검사의 검사방법 및 기준은 교통부에서 주관하고 배출가스 검사의 검사방법 및 기준은 환경부에서 주관하고 있다.
> 싱가포르는 사실상 자동차 등록 총량제에 따라 관리되고 있다. 우리나라와는 다르게 자동차를 운행할 수 있는 권리증을 자동차 구매와 별도로 구매하여야 하며 그 가격이 매우 높다. 또한 일정 구간(혼잡구역)에 대한 도로세를 우리나라의 하이패스 시스템과 유사한 시스템인 ERP시스템을 통하여 징수하고 있다.
> 강력한 자동차 안전도 규제, 이륜차에 대한 체계적인 검사와 ERP를 이용한 관리를 통해 검사진로 내에서 사진 촬영보다 유용한 시스템을 적용한다. 그리고 분기별 기기 정밀도 검사를 시행하여 국민에게 신뢰받을 수 있는 정기 검사 제도를 시행하고 국민의 신고에 의한 수시 검사제도를 통하여 불법자동차 근절에 앞장서고 있다.

① 싱가포르의 자동차 관리 시스템
② 싱가포르와 우리나라의 교통규제시스템
③ 싱가포르의 자동차 정기검사 제도
④ 싱가포르의 불법자동차 근절방법
⑤ 국민에게 신뢰받는 싱가포르의 교통법규

17 다음 제시된 문단을 읽고, 이어질 문장을 논리적 순서대로 바르게 나열한 것은?

『뉴욕 타임스』와 『워싱턴 포스트』를 비롯한 미국의 많은 신문은 선거 과정에서 특정 후보에 대한 지지를 표명한다. 전통적으로 이 신문들은 후보의 정치적 신념, 소속 정당, 정책을 분석하여 자신의 입장과 같거나 그것에 근접한 후보를 택하여 지지해 왔다. 그러나 근래 들어 이 전통은 적잖은 논란거리가 되고 있다.

(가) 예를 들면, A후보를 싫어하는 사람은 A후보의 메시지에 노출되는 것을 꺼릴 뿐만 아니라 그것을 부정적으로 인지하고, 그것의 부정적인 면만을 기억하는 경향이 있다.

(나) 한편 보강 효과 이론에 따르면, 미디어 메시지는 개인의 태도나 의견의 변화로 이어지지 못하고, 기존의 태도와 의견을 보강하는 차원에 머무른다.

(다) 신문의 특정 후보 지지가 유권자의 표심(票心)에 미치는 영향은 생각보다 강하지 않다는 것이 학계의 일반적인 시각이다. 이 현상은 선별 효과 이론과 보강 효과 이론으로 설명할 수 있다.

(라) 가령, A후보의 정치 메시지는 A후보를 좋아하는 사람에게는 긍정적인 태도를 강화하지만, 그를 싫어하는 사람에게는 부정적인 태도를 강화한다.

(마) 선별 효과 이론에 따르면 개인은 미디어 메시지에 선택적으로 노출되고, 그것을 선택적으로 인지하며, 선택적으로 기억한다.

(바) 신문이 특정 후보를 지지하는 것이 실제로 영향력이 있는지, 또는 공정한 보도를 사명으로 하는 신문이 특정 후보를 지지하는 행위가 과연 바람직한지 등과 관련하여 근본적인 의문이 제기되고 있는 것이다.

① (다) – (나) – (라) – (마) – (가) – (바)
② (다) – (마) – (가) – (나) – (라) – (바)
③ (마) – (가) – (나) – (라) – (바) – (다)
④ (바) – (다) – (가) – (마) – (라) – (나)
⑤ (바) – (다) – (마) – (가) – (나) – (라)

18 다음 글을 읽고 추론한 내용으로 적절하지 않은 것은?

선거 기간 동안 여론조사 결과의 공표를 금지하는 것이 사회적 쟁점이 되고 있다. 조사 결과의 공표가 유권자 투표 의사에 영향을 미쳐 선거의 공정성을 훼손한다는 주장과, 공표 금지가 선거 정보에 대한 언론의 접근을 제한하여 알 권리를 침해한다는 주장이 맞서고 있기 때문이다.

찬성론자들은 먼저 '밴드왜건 효과'와 '열세자 효과' 등의 이론을 내세워 여론조사 공표의 부정적인 영향을 부각한다. 밴드왜건 효과에 의하면, 선거일 전에 여론조사 결과가 공표되면 사표(死票) 방지 심리로 인해 표심이 지지도가 높은 후보 쪽으로 이동하게 된다. 이와 반대로 열세자 효과에 따르면, 열세에 있는 후보자에 대한 동정심이 발동하여 표심이 그쪽으로 움직이게 된다.

각각의 이론을 통해 알 수 있듯이, 여론조사 결과의 공표가 어느 쪽으로든 투표 행위에 영향을 미치게 되고 선거일에 가까워질수록 공표가 갖는 부정적 효과가 극대화되기 때문에 이를 금지해야 한다는 것이다. 이들은 또한 공정한 여론조사가 진행될 수 있는 제반 여건이 아직은 성숙되지 않았다는 점도 강조한다. 그리고 금권, 관권 부정 선거와 선거 운동의 과열 경쟁으로 인한 폐해가 많았다는 사실을 그 이유로 든다.

이와 달리 반대론자들은 무엇보다 표현의 자유를 실현하는 수단으로서 알 권리의 중요성을 강조한다. 알 권리는 국민이 의사를 형성하는 데 전제가 되는 권리인 동시에 국민 주권 실천 과정에 참여하는 데 필요한 정보와 사상 및 의견을 자유롭게 구할 수 있음을 강조하는 권리이다. 그리고 이 권리는 언론 기관이 '공적 위탁 이론'에 근거해 국민들로부터 위임받아 행사하는 것이므로, 정보에 대한 언론의 접근이 보장되어야 충족된다. 후보자의 지지도나 당선 가능성 등에 관한 여론의 동향 등은 이 알 권리의 대상에 포함된다. 따라서 언론이 위임받은 알 권리를 국민의 뜻에 따라 대행하는 것이기 때문에, 여론조사 결과의 공표를 금지하는 것은 결국 표현의 자유를 침해하여 위헌이라는 논리이다. 또 이들은 조사 결과의 공표가 선거의 공정성을 방해한다는 분명한 증거가 제시되지 않고 있기 때문에 조사 결과의 공표가 선거에 부정적인 영향을 미친다는 점이 확실하게 증명되지 않았음도 강조한다.

우리나라 현행 선거법은 선거일 전 6일부터 선거 당일까지 조사 결과의 공표를 금지하고 있다. 선거 기간 내내 공표를 제한했던 과거와 비교해 보면 금지 기간이 대폭 줄었음을 알 수 있다. 이점은 공표 금지에 대한 찬반 논쟁에 시사하는 바가 크다.

① 공표 금지 기간이 길어질수록 알 권리는 강화된다.
② 알 권리에는 정보 수집의 권리도 포함되어 있다.
③ 알 권리가 제한되면 표현의 자유가 약화된다.
④ 알 권리는 법률에 따라 제한되기도 한다.
⑤ 언론 기관이 알 권리를 대행하기도 한다.

19 다음 글을 토대로 〈보기〉의 내용을 바르게 해석한 것은?

음악적 아름다움의 본질은 무엇인가? 19세기 미학자 한슬리크는 "음악의 아름다움은 외부의 어떤 것에도 의존하지 않고, 오로지 음과 음의 결합에 의해 이루어진다."라고 주장했다. 예를 들면, 모차르트의 '교향곡 제40번 사단조'는 '사' 음을 으뜸음으로 하는 단음계로 작곡된 조성 음악으로, 여기에는 제목이나 가사 등 음악 외적인 어떤 것도 개입하지 않는다. 다만 7개의 음을 사용하여 음계를 구성하고, 으뜸, 딸림, 버금딸림 등 각각의 기능에 따라 규칙적인 화성 진행을 한다. 조성 음악의 체계는 17세기 이후 지속된 서양 음악의 구조적 기본 틀이었다.

그러나 20세기 초 서양 음악은 전통적인 아름다움의 개념을 거부하고 새로운 미적 가치를 추구하였다. 불협화음이 반드시 협화음으로 해결되어야 한다는 기존의 조성 음악으로부터의 탈피를 보여주는 대표적인 음악들 중의 하나가 표현주의 음악이다. 표현주의는 20세기 초반에 나타난 예술 사조로서 미술에서 시작하여 음악과 문학 등 예술의 여러 분야에 영향력을 미쳤다. 표현주의 예술은 소외된 인간 내면의 주관적인 감성을 충실하게 표현하려는 사조이다. 표현주의 음악의 주된 특성은 조성 음악의 체계가 상실된 것이며, 이는 곧 '무조 음악'의 탄생으로 이어졌다. 무조 음악은 12개의 음을 자유롭게 사용하며, 다양한 불협화음을 다룬다.

보기

쇤베르크가 1912년에 발표한 작품 「달에 홀린 피에로」는 상징주의 시인인 지로가 발표한 연시집에 수록된 50편의 시 중에서 21편을 가사로 삼아 작곡한 성악곡이다. 이 곡의 성악 성부는 새로운 성악 기법으로 주목을 받았다. 즉, 악보에 음표를 표기하기는 하였으나, 모든 음표에 X표를 하여 연주할 때에는 음높이를 정확하게 드러내지 않고 '말하는 선율'로 연주하도록 하였다. 피에로로 분장한 낭송자가 날카로운 사회 비판과 풍자를 담은 가사를 읊는다. 또한 기악 성부는 다양한 악기 배합과 주법을 통해 새로운 음향을 창출한다. 이 곡은 무조적 짜임새를 기본으로 하여 표현주의 음악의 특징을 드러내는 작품이라고 볼 수 있다.

① 한슬리크와 쇤베르크 모두 음악 내적인 요소에서 음악의 아름다움을 찾으려 했군.
② 한슬리크는 「달에 홀린 피에로」의 사회 비판과 풍자의 가사를 통해 음악적 가치를 높게 평가하겠군.
③ 한슬리크는 인간의 주관적 감성을 표현하고 있는 「달에 홀린 피에로」에서 음악적 아름다움을 찾을 수 있겠군.
④ 쇤베르크는 기존의 조성 음악과 달리 12개의 음을 자유롭게 사용하여 「달에 홀린 피에로」를 작곡하였군.
⑤ 쇤베르크의 「달에 홀린 피에로」는 새로운 성악 기법을 도입하였지만, 서양 음악의 구조적 기본 틀에서 완전히 벗어나지 못했군.

20 다음 글 뒤에 이어질 내용으로 가장 적절한 것은?

> 스마트폰의 대중화와 함께 빅데이터·AI 등의 디지털 신기술이 도입됨에 따라 핀테크 스타트업 창업이 활성화되고, 플랫폼 사업자가 금융 분야에 진출하는 등 금융 산업의 구조가 근본적으로 변화하고 있다. 또한 최근 코로나19에 따른 온라인 거래 선호 경향과 금융회사의 재택근무 확대 등이 금융의 비대면화를 심화시키면서 금융의 디지털 전환은 더욱 가속화되고 있다.
>
> 대표적인 비대면 산업인 디지털금융은 전자적 방식의 결제·송금 등에서 신기술과 결합한 금융 플랫폼으로 성장하고 있다. 결제와 송금이 간편해지고 인증이나 신원 확인 기술이 발전함에 따라 금융 플랫폼의 구축 경쟁은 더욱 심화되었고, 이를 통해 이용자 규모도 크게 성장하게 되었다.
>
> 이러한 이용자의 빅데이터를 기반으로 데이터 경제와 연계한 디지털금융은 포스트 코로나의 주요 산업 분야로서 ICT 등 연관 산업의 자극제로 작용하여 선도형 디지털 경제에 기여하고 있다. AI·인증기술 등을 통해 고객에게 맞춤형 금융서비스를 제공할 수 있게 되었고, 디지털 신기술에 따른 생산성 향상은 금융의 경계를 확대시켰다.
>
> 이에 따라 EU 등의 해외 주요 국가는 디지털금융의 중요성을 인식하고, 금융 산업의 경쟁과 혁신을 촉진하기 위해 앞 다투어 법과 제도를 정비하고 있다. 그러나 빠르게 발전하는 글로벌 디지털금융의 흐름에도 불구하고 국내 디지털금융을 규율하는 전자금융거래법은 제정 이후 큰 변화가 없어 아날로그 시대의 규제 체계가 지속되고 있다.

① 디지털금융의 혁신과 안정의 균형적인 발전을 위해서는 전자금융거래법의 전면 개정이 필요하다.

② 디지털금융을 통해 서비스 간의 융·복합이 활성화됨에 따라 통합된 기능이 불필요한 시간을 단축시키고 있다.

③ 고객이 새로운 디지털금융 서비스를 경험할 수 있도록 보다 혁신적인 기술 개발에 대한 금융 회사의 노력이 필요하다.

④ 디지털금융의 소외 현상을 방지하고, 세대 간 디지털 정보화 격차를 줄이기 위해서는 고령자 대상의 금융 교육이 필요하다.

⑤ 디지털금융의 발전으로 공인인증서 위조, 해킹 등을 통한 금융 사고가 증가하면서 개인정보 보호에 대한 필요성이 커지고 있다.

제2영역 언어추리

※ 제시된 명제가 모두 참일 때, 항상 참인 것을 고르시오. [1~3]

01

- 짬뽕을 좋아하는 사람은 군만두도 좋아한다.
- 자장면을 좋아하는 사람은 짬뽕도 좋아한다.
- 탕수육을 좋아하지 않는 사람은 군만두도 좋아하지 않는다.

① 군만두를 좋아하는 사람은 짬뽕도 좋아한다.
② 탕수육을 좋아하는 사람은 군만두도 좋아한다.
③ 짬뽕을 좋아하지 않는 사람은 군만두도 좋아하지 않는다.
④ 탕수육을 좋아하지 않는 사람은 짬뽕도 좋아하지 않는다.
⑤ 군만두를 좋아하지 않는 사람은 탕수육을 좋아하지 않는다.

02

- 현명한 사람은 거짓말을 하지 않는다.
- 건방진 사람은 남의 말을 듣지 않는다.
- 거짓말을 하지 않으면 다른 사람의 신뢰를 얻는다.
- 남의 말을 듣지 않으면 친구가 없다.

① 현명한 사람은 다른 사람의 신뢰를 얻는다.
② 건방진 사람은 친구가 있다.
③ 거짓말을 하지 않으면 현명한 사람이다.
④ 다른 사람의 신뢰를 얻으면 거짓말을 하지 않는다.
⑤ 건방지지 않은 사람은 남의 말을 듣는다.

03

- 집 주변에 카페, 슈퍼, 꽃집, 학교가 있다.
- 집과 카페의 거리는 집과 슈퍼의 거리보다 멀다.
- 집과 꽃집의 거리는 집과 슈퍼의 거리보다 가깝다.
- 집과 학교의 거리는 집과 카페의 거리보다 멀다.

① 슈퍼는 꽃집보다 집에서 가깝다.
② 집과 가장 가까운 곳은 슈퍼이다.
③ 카페는 집에서 두 번째로 가깝다.
④ 학교는 집에서 가장 멀다.
⑤ 꽃집은 카페보다 학교에 가깝다.

04 **다음 명제가 모두 참일 때, 빈칸에 들어갈 내용으로 가장 적절한 것은?**

전제1. 날씨가 좋으면 야외활동을 한다.
전제2. 날씨가 좋지 않으면 행복하지 않다.
결론. ______________________________

① 야외활동을 하지 않으면 행복하지 않다.
② 날씨가 좋으면 행복한 것이다.
③ 야외활동을 하면 날씨가 좋은 것이다.
④ 날씨가 좋지 않으면 야외활동을 하지 않는다.
⑤ 행복하지 않으면 날씨가 좋지 않은 것이다.

05 다음 명제들이 모두 참일 때, 금요일에 도서관에 가는 사람은?

- 정우는 금요일에 도서관에 간다.
- 연우는 화요일과 목요일에 도서관에 간다.
- 승우가 도서관에 가지 않으면 민우가 도서관에 간다.
- 민우가 도서관에 가면 견우도 도서관에 간다.
- 연우가 도서관에 가지 않으면 정우는 도서관에 간다.
- 정우가 도서관에 가면 승우는 도서관에 가지 않는다.

① 정우, 민우, 견우
② 정우, 승우, 연우
③ 정우, 승우, 견우
④ 정우, 민우, 연우
⑤ 정우, 연우, 견우

06 일남, 이남, 삼남, 사남, 오남 5형제가 둘러앉아 마피아 게임을 하고 있다. 이 중 1명은 경찰, 1명은 마피아이고, 나머지는 시민이다. 다음 5명의 진술 중 2명의 진술이 거짓일 때 옳은 것은?(단, 모든 사람은 진실 또는 거짓만 말한다)

- 일남 : 저는 시민입니다.
- 이남 : 저는 경찰이고, 오남이는 마피아예요.
- 삼남 : 일남이는 마피아예요.
- 사남 : 확실한 건 저는 경찰은 아니에요.
- 오남 : 사남이는 시민이 아니고, 저는 경찰이 아니에요.

① 일남이가 마피아, 삼남이가 경찰이다.
② 이남이가 마피아, 사남이가 경찰이다.
③ 사남이가 마피아, 오남이가 경찰이다.
④ 사남이가 마피아, 삼남이가 경찰이다.
⑤ 오남이가 마피아, 이남이가 경찰이다.

07 A～E 5명 중 1명만 거짓말을 할 때, 다음 중 항상 옳은 것은?(단, 한 층에 1명만 내린다)

- A : B는 1층에서 내렸다.
- B : C는 1층에서 내렸다.
- C : D는 적어도 3층에서 내리지 않았다.
- D : A는 4층에서 내렸다.
- E : A는 4층에서 내리고 나는 5층에 내렸다.

① C는 1층에서 내렸다.
② A는 4층에서 내리지 않았다.
③ D는 3층에서 내렸다.
④ C는 B보다 높은 층에서 내렸다.
⑤ A는 D보다 높은 층에서 내렸다.

08 A～D 4개의 부서에 1명씩 신입사원을 선발하였다. 지원자는 총 5명이었으며, 선발 결과에 대해 다음과 같이 진술하였다. 이 중 1명의 진술만 거짓이라고 할 때, 다음 중 항상 옳은 것은?

- 지원자 1 : 지원자 2가 A부서에 선발되었다.
- 지원자 2 : 지원자 3은 A 또는 D부서에 선발되었다.
- 지원자 3 : 지원자 4는 C부서가 아닌 다른 부서에 선발되었다.
- 지원자 4 : 지원자 5는 D부서에 선발되었다.
- 지원자 5 : 나는 D부서에 선발되었는데, 지원자 1은 선발되지 않았다.

① 지원자 1은 B부서에 선발되었다.
② 지원자 2는 A부서에 선발되었다.
③ 지원자 3은 D부서에 선발되었다.
④ 지원자 4는 B부서에 선발되었다.
⑤ 지원자 5는 C부서에 선발되었다.

09 광수, 원태, 수덕이는 임의의 순서로 빨간색 · 파란색 · 노란색 지붕을 가진 집에 나란히 이웃하여 살고, 개 · 고양이 · 원숭이라는 서로 다른 애완동물을 기르며, 광부 · 농부 · 의사라는 서로 다른 직업을 갖고 있다. 이들에 대해 알려진 정보가 다음 〈조건〉과 같을 때, 반드시 참인 것을 〈보기〉에서 모두 고르면?

조건

- 광수는 광부이다.
- 가운데 집에 사는 사람은 개를 키우지 않는다.
- 농부와 의사의 집은 서로 이웃해 있지 않다.
- 노란 지붕 집은 의사의 집과 이웃해 있다.
- 파란 지붕 집에 사는 사람은 고양이를 키운다.
- 원태는 빨간 지붕 집에 산다.

보기

ㄱ. 수덕이는 빨간 지붕 집에 살지 않고, 원태는 개를 키우지 않는다.
ㄴ. 노란 지붕 집에 사는 사람은 원숭이를 키우지 않는다.
ㄷ. 수덕이가 파란 지붕 집에 살거나, 원태는 고양이를 키운다.
ㄹ. 수덕이는 개를 키우지 않는다.
ㅁ. 원태는 농부이다.

① ㄱ, ㄴ
② ㄴ, ㄷ
③ ㄷ, ㄹ
④ ㄷ, ㅁ
⑤ ㄹ, ㅁ

10 서울에 사는 A ~ E 5명의 고향은 각각 대전, 대구, 부산, 광주, 춘천 중 한 곳이다. 명절을 맞아 열차 1, 2, 3을 타고 고향에 내려가고자 한다. 〈조건〉을 보고, 다음 중 옳지 않은 것을 고르면?

조건

- 열차 2는 대전, 춘천을 경유하여 부산까지 가는 열차이다.
- A의 고향은 부산이다.
- E는 어떤 열차를 타도 고향에 갈 수 있다.
- 열차 1에는 D를 포함해 3명이 탄다.
- C와 D가 함께 탈 수 있는 열차는 없다.
- B가 탈 수 있는 열차는 열차 2뿐이다.
- 열차 2와 열차 3이 지나는 지역은 대전을 제외하고 중복되지 않는다.

① B의 고향은 춘천이다.
② 열차 1은 대전, 대구, 부산만을 경유한다.
③ 열차 1을 이용하는 사람은 A, D, E이다.
④ E의 고향은 대전이다.
⑤ 열차 3은 2개 지역을 이동한다.

※ 제시된 내용을 바탕으로 내린 A, B의 결론에 대한 판단으로 항상 옳은 것을 고르시오. [11~12]

11

- 갑, 을, 병 3명의 아르바이트생이 있다.
- 아르바이트생들에게는 2시간씩 점심시간이 주어진다.
- 1시간 간격으로 나갈 수는 있지만 동시에 둘이 나갈 수는 없다.
- 갑은 12시에 나갔다.
- 병은 3시에 나갔다.
- 을은 갑보다는 늦게, 병보다는 빨리 나갔다.

A : 을과 병은 점심시간이 겹칠 것이다.
B : 갑은 혼자 점심을 먹을 것이다.

① A만 옳다.
② B만 옳다.
③ A, B 모두 옳다.
④ A, B 모두 틀리다.
⑤ A, B 모두 옳은지 틀린지 판단할 수 없다.

12

- 현수, 인환, 종훈, 윤재가 물감을 각각 1 ~ 2개씩 가져와 무지개 그림을 그리기로 했다.
- 현수는 빨간색, 노란색, 파란색, 남색 물감을 가져올 수 없다.
- 인환이는 주황색 물감을 가져올 수 있다.
- 종훈이는 빨간색, 초록색, 보라색 물감을 가져올 수 없다.
- 윤재는 노란색 물감을 가져올 수 없다.
- 가져온 물감의 색은 서로 중복되지 않는다.

A : 현수는 초록색과 보라색 물감을 가져올 것이다.
B : 인환이가 물감을 1개만 가져온다면, 종훈이는 노란색 물감을 가져와야 한다.

① A만 옳다.
② B만 옳다.
③ A, B 모두 옳다.
④ A, B 모두 틀리다.
⑤ A, B 모두 옳은지 틀린지 판단할 수 없다.

13 사내 체육대회에서 A ~ F 6명은 키가 큰 순서에 따라 두 명씩 1팀, 2팀, 3팀으로 나뉘어 배치된다. 다음 〈조건〉에 따라 배치된다고 할 때, 키가 가장 큰 사람은?

> **조건**
> - A, B, C, D, E, F의 키는 서로 다르다.
> - 2팀의 B는 A보다 키가 작다.
> - D보다 키가 작은 사람은 4명이다.
> - A는 1팀에 배치되지 않는다.
> - E와 F는 한 팀에 배치된다.

① A
② B
③ C
④ D
⑤ E

14 다음 〈조건〉을 통해 추론할 때, 항상 거짓인 것은?

> **조건**
> - 6대를 주차할 수 있는 2행 3열로 구성된 주차장이 있다.
> - 주차장에는 자동차 a, b, c, d가 주차되어 있다.
> - 1행과 2행에 빈자리가 한 곳씩 있다.
> - a자동차는 대각선을 제외하고 주변에 주차된 차가 없다.
> - b자동차와 c자동차는 바로 옆에 주차되어 있다.
> - d자동차는 1행에 주차되어 있다.

① b자동차의 앞 주차공간은 비어있다.
② c자동차의 옆 주차공간은 빈자리가 없다.
③ a자동차는 2열에 주차되어 있다.
④ a자동차와 d자동차는 같은 행에 주차되어 있다.
⑤ c자동차와 d자동차는 같은 열에 주차되어 있지 않다.

15 **다음 글에서 주장하는 정보화 사회의 문제점에 대한 반대 입장으로 적절하지 않은 것은?**

> 정보화 사회에서 지식과 정보는 부가가치의 원천이다. 지식과 정보에 접근할 수 없는 사람들은 소득을 얻는 데 불리할 수밖에 없다. 고급 정보에 대한 접근이 쉬운 사람들은 부를 쉽게 축적하고, 그 부를 바탕으로 고급 정보 획득에 많은 비용을 투입할 수 있다. 이렇게 벌어진 정보 격차는 시간이 갈수록 벌어질 가능성이 높아지고 있다. 정보나 지식이 독점되거나 진입 장벽을 통해 이용이 배제되는 경우도 문제이다. 특히 정보가 상품화됨에 따라 정보를 둘러싼 불평등은 더욱 늘어날 것이다.

① 인터넷이나 컴퓨터 유지비 측면에서의 격차 발생
② 정보의 확산으로 기존의 자본주의에 의한 격차가 좁혀질 가능성
③ 정보 기기의 보편화로 인한 정보 격차가 줄어듦
④ 인터넷의 발달에 따라 전 계층의 고급 정보 접근이 쉬워짐
⑤ 일방적 정보 전달에서 벗어나 상호작용의 의사소통 가능

※ 다음 글의 주장에 대한 반박으로 가장 적절한 것을 고르시오. [16~17]

16

> 현재 우리나라는 드론의 개인정보 수집과 활용에 대해 '사전 규제' 방식을 적용하고 있다. 이는 개인정보 수집과 활용을 원칙적으로 금지하면서 예외적으로 허용하는 방식으로 정보 주체의 동의 없이 개인정보를 수집·활용하기 어려운 것이다. 이와 관련하여 개인정보를 일반적으로 개인 동의 없이 활용하는 것을 허용하고, 예외적인 경우에 제한적으로 금지하는 '사후 규제' 방식을 도입해야 한다는 의견이 대두하고 있다. 그러나 나는 사전 규제 방식의 유지에 찬성한다.
> 드론은 고성능 카메라나 통신 장비 등이 장착된 경우가 많아 사전 동의 없이 개인의 초상, 성명, 주민등록번호 등의 정보뿐만 아니라 개인의 위치 정보까지 저장할 수 있다. 또한 드론에서 수집한 정보를 검색하거나 전송하는 중에 사생활이 노출될 가능성이 높다. 더욱이 드론의 소형화, 경량화 기술이 발달하고 있어 사생활 침해의 우려가 커지고 있다. 드론은 인명 구조, 시설물 점검 등의 공공 분야뿐만 아니라 제조업, 물류 서비스 등의 민간 분야까지 활용 범위가 확대되고 있는데, 동시에 개인정보를 수집하는 일이 많아지면서 사생활 침해 사례도 증가하고 있다.
> 헌법에서는 주거의 자유, 사생활의 비밀과 자유 등을 명시하여 개인의 사생활이 보호받도록 하고 있고, 개인정보를 자신이 통제할 수 있는 정보의 자기 결정권을 부여하고 있다. 이와 같은 기본권이 안정적으로 보호될 때 드론 기술과 산업의 발전으로 얻게 되는 사회적 이익은 더욱 커질 것이다.

① 드론을 이용하여 개인정보를 자유롭게 수집하게 되면 사생활 침해는 더욱 심해지고, 개인정보의 복제, 유포, 훼손, 가공 등 의도적으로 악용하는 사례까지 증가할 것이다.
② 사전 규제를 통해 개인정보의 수집과 활용에 제약이 생기면 개인의 기본권이 보장되어 오히려 드론을 다양한 분야에 활용할 수 있고, 드론 기술과 산업은 더욱더 빠르게 발전할 수 있다.
③ 산업적 이익을 우선시하면 개인정보 보호에 관한 개인의 기본권을 등한시하는 결과를 초래할 수 있다.
④ 개인정보의 복제, 유포, 위조 등으로 정보 주체에게 중대한 손실을 입혔을 때 손해액을 배상하도록 하여 엄격하게 책임을 묻는다면 사전 규제 없이도 개인정보를 효과적으로 보호할 수 있다.
⑤ 사전 규제 방식을 유지하면서도 개인정보 수집과 활용에 동의를 얻는 절차를 간소화하고 편의성을 높이면 정보의 활용이 용이해져 드론 기술과 산업의 발전을 도모할 수 있다.

17

사회 현상을 볼 때는 돋보기로 세밀하게, 그리고 때로는 멀리 떨어져서 전체 속에 어떻게 위치하고 있는가를 동시에 봐야 한다. 숲과 나무는 서로 다르지만, 따로 떼어 생각할 수 없기 때문이다. 현대 사회 현상의 최대 쟁점인 과학 기술에 대해 평가할 때도 마찬가지이다. 로봇 탄생의 숲을 보면, 그 로봇 개발에 투자한 사람과 로봇을 개발한 사람들의 의도가 드러난다. 그리고 나무인 로봇을 세밀히 보면, 그 로봇이 생산에 이용되는지 아니면 감옥의 죄수들을 감시하기 위한 것인지 그 용도를 알 수가 있다. 이 광범한 기술의 성격을 객관적이고 물질적이어서 가치관이 없다고 쉽게 생각하면 로봇에 당하기 십상이다.

자동화는 자본주의의 실업을 늘려 실업자에 대해 생계의 위협을 가하는 측면뿐 아니라, 기존 근로자에 대한 감시를 더욱 효율적으로 해내는 역할도 수행한다. 자동화를 적용하는 기업 측에서는 자동화가 인간의 삶을 증대시키는 이미지로 일반 사람들에게 인식되기를 바란다. 그래야 자동화 도입에 대한 노동자의 반발을 무마하고 기업가의 구상을 관철할 수 있기 때문이다. 그러나 자동화나 기계화 도입으로 인해 실업을 두려워하고, 업무 내용이 바뀌는 것을 탐탁해 하지 않았던 유럽의 노동자들은 자동화 도입에 대해 극렬히 반대했던 경험들을 갖고 있다.

지금도 자동화·기계화는 좋은 것이라는 고정관념을 가진 사람들이 많고, 현실에서 이러한 고정관념이 가져오는 파급 효과는 의외로 크다. 예를 들어 은행에 현금을 자동으로 세는 기계가 등장하면 은행원들이 현금을 세는 작업량은 줄어든다. 손님들도 기계가 현금을 재빨리 세는 것을 보고 감탄하면서 행원이 세는 것보다 더 많은 신뢰를 보낸다. 그러나 현금 세는 기계의 도입에는 이익 추구라는 의도가 숨어 있다. 현금 세는 기계는 행원의 수고를 덜어 준다. 그러나 현금 세는 기계를 들여옴으로써 실업자가 생기고 만다. 사람이 잘만 이용하면 잘 써먹을 수 있을 것만 같은 기계가 엄청나게 혹독한 성품을 지닌 프랑켄슈타인으로 돌변하는 것이다.

자동화와 정보화를 추진하는 핵심 조직이 기업이란 것에서도 알 수 있듯이 기업은 이윤 추구에 도움이 되지 않는 행위는 무가치하다고 판단한다. 그러므로 자동화는 그 계획 단계에서부터 기업의 의도가 스며들어가 탄생한다. 또한 그 의도대로 자동화나 정보화가 진행되면, 다른 한편으로 의도하지 않은 결과를 초래한다. 자동화와 같은 과학 기술이 풍요를 생산하는 수단이라고 생각하는 것은 하나의 고정관념에 불과하다.

채플린이 제작한 영화 〈모던 타임즈〉에 나타난 것처럼 초기 산업화 시대에는 기계에 종속된 인간의 모습이 가시적으로 드러날 수밖에 없었다. 그래서 이러한 종속에 저항하고자 하는 인간의 노력도 적극적인 모습을 보였다. 그러나 현대의 자동화기기는 그 첨병이 정보 통신기기로 바뀌면서 문제는 질적으로 달라진다. 무인 생산까지 진전된 자동화나 정보 통신화는 인간에게 단순노동을 반복시키는 그런 모습을 보이지 않는다. 그래서인지는 몰라도 정보 통신은 별 무리 없이 어느 나라에서나 급격하게 개발·보급되고 보편화되어 있다. 그런데 문제는 이 자동화기기가 생산에만 이용되는 것이 아니라, 노동자를 감시하거나 관리하는 데도 이용될 수 있다는 것이다. 오히려 정보 통신의 발달로 이전보다 사람들은 더 많은 감시와 통제를 받게 되었다.

① 기업의 이윤 추구가 사회 복지 증진과 직결될 수 있음을 간과하고 있다.
② 기계화·정보화가 인간의 삶의 질 개선에 기여하고 있음을 경시하고 있다.
③ 기계화를 비판하는 주장만 되풀이할 뿐, 구체적인 근거를 제시하지 않고 있다.
④ 화제의 부분적 측면에 관계된 이론을 소개하여 편향적 시각을 갖게 하고 있다.
⑤ 현대의 기술 문명이 가져다줄 수 있는 긍정적인 측면을 과장하여 강조하고 있다.

18 **다음 글의 ㉠의 입장에서 호메로스의 『일리아스』를 비판한 내용으로 적절하지 않은 것은?**

> 기원전 5세기, 헤로도토스는 페르시아 전쟁에 대한 책을 쓰면서 『역사(Historiai)』라는 제목을 붙였다. 이 제목의 어원이 되는 'histor'는 원래 '목격자', '증인'이라는 뜻의 법정 용어였다. 이처럼 어원상 '역사'는 본래 '목격자의 증언'을 뜻했지만, 헤로도토스의 『역사』가 나타난 이후 '진실의 탐구' 혹은 '탐구한 결과의 이야기'라는 의미로 바뀌었다.
> 헤로도토스 이전에는 사실과 허구가 뒤섞인 신화와 전설, 혹은 종교를 통해 과거에 대한 지식이 전수되었다. 특히 고대 그리스인들이 주로 과거에 대한 지식의 원천으로 삼은 것은 『일리아스』였다.
> 『일리아스』는 기원전 9세기의 시인 호메로스가 오래전부터 구전되어 온 트로이 전쟁에 대해 읊은 서사시이다. 이 서사시에서는 전쟁을 통해 신들, 특히 제우스 신의 뜻이 이루어진다고 보았다. 헤로도토스는 바로 이런 신화적 세계관에 입각한 서사시와 구별되는 새로운 이야기 양식을 만들어 내고자 했다. 즉, 헤로도토스는 가까운 과거에 일어난 사건의 중요성을 인식하고, 이를 직접 확인·탐구하여 인과적 형식으로 서술함으로써 역사라는 새로운 분야를 개척한 것이다.
> 『역사』가 등장한 이후, 사람들은 역사 서술의 효용성이 과거를 통해 미래를 예측하게 하여 후세인(後世人)에게 교훈을 주는 데 있다고 인식하게 되었다. 이러한 인식에는 한 번 일어났던 일이 마치 계절처럼 되풀이하여 다시 나타난다는 순환 사관이 바탕에 깔려 있다. 그리하여 오랫동안 역사는 사람을 올바르고 지혜롭게 가르치는 '삶의 학교'로 인식되었다. 이렇게 교훈을 주기 위해서는 과거에 대한 서술이 정확하고 객관적이어야 했다.
> 물론 모든 역사가들이 정확성과 객관성을 역사 서술의 우선적 원칙으로 앞세운 것은 아니다. 오히려 헬레니즘과 로마 시대의 역사가들 중 상당수는 수사학적인 표현으로 독자의 마음을 움직이는 것을 목표로 하는 역사 서술에 몰두하였고, 이런 경향은 중세시대에도 어느 정도 지속되었다. 이들은 이야기를 감동적이고 설득력 있게 쓰는 것이 사실을 객관적으로 기록하는 것보다 더 중요하다고 보았다. 이런 점에서 그들은 역사를 수사학의 테두리 안에 집어넣은 셈이 된다.
> 하지만 이 시기에도 역사의 본령은 과거의 중요한 사건을 가감 없이 전달하는 데 있다고 보는 역사가들이 여전히 존재하여, 그들에 대해 날카로운 비판을 가하기도 했다. 더욱이 15세기 이후부터는 수사학적 역사 서술이 역사 서술의 장에서 퇴출되고, ㉠ <u>과거를 정확히 탐구하려는 의식과 과거 사실에 대한 객관적 서술 태도</u>가 역사의 척도로 다시금 중시되었다.

① 직접 확인하지 않고 구전에만 의거해 서술했으므로 내용이 정확하지 않을 수 있다.
② 신화와 전설 등의 정보를 후대에 전달하면서 객관적 서술 태도를 배제하지 못했다.
③ 트로이 전쟁의 중요성은 인식하였으나 실제 사실을 확인하는 데까지는 이르지 못했다.
④ 신화적 세계관에 따른 서술로 인해 과거에 대해 정확한 정보를 추출해 내기 어렵다.
⑤ 과거의 지식을 습득하는 수단으로 사용되기도 했지만 과거를 정확히 탐구하려는 의식은 찾을 수 없다.

19 **다음 글을 읽고 착한 사람들을 모두 고르면?(단, 5명은 착한 사람 아니면 나쁜 사람이며, 중간적인 성향은 없다)**

- 두섭 : 나는 착한 사람이다.
- 성한 : 두섭이가 착한 사람이면 형준이도 착한 사람이다.
- 기철 : 형준이가 나쁜 사람이면 두섭이도 나쁜 사람이다.
- 형준 : 두섭이가 착한 사람이면 동래도 착한 사람이다.
- 동래 : 두섭이는 나쁜 사람이다.

A : 5명 중 3명은 항상 진실만을 말하는 착한 사람이고, 2명은 항상 거짓말만 하는 나쁜 사람이야. 위의 얘기만 봐도 누가 착한 사람이고, 누가 나쁜 사람인지 알 수 있지.
B : 위 얘기만 봐서는 알 수 없는 거 아냐? 아 잠시만. 알았다. 위 얘기만 봤을 때, 모순되지 않으면서 착한 사람이 3명일 수 있는 경우는 하나밖에 없구나.
A : 그걸 바로 알아차리다니 대단한데?

① 두섭, 성한, 기철
② 두섭, 형준, 동래
③ 성한, 기철, 형준
④ 성한, 기철, 동래
⑤ 성한, 형준, 동래

20 **J그룹 신입사원인 A～E 5명은 각각 영업팀, 기획팀, 홍보팀 중 한 곳에 속해있다. 각 팀은 모두 같은 날, 같은 시간에 회의가 있고, J그룹은 3층과 5층에 회의실이 2개씩 있다. 따라서 세 팀이 모두 한 층에서 회의를 할 수는 없다. A～E사원의 진술 중 2명은 참을 말하고 3명은 거짓을 말할 때, 〈보기〉 중 항상 참인 것을 모두 고르면?**

- A사원 : 기획팀은 3층에서 회의를 한다.
- B사원 : 영업팀은 5층에서 회의를 한다.
- C사원 : 홍보팀은 5층에서 회의를 한다.
- D사원 : 나는 3층에서 회의를 한다.
- E사원 : 나는 3층에서 회의를 하지 않는다.

보기

ㄱ. 영업팀과 홍보팀이 같은 층에서 회의를 한다면 E는 기획팀이다.
ㄴ. 기획팀이 3층에서 회의를 한다면, D사원과 E사원은 같은 팀일 수 있다.
ㄷ. 두 팀이 5층에서 회의를 하는 경우가 3층에서 회의를 하는 경우보다 많다.

① ㄱ
② ㄴ
③ ㄱ, ㄴ
④ ㄱ, ㄷ
⑤ ㄴ, ㄷ

01 국내 금융감독당국은 금융회사의 자발적인 민원 예방과 적극적인 민원 해결 노력을 유도하기 위해 금융소비자 보호 실태평가를 하고 민원 발생 현황을 비교 공시하고 있다. 다음은 2023 ~ 2024년의 은행별 민원 발생 현황 자료이다. 이에 대한 설명으로 옳지 않은 것은?

〈은행별 민원 발생 현황〉

구분	민원 건수(고객 십만 명당 건)		민원 건수(건)	
	2023년	2024년	2023년	2024년
A은행	5.62	4.64	1,170	1,009
B은행	5.83	4.46	1,695	1,332
C은행	4.19	3.92	980	950
D은행	5.53	3.75	1,530	1,078

① 금융민원 발생 건수는 전반적으로 전년 대비 감축했다고 평가할 수 있다.
② C은행은 2024년 금융민원 건수가 가장 적지만, 전년 대비 민원감축률은 약 3.1%로 가장 미비한 수준이다.
③ 가장 많은 고객을 보유하고 있는 은행은 2024년에 금융민원 건수가 가장 많다.
④ 금융민원 건수 감축률을 기준으로 금융소비자 보호 수준을 평가했을 때 D－A－B－C 순서로 우수하다.
⑤ 민원 건수가 2023년에 비해 가장 많이 감소한 곳은 D은행이다.

02 다음은 C사 신입사원 채용에 지원한 남자 · 여자 입사지원자와 합격자를 나타낸 자료이다. 이에 대한 설명으로 옳지 않은 것은?(단, 합격률 및 비율은 소수점 둘째 자리에서 반올림한다)

〈신입사원 채용 현황〉

(단위 : 명)

구분	입사지원자 수	합격자 수
남자	10,891	1,699
여자	3,984	624

① 총 입사지원자 중 합격률은 15% 이상이다.
② 여자 입사지원자 대비 여자의 합격률은 20% 미만이다.
③ 총 입사지원자 중 여자는 30% 미만이다.
④ 합격자 중 남자의 비율은 약 80%이다.
⑤ 남자 입사지원자의 합격률은 여자 입자지원자의 합격률보다 낮다.

03 다음은 농산물 수입 실적을 나타낸 자료이다. 이에 대한 설명으로 옳지 않은 것은?

〈농산물 수입 실적〉

(단위 : 만 톤, 천만 달러)

구분		2018년	2019년	2020년	2021년	2022년	2023년
농산물 전체	물량	2,450	2,510	2,595	3,160	3,250	3,430
	금액	620	810	1,175	1,870	1,930	1,790
곡류	물량	1,350	1,270	1,175	1,450	1,480	1,520
	금액	175	215	305	475	440	380
과실류	물량	65	75	65	105	95	130
	금액	50	90	85	150	145	175
채소류	물량	40	75	65	95	90	110
	금액	30	50	45	85	80	90

① 2023년 농산물 전체 수입 물량은 2018년 대비 40% 증가하였다.
② 곡류의 수입 물량은 지속적으로 줄어들었지만, 수입 금액은 지속적으로 증가하였다.
③ 2023년 과실류의 수입 금액은 2018년 대비 250% 급증하였다.
④ 곡류, 과실류, 채소류 중 2018년 대비 2023년에 수입 물량이 가장 많이 증가한 것은 곡류이다.
⑤ 2019 ~ 2023년 동안 과실류와 채소류 수입 금액의 전년 대비 증감 추이는 같다.

04 다음은 유아교육 규모에 대한 자료이다. 〈보기〉 중 옳지 않은 것을 모두 고르면?

〈유아교육 규모〉

구분	2018년	2019년	2020년	2021년	2022년	2023년	2024년
유치원 수(원)	8,494	8,275	8,290	8,294	8,344	8,373	8,388
학급 수(학급)	20,723	22,409	23,010	23,860	24,567	24,908	25,670
원아 수(명)	545,263	541,603	545,812	541,550	537,822	537,361	538,587
교원 수(명)	28,012	31,033	32,095	33,504	34,601	35,415	36,461
취원율(%)	26.2	31.4	35.3	36.0	38.4	39.7	39.9
교원 1인당 원아 수(명)	19.5	17.5	17.0	16.2	15.5	15.2	14.8

보기

ㄱ. 유치원 원아 수의 변동은 매년 일정한 흐름을 보이지는 않는다.
ㄴ. 교원 1인당 원아 수가 적어지는 것은 원아 수 대비 학급 수가 늘어나기 때문이다.
ㄷ. 취원율은 매년 증가하고 있는 추세이다.
ㄹ. 교원 수가 매년 증가하는 이유는 청년 취업과 관계가 있다.

① ㄱ, ㄴ
② ㄱ, ㄷ
③ ㄴ, ㄹ
④ ㄷ, ㄹ
⑤ ㄱ, ㄷ, ㄹ

05 다음은 2019 ~ 2024년까지 우리나라의 인구성장률과 합계출산율에 대한 자료이다. 다음 중 이에 대한 설명으로 옳지 않은 것은?

〈인구성장률〉

(단위 : %)

구분	2019년	2020년	2021년	2022년	2023년	2024년
인구성장률	0.53	0.46	0.63	0.53	0.45	0.39

〈합계출산율〉

(단위 : 명)

구분	2019년	2020년	2021년	2022년	2023년	2024년
합계출산율	1.297	1.187	1.205	1.239	1.172	1.052

※ 합계출산율 : 가임여성 1명이 평생 낳을 것으로 예상하는 평균 출생아 수

① 우리나라 인구성장률은 2021년 이후로 계속해서 감소하고 있다.
② 2019년부터 2024년까지 인구성장률이 가장 낮았던 해는 합계출산율도 가장 낮았다.
③ 2020년부터 2021년까지 합계출산율과 인구성장률의 전년 대비 증감 추이는 동일하다.
④ 2019년부터 2024년까지 인구성장률과 합계출산율이 두 번째로 높은 해는 2022년이다.
⑤ 2024년 인구성장률은 2021년 대비 40% 이상 감소하였다.

06 표준 업무시간이 80시간인 업무를 A ~ E 5개의 각 부서에 할당해 본 결과, 다음과 같은 표를 얻었다. 어느 부서의 업무효율이 가장 높은가?

〈부서별 업무시간 분석결과〉

구분		A	B	C	D	E
투입인원		2	3	4	3	5
개인별 업무시간		41	30	22	27	17
회의	횟수(회)	3	2	1	2	3
	소요시간(시간/회)	1	2	4	1	2

※ $(\text{업무효율})=\dfrac{(\text{표준 업무시간})}{(\text{총 투입시간})}$

※ (총 투입시간)=[개인별 투입시간(=개인별 업무시간+회의 횟수×회의 소요시간)]×(투입인원)
※ 부서원은 업무를 분담하여 동시에 수행할 수 있음
※ 투입된 인원의 개인별 업무능력과 인원당 소요시간은 동일함

① A
② B
③ C
④ D
⑤ E

07 다음 자료는 A레스토랑의 신메뉴인 콥샐러드를 만들기 위해 필요한 재료의 단가와 B지점의 재료 주문 수량이다. B지점의 재료 구입 비용의 총합은?

〈A레스토랑의 콥샐러드 재료 단가〉

재료명	단위	단위당 단가
올리브 통조림	1캔(3kg)	5,200원
메추리알	1봉지(1kg)	4,400원
방울토마토	1박스(5kg)	21,800원
옥수수 통조림	1캔(3kg)	6,300원
베이비 채소	1박스(500g)	8,000원

〈B지점의 재료 주문 수량〉

재료명	올리브 통조림	메추리알	방울토마토	옥수수 통조림	베이비 채소
주문량	15kg	7kg	25kg	18kg	4kg

① 264,600원
② 265,600원
③ 266,600원
④ 267,600원
⑤ 268,600원

08 다음은 주요 선진국과 BRICs의 고령화율을 나타낸 표이다. 다음 중 2040년의 고령화율이 2010년 대비 2배 이상이 되는 나라를 모두 고르면?

〈주요 선진국과 BRICs의 고령화율〉

(단위 : %)

구분	한국	미국	프랑스	영국	독일	일본	브라질	러시아	인도	중국
1990년	5.1	12.5	14.1	15.7	15.0	11.9	4.5	10.2	3.9	5.8
2000년	7.2	12.4	16.0	15.8	16.3	17.2	5.5	12.4	4.4	6.9
2010년	11.0	13.1	16.8	16.6	20.8	23.0	7.0	13.1	5.1	11.2
2020년	15.7	16.6	20.3	18.9	23.1	28.6	9.5	14.8	6.3	11.7
2030년	24.3	20.1	23.2	21.7	28.2	30.7	13.6	18.1	8.2	16.2
2040년	33.0	21.2	25.4	24.0	31.8	34.5	17.6	18.3	10.2	22.1

① 한국, 미국, 일본
② 한국, 브라질, 인도
③ 미국, 일본, 브라질
④ 미국, 브라질, 인도
⑤ 일본, 브라질, 인도

09 다음은 2020년부터 2024년까지 국내 오렌지 수입량 현황에 관한 자료이다. ㉠, ㉡에 들어갈 값이 알맞게 나열된 것은?(단, 각 수치는 매년 일정한 규칙으로 변화한다)

〈국가별 국내 오렌지 수입량〉

(단위 : 천 톤)

구분	2020년		2021년		2022년		2023년		2024년	
	상반기	하반기	상반기	하반기	상반기	하반기	상반기	하반기	상반기	하반기
미국	2.7	2.8	2.6	2.4	2.5	2.6	2.7	2.7	2.4	2.7
필리핀	2.9	3.0	㉠	2.7	2.8	3.1	2.9	3.5	2.8	2.9
뉴질랜드	2.2	2.1	2.4	2.3	1.9	2.4	2.4	2.4	㉡	2.4
태국	1.5	1.9	2.0	2.1	1.7	2.1	2.0	2.0	1.9	2.0

	㉠	㉡
①	2.2	1.5
②	2.2	1.6
③	2.8	2.3
④	2.8	3.3
⑤	2.8	3.4

10 어느 회사의 영업부는 야유회에서 4개의 팀으로 나누어서 철봉에 오래 매달리기 시합을 하였다. 팀별 기록에 대한 〈조건〉이 다음과 같을 때, A팀 4번 선수와 B팀 2번 선수 기록의 평균은?

〈팀별 철봉 오래 매달리기 기록〉

(단위 : 초)

구분	1번 선수	2번 선수	3번 선수	4번 선수	5번 선수
A팀	32	46	42	( )	42
B팀	48	( )	36	53	55
C팀	51	30	46	45	53
D팀	36	50	40	52	42

조건

- C팀의 평균은 A팀보다 3초 길다.
- D팀의 평균은 B팀보다 2초 짧다.

① 39초
② 40초
③ 41초
④ 42초
⑤ 43초

11 다음은 세계 주요 터널 화재 사고 A~F에 대한 자료이다. 이에 대한 설명으로 옳은 것은?

〈세계 주요 터널 화재 사고 통계〉

구분	터널 길이(km)	화재 규모(MW)	복구 비용(억 원)	복구 기간(개월)	사망자(명)
A사고	50.5	350	4,200	6	1
B사고	11.6	40	3,276	36	39
C사고	6.4	120	72	3	12
D사고	16.9	150	312	2	11
E사고	0.2	100	570	10	192
F사고	1.0	20	18	8	0

① 터널 길이가 길수록 사망자가 많다.

② 화재 규모가 클수록 복구 기간이 길다.

③ 사고 A를 제외하면 복구 기간이 길수록 복구 비용이 크다.

④ 사망자가 30명 이상인 사고를 제외하면 화재 규모가 클수록 복구 비용이 크다.

⑤ 복구 비용이 클수록 사망자가 많다.

12 다음은 C기업 지원자의 인턴 및 해외연수 경험과 합격 여부에 대한 자료이다. 이에 대한 〈보기〉의 설명 중 옳은 것을 모두 고르면?

〈C기업 지원자의 인턴 및 해외연수 경험과 합격 여부〉

(단위 : 명, %)

인턴 경험	해외연수 경험	합격 여부		합격률
		합격	불합격	
있음	있음	53	414	11.3
	없음	11	37	22.9
없음	있음	0	16	0.0
	없음	4	139	2.8

※ $[\text{합격률}(\%)]=\frac{(\text{합격자 수})}{(\text{합격자 수})+(\text{불합격자 수})}\times 100$

※ 합격률은 소수점 둘째 자리에서 반올림한 값임

보기

ㄱ. 해외연수 경험이 있는 지원자가 해외연수 경험이 없는 지원자보다 합격률이 높다.
ㄴ. 인턴 경험이 있는 지원자가 인턴 경험이 없는 지원자보다 합격률이 높다.
ㄷ. 인턴 경험과 해외연수 경험이 모두 있는 지원자 합격률은 인턴 경험만 있는 지원자 합격률의 2배 이상이다.
ㄹ. 인턴 경험과 해외연수 경험이 모두 없는 지원자와 인턴 경험만 있는 지원자 간 합격률 차이는 30%p보다 크다.

① ㄱ, ㄴ
② ㄱ, ㄷ
③ ㄴ, ㄷ
④ ㄱ, ㄴ, ㄹ
⑤ ㄴ, ㄷ, ㄹ

13 다음은 1990년과 2024년 업종별 종사자 수에 대한 자료이다. 1990년 대비 2024년 농업 종사자의 증감률은 −20%이고, 1990년 대비 2024년 광공업 종사자의 증감률은 20%이다. 2024년 서비스업 종사자는 1990년에 비해 몇 만 명이나 증가했는가?

〈1990년과 2024년 업종별 종사자 수〉

(단위 : 만 명)

구분	농업	광공업	서비스업	합계
1990년	150			1,550
2024년		300		2,380

① 630만 명
② 720만 명
③ 810만 명
④ 900만 명
⑤ 1,150만 명

14 당신은 인터넷이 가능한 휴대폰을 구입하기 위해 매장에 들렀다. 통화품질, 데이터 이용편의성, 디자인 등의 조건은 동일하기 때문에 결정 계수가 가장 낮은 제품을 구매하려고 한다. 다음 중 당신이 선택할 휴대폰은?

〈휴대폰 모델별 구분〉

구분	통신 종류	할부 개월	단말기 가격(원)	월 납부요금(원)
A모델	LTE	24	300,000	34,000
B모델	LTE	24	350,000	38,000
C모델	3G	36	250,000	25,000
D모델	3G	36	200,000	23,000
E모델	무(無)데이터	24	150,000	15,000

※ (휴대폰 모델 결정 계수)=(할부 개월)×10,000+(단말기 가격)×0.5+(월 납부요금)×0.5

① A모델
② B모델
③ C모델
④ D모델
⑤ E모델

15 다음은 어느 연구소에서 제습기 A ~ E의 습도별 연간소비전력량을 측정한 자료이다. 이에 대한 〈보기〉의 설명 중 옳은 것을 모두 고르면?

〈제습기 A ~ E의 습도별 연간소비전력량〉

(단위 : kWh)

구분 \ 습도	40%	50%	60%	70%	80%
제습기 A	550	620	680	790	840
제습기 B	560	640	740	810	890
제습기 C	580	650	730	800	880
제습기 D	600	700	810	880	950
제습기 E	660	730	800	920	970

보기

ㄱ. 습도가 70%일 때 연간소비전력량이 가장 적은 제습기는 A이다.

ㄴ. 각 습도에서 연간소비전력량이 많은 제습기부터 순서대로 나열하면, 습도가 60%일 때와 70%일 때의 순서는 동일하다.

ㄷ. 습도가 40%일 때 제습기 E의 연간소비전력량은 습도가 50%일 때 제습기 B의 연간소비전력량보다 많다.

ㄹ. 제습기 각각에서 연간소비전력량은 습도가 80%일 때가 40%일 때의 1.5배 이상이다.

① ㄱ, ㄴ

② ㄱ, ㄷ

③ ㄴ, ㄹ

④ ㄱ, ㄷ, ㄹ

⑤ ㄴ, ㄷ, ㄹ

16 다음은 우리나라 1차 에너지 소비량에 대한 자료이다. 이에 대한 설명으로 옳은 것은?

〈1차 에너지 소비량 현황〉

(단위 : 백만 TOE)

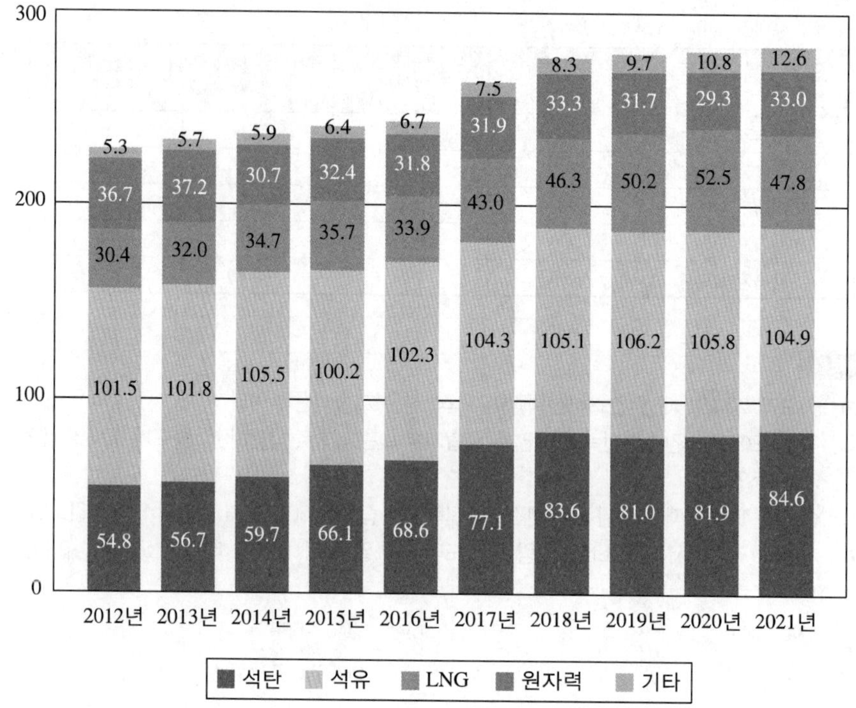

① 매년 석유 소비량이 나머지 에너지 소비량의 합보다 많다.

② 석탄 소비량은 완만한 하락세를 보이고 있다.

③ 기타 에너지 소비량이 지속적으로 감소하는 추세이다.

④ 2013 ~ 2017년 원자력 소비량은 증감을 반복하고 있다.

⑤ 2013 ~ 2017년 LNG 소비량의 증가 추세는 그 정도가 심화되었다.

17 다음 그림은 한·중·일의 평판 TV 시장점유율 추이를 나타낸 자료이다. 이에 대한 설명으로 옳지 않은 것은?

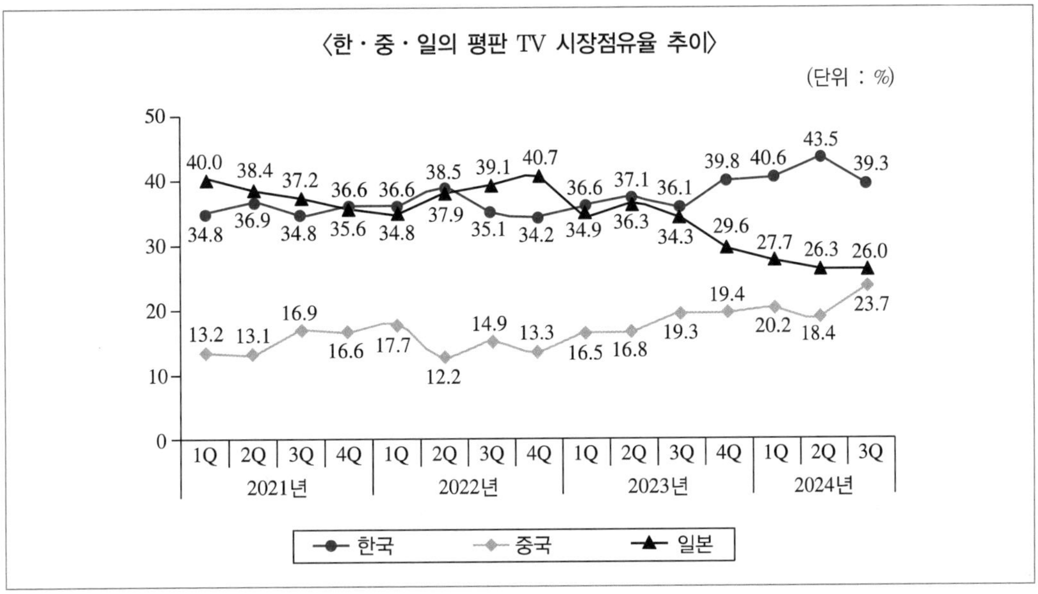

① 15분기 동안 한국이 10번, 일본이 5번 시장점유율 1위를 차지했다.

② 2023년 4분기의 한국과 일본, 일본과 중국의 점유율 차이는 같다.

③ 한국과 중국의 점유율 차이는 매분기 15%p 이상이다.

④ 2021년 2분기에 중국과 일본의 점유율 차이는 2024년 3분기의 10배 이상이다.

⑤ 중국과 일본의 점유율 차이는 2023년부터 계속 줄어들고 있다.

18 다음은 2015 ~ 2024년까지 연도별 청년 고용률 및 실업률에 대한 그래프이다. 다음 중 고용률과 실업률의 차이가 가장 큰 연도로 옳은 것은?

〈청년 고용률 및 실업률〉

(단위 : %)

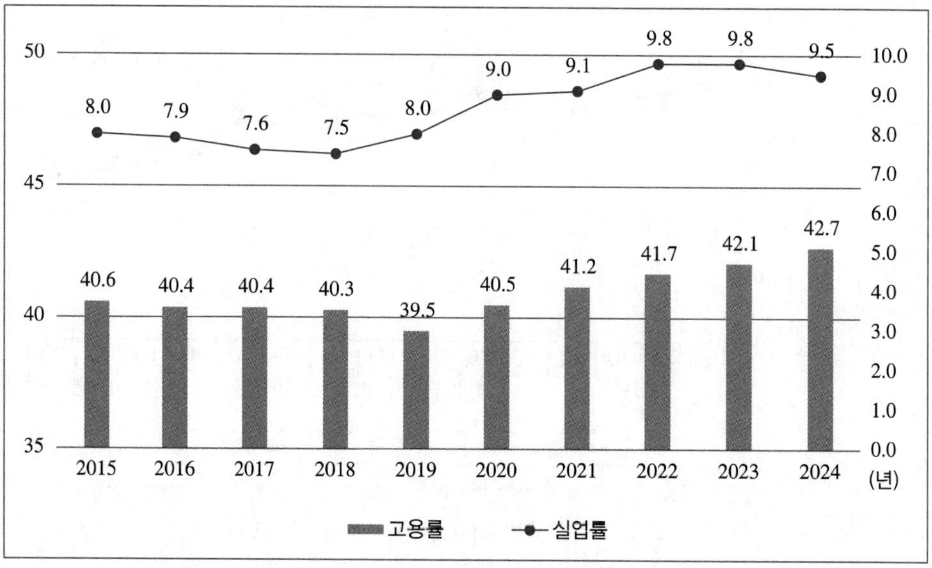

① 2017년
② 2018년
③ 2021년
④ 2023년
⑤ 2024년

19 다음은 10년간 국내 의사와 간호사의 인원 현황에 대한 자료이다. 이에 대한 〈보기〉의 설명 중 옳은 것을 모두 고르면?(단, 비율은 소수점 셋째 자리에서 버림한다)

〈국내 의사 및 간호사 수〉

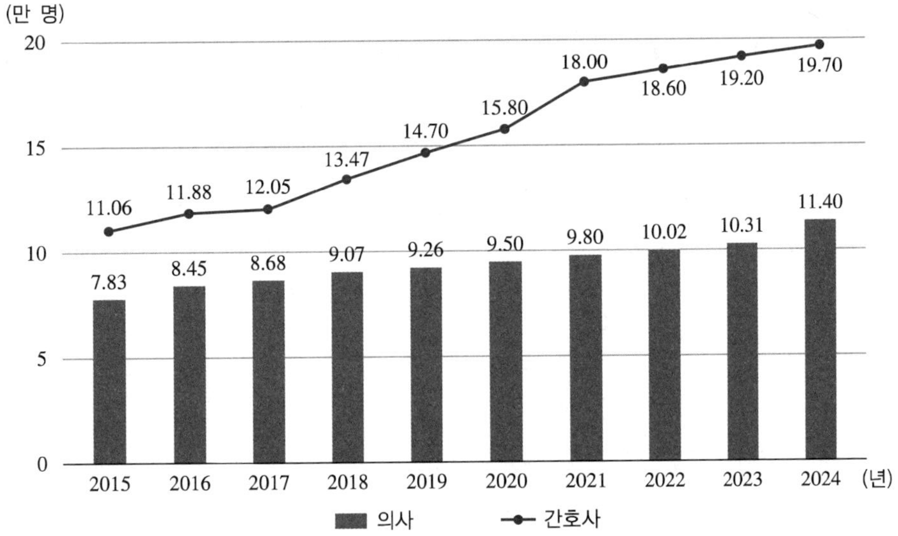

보기

ㄱ. 2022년 대비 2024년의 의사 수의 증가율은 간호사 수의 증가율보다 5%p 이상 높다.

ㄴ. 2016~2024년 동안 전년 대비 의사 수 증가량이 2천 명 이하인 해의 의사와 간호사 수의 차이는 5만 명 미만이다.

ㄷ. 2015~2019년 동안 의사 한 명당 간호사 수가 가장 많은 연도는 2019년이다.

ㄹ. 2018~2021년까지 간호사 수의 평균은 15만 명 이상이다.

① ㄱ
② ㄱ, ㄴ
③ ㄷ, ㄹ
④ ㄴ, ㄹ
⑤ ㄱ, ㄷ, ㄹ

20 다음은 중국의 의료 빅데이터 예상 시장 규모에 대한 자료이다. 이를 바탕으로 작성한 전년 대비 성장률에 대한 그래프로 옳은 것은?(단, 소수점 둘째 자리에서 반올림한다)

〈2015 ~ 2024년 중국 의료 빅데이터 예상 시장 규모〉

(단위 : 억 위안)

구분	2015년	2016년	2017년	2018년	2019년	2020년	2021년	2022년	2023년	2024년
규모	9.6	15.0	28.5	45.8	88.5	145.9	211.6	285.6	371.4	482.8

①
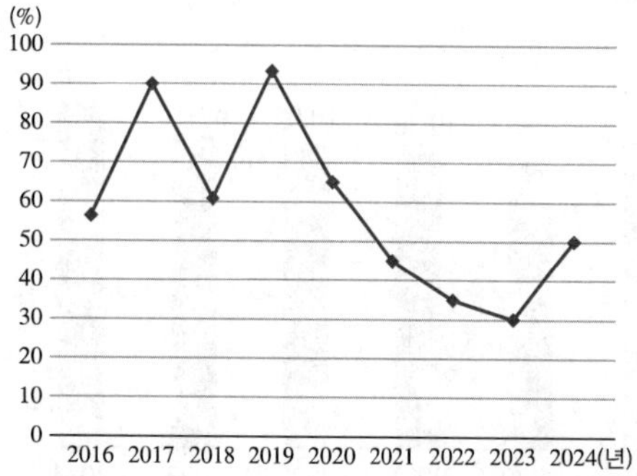

②
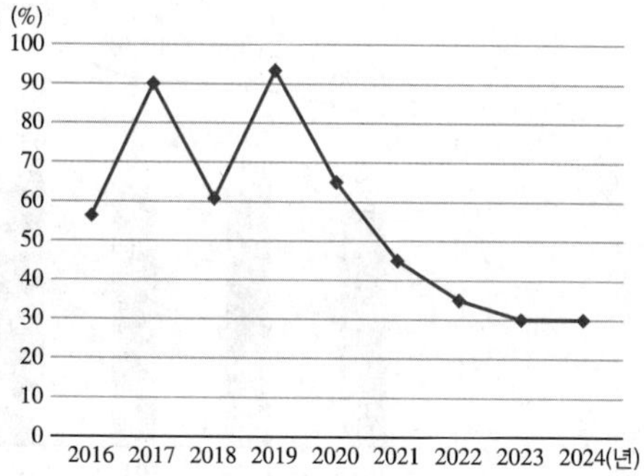

③
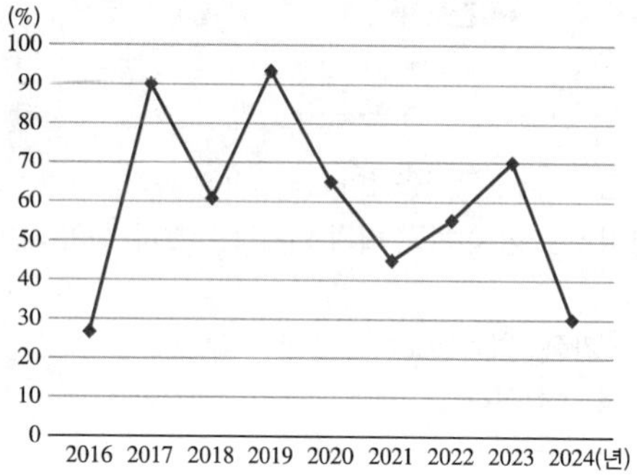

④
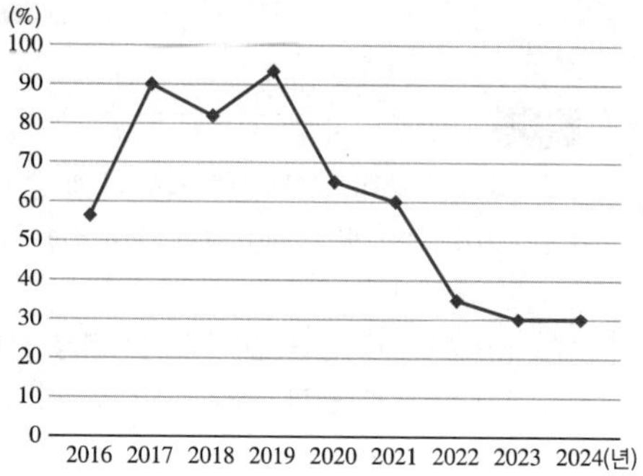

⑤
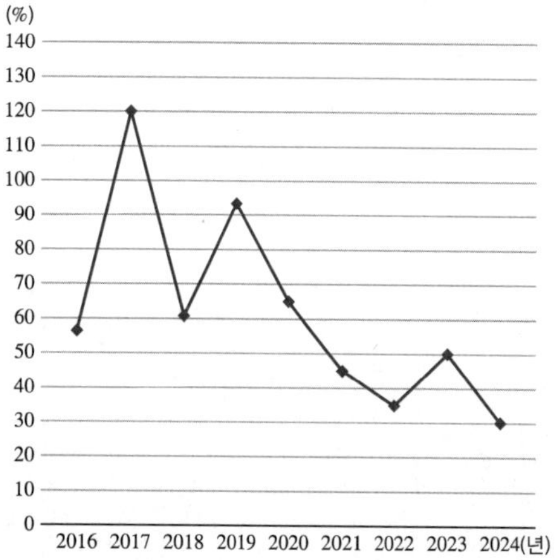

제4영역 창의수리

※ 다음과 같이 일정한 규칙으로 수를 나열할 때, 빈칸에 들어갈 알맞은 수를 고르시오. [1~5]

01

5　-2　17　-23　74　(　)

① -85　② -143
③ -151　④ -215
⑤ -256

02

6　5　7　11　10　12　26　25　(　)

① 27　② 28
③ 29　④ 30
⑤ 31

03

$\frac{27}{358}$　$\frac{30}{351}$　$\frac{32}{345}$　$\frac{33}{340}$　(　)　$\frac{32}{333}$

① $\frac{35}{338}$　② $\frac{34}{338}$
③ $\frac{33}{338}$　④ $\frac{34}{336}$
⑤ $\frac{33}{336}$

04

3	8	25	4	5	21	5	6	( )

① 27
② 28
③ 29
④ 30
⑤ 31

05

( )	3	81	2	4	16	3	5	125

① 1
② 3
③ 4
④ 5
⑤ 6

06 다음 일차방정식에서 미지수 x의 값으로 옳은 것은?

$$\frac{2x+3}{4}-\frac{x-1}{3}=\frac{5x+2}{6}-\frac{1}{2}$$

① 1
② $\frac{7}{4}$
③ $\frac{15}{8}$
④ 2
⑤ $\frac{25}{8}$

07 소금 30g을 몇 g의 물에 넣어야 농도 20%의 소금물이 되는가?

① 80g
② 100g
③ 120g
④ 140g
⑤ 160g

08 C공사의 작년 일반 사원 수는 400명이었다. 올해 진급하여 직책을 단 사원은 작년 일반 사원 수의 12%이고, 20%는 퇴사하였다. 올해 전체 일반 사원 수가 작년보다 6%가 증가했을 때, 올해 채용한 신입사원은 몇 명인가?

① 144명
② 146명
③ 148명
④ 150명
⑤ 152명

09 효진이가 자전거를 타고 집에서 서점까지 갈 때에는 12km/h의 속력으로 달리고, 집으로 되돌아올 때에는 10km/h의 속력으로 달렸더니 44분이 걸렸다. 집에서 서점까지의 거리는?

① 3km
② 3.5km
③ 4km
④ 4.5km
⑤ 5km

10 수학, 영어 점수의 평균이 85점이고, 수학, 국어 점수의 평균이 91점일 때, 영어와 국어 점수의 차이는 몇 점인가?

① 12점
② 13점
③ 15점
④ 16점
⑤ 17점

11 내일은 축구경기가 있는 날인데 비가 올 확률은 $\frac{2}{5}$이다. 비가 온다면 이길 확률이 $\frac{1}{3}$, 비가 오지 않는다면 이길 확률이 $\frac{1}{4}$일 때, 이길 확률은?

① $\frac{4}{15}$
② $\frac{17}{60}$
③ $\frac{3}{10}$
④ $\frac{19}{60}$
⑤ $\frac{7}{20}$

12 두 자리 자연수 A의 각 자릿수의 숫자 합은 4이고, 일의 자리와 십의 자리의 수를 바꾼 숫자는 A의 2배보다 5만큼 더 컸다. 두 자리 자연수 A는 얼마인가?

① 13
② 14
③ 15
④ 16
⑤ 17

13 A, B 2명이 호텔에 묵으려고 한다. 선택할 수 있는 호텔 방이 301, 302, 303호 3개일 때, 호텔 방을 선택할 수 있는 경우의 수는?(단, 1명당 방 1개만 선택할 수 있고, 2명 중 1명이 방을 선택을 하지 않거나 2명 모두 방을 선택하지 않을 수도 있다)

① 10가지
② 11가지
③ 12가지
④ 13가지
⑤ 14가지

14 철수가 1개의 주사위와 동전을 2번씩 던진다. 이때, 주사위의 눈의 합이 7이 나오면서 동전이 둘 다 앞면이 나올 확률은?

① $\frac{1}{20}$
② $\frac{1}{22}$
③ $\frac{1}{24}$
④ $\frac{1}{26}$
⑤ $\frac{1}{28}$

15 소희는 휴대전화를 구입하면서 한 달에 45,000원(부가세 포함)인 요금제에 가입했다. 휴대전화의 구입 가격은 360,000원이고 24개월 할부이며, 할부 월 이자는 0.5%라고 할 때, 할부기간 동안 매달 납부해야 하는 금액은?(단, 요금제에서 초과 이용하지 않는다)

① 61,000원
② 61,300원
③ 61,500원
④ 61,600원
⑤ 61,800원

16 같은 공원에서 A는 강아지와 함께 2일마다 한 번 산책을 하고, B는 혼자 3일마다 산책을 한다. A는 월요일에 산책을 했고, B는 그 다음 날에 산책했다면 처음으로 A와 B가 만나는 날은?

① 수요일
② 목요일
③ 금요일
④ 토요일
⑤ 일요일

17 철수는 매일 1,000원씩, 영희는 800원씩 저금을 하기로 했다. 며칠 후 정산을 해보니 철수의 저금액이 영희의 2배가 되어 있었다. 영희가 철수보다 3일 후에 저금을 하기 시작했다면, 정산을 한 날짜는?

① 7일
② 8일
③ 9일
④ 10일
⑤ 11일

18 어느 회사의 재무팀은 다과비 50,000원으로 간식을 구매하려고 한다. a스낵은 1,000원, b스낵은 1,500원, c스낵은 2,000원이며 세 가지 스낵을 각각 1개 이상을 산다고 한다. 다과비를 모두 사용하여 스낵을 구매할 때, 구매한 스낵의 최대 개수는 몇 개인가?

① 48개
② 47개
③ 45개
④ 43개
⑤ 42개

19 C전자 로봇청소기에는 투과율이 일정한 필터가 있다. 30g의 먼지를 두 번 필터링했을 때, 남은 먼지가 2.7g이다. 이 필터의 투과율은?

① 22%
② 24%
③ 26%
④ 28%
⑤ 30%

20 어떤 학급에서 이어달리기 대회 대표로 A~E학생 5명 중 3명을 순서와 상관없이 뽑을 수 있는 경우의 수는?

① 5가지
② 10가지
③ 20가지
④ 60가지
⑤ 120가지

3일 차
기출응용 모의고사

〈문항 수 및 시험시간〉

CJ그룹 CAT 온라인 적성검사		
영역	문항 수	영역별 제한시간
언어이해	20문항	15분
언어추리	20문항	15분
자료해석	20문항	15분
창의수리	20문항	15분

CJ그룹 CAT 온라인 적성검사	
# 3일 차 기출응용 모의고사	문항 수 : 80문항 시험시간 : 60분

제1영역 언어이해

01 다음 글의 내용으로 가장 적절한 것은?

> 올해 10대 대형 로펌에 채용된 신입 변호사 중 여성의 비율이 절반에 다다르고 있다. 2020년 이후 그 비율이 40%를 넘어선 것은 올해가 처음이며, 그 인원수 또한 가장 많아 로펌 업계가 지속적으로 지적받아 온 '성별 격차' 문제도 해소될 것으로 예측된다.
> 법률신문은 올해 한국 10대 대형 로펌에 입사한 신입 변호사 278명 중 여성 변호사는 129명으로 그 수치는 절반에 가까운 46.4%이며, 2020년 이후 가장 높은 수치를 기록했다고 밝혔다.
> 이에 대해 10대 대형 로펌의 한 채용 담당자는 "변호사를 채용할 때 지원자의 성별을 의식하지 않고 객관적인 성과 지표에 따라 채용했으며, 이 결과 올해는 여성의 숫자가 많았던 것 같다."라고 말했다.
> 또 다른 대형 로펌의 채용 담당자는 "과거에는 잦은 야근과 과중한 업무로 대형 로펌이 남성 중심의 조직으로 인식되었지만, 최근에는 육아 정책 등이 강화되면서 사회적으로 이러한 인식이 줄어들고 있고 이에 따라 매년 성별 격차가 줄어드는 현상이 자연스럽게 나타나게 된 것 같다."라고 말했다.

① 최근 여성 변호사의 전체 인원수와 비율이 증가하고 있다.
② 최근 변호사 채용 과정에서 남녀 고용 평등 문화를 의식하고 있음을 알 수 있다.
③ 과거 대형 로펌 변호사 채용 과정에서는 남녀 고용 평등이 이루어지지 않았다.
④ 10대 대형 로펌은 점차 남성 중심의 환경에서 여성 중심의 환경으로 전환되고 있다.
⑤ 올해 10대 대형 로펌에 입사한 신입 변호사 중 과반수가 여성 변호사이다.

02 다음 글의 중심 내용으로 가장 적절한 것은?

> 헤르만 헤세는 어느 책이 유명하다거나 그것을 모르면 수치스럽다는 이유만으로 그 책을 무리하게 읽으려는 것은 참으로 그릇된 일이라 했다. 그는 이어서, "그렇게 하기보다는 모든 사람은 자기에게 자연스러운 면에서 읽고, 알고, 사랑해야 할 것이다. 어떤 사람은 학생 시절의 초기에 벌써 아름다운 시구의 사랑을 자기 안에서 발견할 수 있으며, 어떤 사람은 역사나 자기 고향의 전설에 마음이 끌리게 되고 또는 민요에 대한 기쁨이나 우리의 감정이 정밀하게 연구되고 뛰어난 지성으로써 해석된 것에 독서의 매력을 느낄 수 있을 것이다."라고 말한 바 있다.

① 문학 작품을 많이 읽으면 정서 함양에 도움이 된다.
② 학생 시절에 고전과 명작을 많이 읽어 교양을 쌓아야 한다.
③ 남들이 읽어야 한다고 말하는 책보다 자신이 읽고 싶은 책을 읽는 것이 좋다.
④ 자신이 속한 사회의 역사나 전설에 관한 책을 읽으면 애향심을 기를 수 있다.
⑤ 독서는 우리의 감정을 정밀하게 연구하고 해석해 행복감을 준다.

03 다음 글을 읽고 '빌렌도르프의 비너스'에 대한 설명으로 가장 적절한 것은?

> 1909년 오스트리아 다뉴브강가의 빌렌도르프 근교에서 철도 공사를 하던 중 구석기 유물이 출토되었다. 이 중 눈여겨볼 만한 것이 '빌렌도르프의 비너스'라 불리는 여성 모습의 석상이나. 내략 기원선 2만 년의 작품으로 추정되나 구체적인 제작연대나 용도 등에 대해 알려진 바가 거의 없다. 높이 11.1cm의 이 작은 석상은 굵은 허리와 둥근 엉덩이에 커다란 유방을 늘어뜨리는 등 여성 신체가 과장되어 묘사되어 있다. 가슴 위에 올려놓은 팔은 눈에 띄지 않을 만큼 작으며, 땋은 머리에 가려 얼굴이 보이지 않는다. 출산, 다산의 상징으로 주술적 숭배의 대상이 되었던 것이라는 의견이 지배적이다. 태고의 이상적인 여성을 나타내는 것이라고 보는 의견이나, 선사시대 유럽의 풍요와 안녕의 상징이었다고 보는 의견도 있다.

① 팔은 떨어져 나가고 없다.
② 빌렌도르프라는 사람에 의해 발견되었다.
③ 부족장의 부인을 모델로 만들어졌다.
④ 구석기 시대의 유물이다.
⑤ 평화의 상징이라는 의견이 지배적이다.

04 다음 글의 밑줄 친 '정원'에 대한 설명으로 적절하지 않은 것은?

야생의 자연이라는 이상을 고집하는 자연 애호가들은 인류가 자연과 내밀하면서도 창조적인 관계를 맺었던 반(反)야생의 자연, 즉 '정원'을 간과한다. 정원은 울타리를 통해 농경지보다 야생의 자연과 분명한 경계를 긋는다. 집약적인 토지 이용이라는 전통은 정원에서 시작되었다. 정원은 대규모의 농경지 경작이 행해지지 않은 원시적인 문화에서도 발견된다. 만여 종의 경작용 식물들은 모두 대량 생산에 들어가기 전에 정원에서 자라는 단계를 거쳐 온 것으로 보인다.

농업경제의 역사에서 정원이 갖는 의미는 시대와 지역에 따라 매우 달랐다. 좁은 공간에서 집약적인 농사를 짓는 지역에서는 농부가 곧 정원사였다. 반면 예전의 독일 농부들은 정원이 곡물 경작에 사용될 퇴비를 앗아가므로 정원을 악으로 여기기도 했다. 하지만 여성들의 입장은 지역적인 편차가 없었다. 아메리카의 푸에블로 인디언부터 근대 독일의 농부 집안까지 정원은 농업 혁신에 주도적인 역할을 해온 여성들에게는 자신들의 제국이자 자존심이었다. 그곳에는 여성들이 경험을 통해 쌓은 지식 전통이 살아 있었다. 환경사에서 여성이 갖는 특별한 역할의 물질적 근간은 대부분 정원에서 발견된다. 지난 세기들의 경우 이는 특히 여성 제후들과 관련되어 있으며 자료가 풍부하다. 작센의 여성 제후인 안나는 식물에 관한 지식을 늘 공유했던 긴밀하고도 광범위한 사회적 네트워크를 가지고 있었는데, 그중에는 식물 경제학에 관심이 깊은 고귀한 신분의 여성들도 많았으며 수도원 소속의 여성들도 있었다.

여성들이 정원에서 쌓은 경험의 특징은 무엇일까? 정원에서는 땅을 면밀히 살피고 손으로 흙을 부스러뜨리는 습관이 생겨났을 것이다. 정원에서 즐겨 이용되는 삽도 다양한 토질의 층을 자세히 연구하도록 부추겼을 것이 분명하다. 넓은 경작지보다는 정원에서 땅을 다룰 때 더 아끼고 보호했을 것이다. 정원이라는 매우 제한된 공간에는 옛날에도 충분한 퇴비를 줄 수 있었다. 경작지보다도 다양한 종류의 퇴비로 실험할 수 있었고 새로운 작물을 키우며 경험을 수집할 수 있었다. 정원에서는 좁은 공간에서 다양한 식물이 자라기 때문에 모든 종류의 식물들이 서로 잘 지내지는 않는다는 사실에도 주의를 기울였다. 이는 식물 생태학의 근간을 이루는 통찰이었다.

결론적으로 정원은 여성들이 주도해 토양과 식물을 이해하고, 농경지 경작에 유용한 지식과 경험을 배양할 수 있는 좋은 장소였다.

① 울타리를 통해 야생의 자연과 분명한 경계를 긋는다.

② 집약적 토지 이용의 전통이 시작된 곳으로 원시적인 문화에서도 발견된다.

③ 시대와 지역에 따라 정원에 대한 여성들의 입장이 달랐다.

④ 정원에서는 모든 종류의 식물들이 서로 잘 지내지는 않는다.

⑤ 여성이 갖는 특별한 역할의 물질적 근간이 대부분 발견되는 곳이다.

05 다음 글의 내용으로 가장 적절한 것은?

> 1899년 베이징의 한 금석학자는 만병통치약으로 알려진 '용골'을 살펴보다가 소스라치게 놀랐다. 용골의 표면에 암호처럼 알 듯 모를 듯한 글자들이 빼곡히 들어차 있었던 것이다. 흥분이 가신 후에 알아보니, 용골은 은 왕조의 옛 도읍지였던 허난성 안양현 샤오툰(小屯)촌 부근에서 나온 것이었다. 바로 갑골문자가 발견되는 순간이었다. 현재 갑골문자는 4천여 자가 확인되었고, 그중 절반 정도가 해독되었다. 사마천의 『사기』에는 은 왕조에 대해서 자세히 기록되어 있었으나, 사마천이 살던 시대보다 1천 수백 년 전의 사실이 너무도 생생하게 표현되어 있어 마치 '소설'처럼 생각되었다. 그런데 갑골문자를 연구한 결과, 거기에는 반경(般庚) 때부터 은 말까지 2백여 년에 걸친 내용이 적혀 있었는데, 이를 통하여 『사기』에 나오는 은나라의 왕위 계보도 확인할 수 있었다.

① 베이징은 은 왕조의 도읍지였다.
② 용골에는 당대의 소설이 생생하게 표현되었다.
③ 사마천의 『사기』에 갑골문자에 관한 기록이 나타난다.
④ 현재 갑골문자는 약 2천자가 해독되었다.
⑤ 사마천의 『사기』는 1천 수백 년 전의 사람이 만들었다.

06 다음 글의 빈칸에 들어갈 내용으로 가장 적절한 것은?

> 제주 한라산 천연보호구역에 있는 한 조립식 건물에서 불이 나 3명의 사상자가 발생했다. 이 건물은 무속신을 모시는 신당으로 수십 년 동안 운영된 곳이나, 실상은 허가 없이 지은 불법 건축물에 해당되었다. 특히 해당 건물은 조립식 샌드위치 패널로 지어져 있어 이번 화재는 자칫 대형 산불로 이어져 한라산까지 타버릴 아찔한 사고였지만, 행정당국은 불이 난 뒤에야 이 건축물의 존재를 파악했다.
> 해당 건물에서이 화재는 30여 분 만에 빠르게 진화되었지만, 이 불로 건물 안에 있던 40대 남성이 숨지고, 60대 여성 2명이 화상을 입어 병원으로 이송되었다. 이는 해당 건물이 ______________________ 불이 삽시간에 번져 나갔기 때문이었다.
> 행정당국은 서귀포시는 산림이 울창하고, 인적이 드문 곳이어서 관련 신고가 접수되지 않는 등 단속에 한계가 있다고 밝히며 행정의 손이 미치지 않는 취약한 지역, 산지나 으슥한 지역은 관련 부서와 협의를 거쳐 점검할 필요가 있다고 말했다.

① 화재에 취약한 구조로 지어져 있어
② 산지에 위치해 기후가 건조했기 때문에
③ 안정성을 검증받지 못한 가건물에 해당해
④ 소방시설과 거리가 있는 곳에 위치하고 있어
⑤ 인적이 드문 지역에 위치하여 발견이 쉽지 않아

07 다음 글의 제목으로 가장 적절한 것은?

감시용으로만 사용되는 CCTV가 최근에 개발된 신기술과 융합되면서 그 용도가 점차 확대되고 있다. 대표적인 것이 인공지능(AI)과의 융합이다. CCTV가 지능을 가지게 되면 단순 행동 감지에서 벗어나 객체를 추적해 행위를 판단할 수 있게 된다. 단순히 사람의 눈을 대신하던 CCTV가 사람의 두뇌를 대신하는 형태로 진화하고 있는 셈이다.

인공지능을 장착한 CCTV는 범죄현장에서 이상 행동을 하는 사람을 선별하고, 범인을 추적하거나 도주 방향을 예측해 통합관제센터로 통보할 수 있다. 또 수상한 사람의 행동 패턴에 따라 지속적인 추적이나 감시를 수행하고, 차량번호 및 사람 얼굴 등을 인식해 관련 정보를 분석해 제공할 수 있다.

한국전자통신연구원(ETRI)에서는 CCTV 등의 영상 데이터를 활용해 특정 인물이 어떤 행동을 할지를 사전에 예측하는 영상분석 기술을 연구 중인 것으로 알려져 있다. 인공지능 CCTV는 범인 추적뿐만 아니라 자연재해를 예측하는 데 사용할 수도 있다. 장마철이나 국지성 집중호우 때 홍수로 범람하는 하천의 수위를 감지하는 것은 물론 산이나 도로 등의 붕괴 예측 등 다양한 분야에 적용될 수 있기 때문이다.

① AI와 융합한 CCTV의 진화
② 범죄를 예측하는 CCTV
③ 당신을 관찰한다, CCTV의 폐해
④ CCTV와 AI의 현재와 미래
⑤ 인공지능과 사람의 공존

08 다음 글의 빈칸에 들어갈 내용으로 가장 적절한 것은?

______________는 슬로건이 대두되는 이유는 우리가 작품의 맥락과 내용에 대한 지식에 의존하여 작품을 감상하는 일이 자주 있기 때문이다. 맥락에 있어서건 내용에 있어서건 지식이 작품의 가치 평가에서 하는 역할이란 작품의 미적인 측면과는 관련이 없는 것처럼 보인다. 단토는 일찍이 '어떤 것을 예술로 보는 것은 눈이 알아보지 못하는 무엇[예술 이론의 분위기와 예술사에 대한 지식 – 예술계(Artworld)]을 요구한다.'고 주장했다. 그가 드는 고전적인 예는 앤디 워홀이 복제한 브릴로 상자들인데, 이 상자들은 1960년대의 평범한 슈퍼마켓에 깔끔하게 쌓아올려진 채 진열되어 있었던 그런 종류의 물건이었다. 어떤 의도와 목적을 가지고 보든지 워홀의 브릴로 상자들은 그것이 모사하는 일상의 대상인 실제 브릴로 상자들과 조금도 달라 보이지 않지만, 그래도 우리는 워홀의 상자는 예술로 대하고 가게에 있는 상자들은 그렇게 대하지 않는다. 그 차이는 워홀이 만든 대상이 지닌 아름다움으로는 설명될 수 없다. 왜냐하면 이 측면에서라면 두 종류의 상자가 지닌 특질은 동일하다고 볼 수 있기 때문이다. 그렇다면 우리는 워홀의 브릴로 상자가 지닌 아름다움에 대해 그것은 그 작품의 예술로서의 본성과 의미와 관련하여 외적이라고 말할 수 있을 것이다.

① "의미가 중요하다."
② "대중성이 중요하다."
③ "실천이 중요하다."
④ "지식이 중요하다."
⑤ "아름다운 것의 예술적 변용이 중요하다."

09 다음 글의 내용으로 적절하지 않은 것은?

> 혐기성 미생물은 산소에 비해 에너지 대사 효율이 낮은 질소산화물로 에너지를 만든다. 혐기성 미생물이 에너지 대사 효율이 높은 산소를 사용하지 않는 이유는 무엇일까? 생물체가 체내에 들어온 영양분을 흡수하기 위해서는 산소를 매개로 한 여러 가지 화학 반응을 수행해야 한다. 영양분이 산화 반응을 통해 세포 안으로 흡수되면 전자가 나오는데, 이 전자가 체내에서 퍼지는 과정에서 ATP가 생긴다. 그리고 에너지를 생산하기 위해 산소를 이용하는 호흡 과정에서 독성 물질인 과산화물과 과산화수소와 같은 활성산소가 생긴다.
> 이 두 물질은 DNA나 단백질 같은 세포 속 물질을 산화시켜 손상시킨다. 일반 미생물은 활성산소로부터 자신을 보호하는 메커니즘이 발달했다. 사람도 몸속에 독성 산소화합물을 해독하는 메커니즘이 있어 활성산소로 인해 죽지는 않는다. 단지 주름살이 늘거나 신체기관이 서서히 노화될 뿐이다. 인체 내에서 '슈퍼옥사이드 분해효소(SOD)'가 과산화물 분자를 과산화수소와 산소로 바꾸고, 카탈라아제가 과산화수소를 물과 산소로 분해하기 때문이다. 그러나 혐기성 미생물에는 활성산소를 해독할 기관이 없다. 그렇기 때문에 혐기성 미생물은 활성산소를 피하는 방향으로 진화해 왔다고 할 수 있다.

① 산소는 일반 생물체에 이로움과 함께 해로움을 주기도 한다.
② 체내의 활성산소 농도가 진해지면 생물체의 생명이 연장된다.
③ 혐기성 미생물은 활성산소를 분해하는 메커니즘을 갖지 못했다.
④ 활성산소가 생물체의 죽음을 유발하는 직접적인 원인은 아니다.
⑤ 혐기성 미생물은 활성산소를 피하는 방향으로 진화해 왔다.

10 다음 글을 읽고 추론한 내용으로 적절하지 않은 것은?

> 외래어는 원래의 언어에서 가졌던 모습을 잃어버리고 새 언어에 동화되는 속성을 가지고 있다. 외래어의 동화 양상을 음운, 형태, 의미적 측면에서 살펴보자.
> 첫째, 외래어는 국어에 들어오면서 국어의 음운적 특징을 띠게 되어 외국어 본래의 발음이 그대로 유지되지 못한다. 자음이든 모음이든 국어에 없는 소리는 국어의 가장 가까운 소리로 바뀌고 만다. 프랑스의 수도 Paris는 원래 프랑스어인데 국어에서는 [파리]가 된다. 프랑스어 [r] 발음은 국어에 없는 소리여서 비슷한 소리인 [ㄹ]로 바뀌고 마는 것이다. 그 외에 장단이나 강세, 성조와 같은 운율적 자질도 원래 외국어의 모습을 잃어버리고 만다.
> 둘째, 외래어는 국어의 형태적인 특징을 갖게 된다. 외래어의 동사와 형용사는 '-하다'가 반드시 붙어서 쓰이게 된다. 영어 형용사 smart가 국어에 들어오면 '스마트하다'가 된다. '아이러니하다'라는 말도 있는데 이는 명사에 '-하다'가 붙어 형용사처럼 쓰인 경우이다.
> 셋째, 외래어는 원래 언어의 의미와 다른 의미로 쓰일 수 있다. 일례로 프랑스어 'madame'이 국어에 와서는 '마담'이 되는데 프랑스어에서의 '부인'의 의미가 국어에서는 '술집이나 다방의 여주인'의 의미로 쓰이고 있다.

① 외래어로 만들고자 하는 외국어의 발음이 국어에 없는 소리일 때는 국어에 있는 비슷한 성질의 음운으로 바뀐다.
② '-하다'는 외국어의 형용사와 명사에 붙어 형용사를 만드는 기능이 있다.
③ 원래의 외국어와 이에 대응하는 외래어는 의미가 전혀 다를 수 있다.
④ 외국어의 장단, 강세, 성조와 같은 운율적 자질은 국어의 체계와 다를 수 있다.
⑤ 서울의 로마자 표기 'Seoul'은 실제 우리말 발음과 다르게 읽어야 한다.

11 다음 글을 읽고 〈보기〉 중 적절하지 않은 것을 모두 고르면?

> 추상표현주의는 1940 ~ 1950년대 나치를 피해 유럽에서 미국으로 건너온 화가들의 영향을 받아 성립된 회화 사조이다. 추상표현주의 작가들은 세계 대전의 참혹한 전쟁을 일으키게 한 이성에 대한 회의를 바탕으로 화가의 감정과 본능을 추상의 방법으로 표현했다. 그들은 자유로운 기법과 행위 자체에 중점을 둔 제작 방법을 통해 화가 개인의 감정을 나타내고자 했다. 이러한 추상표현주의를 대표하는 화가로 잭슨 폴록을 들 수 있다. 폴록은 새로운 재료를 통한 실험적 기법 창조 행위의 중요성 등을 강조하여 화가가 의도된 계획에 따라 그림을 그려나가는 회화 방식을 벗어나려고 했다. 폴록으로 대표되는 추상표현주의는 과거 회화의 틀을 벗어나게 하는 계기를 마련하면서 회화적 다양성을 추구하는 현대 회화의 특성을 정립하는 데 중요한 역할을 했다.

보기

ㄱ. 추상표현주의는 유럽 화가들의 영향을 받아 성립됐다.
ㄴ. 추상표현주의 작가들은 이성에 대한 신뢰가 있다.
ㄷ. 추상표현주의 작가들은 개인의 감정을 표현하는 것을 극도로 자제했다.
ㄹ. 추상표현주의는 의도된 계획에 따라 그림을 그려나가는 회화 방식이다.

① ㄷ
② ㄱ, ㄴ
③ ㄷ, ㄹ
④ ㄱ, ㄴ, ㄹ
⑤ ㄴ, ㄷ, ㄹ

12 다음 글을 읽고 추론한 내용으로 적절하지 않은 것은?

세계적으로 저명한 미국의 신경과학자들은 '의식에 관한 케임브리지 선언'을 통해 동물에게도 의식이 있다고 선언했다. 이들은 포유류와 조류 그리고 문어를 포함한 다른 많은 생물도 인간처럼 의식을 생성하는 신경학적 기질을 갖고 있다고 주장하였다. 즉, 동물도 인간과 같이 의식이 있는 만큼 합당한 대우를 받아야 한다는 이야기이다. 그러나 이들과 달리 아직도 동물에게 의식이 있다는 데 회의적인 과학자가 많다.

인간의 동물관은 고대부터 두 가지로 나뉘어 왔다. 그리스의 철학자 피타고라스는 윤회설에 근거하여 동물에게 경의를 표해야 한다는 것을 주장했으나, 아리스토텔레스는 '동물에게는 이성이 없으므로 동물은 인간의 이익을 위해서만 존재한다.'고 주장했다. 이러한 동물관의 대립은 근세에도 이어졌다. 17세기의 철학자 데카르트는 '동물은 정신을 갖고 있지 않으며, 고통을 느끼지 못하므로 심한 취급을 해도 좋다.'라고 주장했지만, 18세기의 계몽철학자 루소는 『인간 불평등 기원론』을 통해 인간과 동물은 동등한 자연의 일부라는 주장을 처음으로 제기했다.

그러나 인간은 오랫동안 동물의 본성이나 동물답게 살 권리를 무시한 채로 소와 돼지, 닭 등을 사육해왔다. 오로지 더 많은 고기와 달걀을 얻기 위해 '공장식 축산' 방식을 도입한 것이다. 공장식 축산이란 가축 사육 과정이 공장에서 규격화된 제품을 생산하는 것과 같은 방식으로 이루어지는 것을 말하며, 이러한 환경에서는 소와 돼지, 닭 등이 몸조차 자유롭게 움직일 수 없는 좁은 공간에 갇혀 자라게 된다. 가축은 스트레스를 받아 면역력이 떨어지게 되고, 이는 결국 항생제 대량 투입으로 이어질 수밖에 없다. 우리는 그렇게 생산된 고기와 달걀을 맛있다고 먹고 있는 것이다.

이와 같은 공장식 축산의 문제를 인식하고, 이를 개선하려는 동물 복지 운동은 1960년대 영국을 중심으로 유럽에서 처음 시작되었다. 인간이 가축의 고기 등을 먹더라도 최소한의 배려를 함으로써 항생제 사용을 줄이고, 고품질의 고기와 달걀을 생산하자는 것이다. 한국도 2012년부터 산란계를 시작으로 '동물 복지 축산농장 인증제'를 시행하고 있다. 배고픔・영양 불량・갈증으로부터의 자유, 두려움・고통으로부터의 자유 등의 5대 자유를 보장하는 농장만이 동물 복지 축산농장 인증을 받을 수 있다.

동물 복지는 가축뿐만 아니라 인간의 건강을 위한 것이기도 하다. 따라서 정부와 소비자 모두 동물 복지에 좀 더 많은 관심을 가져야 한다.

① 피타고라스는 동물에게도 의식이 있다고 생각했군.
② 아리스토텔레스와 데카르트의 동물관에는 일맥상통하는 점이 있어.
③ 좁은 공간에 갇혀 자란 돼지는 그렇지 않은 돼지에 비해 면역력이 낮겠네.
④ 공장식 축산에서의 항생제 대량 사용은 결국 인간에게 안 좋은 영향을 미치겠군.
⑤ 동물 복지 축산농장 인증제는 1960년대 영국에서 처음 시행되었어.

※ 다음 문단을 논리적 순서대로 바르게 나열한 것을 고르시오. [13~14]

13

(가) 하지만 지금은 고령화 시대를 맞아 만성질환이 다수다. 꾸준히 관리받아야 건강을 유지할 수 있다. 치료보다 치유가 대세다. 이 때문에 미래 의료는 간호사 시대라고 말한다. 그럼에도 간호사에 대한 활용은 시대 흐름과 동떨어져 있다.
(나) 인간의 질병 구조가 변하면 의료 서비스의 비중도 바뀐다. 과거에는 급성질환이 많았다. 맹장염(충수염)이나 구멍 난 위궤양 등 수술로 해결해야 할 상황이 잦았다. 따라서 질병 관리 대부분을 의사의 전문성에 의존해야 했다.
(다) 현재 2년 석사과정을 거친 전문 간호사가 대거 양성되고 있다. 하지만 이들의 활동은 건강보험 의료수가에 반영되지 않고, 그러니 병원이 전문 간호사를 적극적으로 채용하려 하지 않는다. 의사의 손길이 미치지 못하는 곳은 전문성을 띤 간호사가 그 역할을 대신해야 함에도 말이다.
(라) 고령 장수 사회로 갈수록 간호사의 역할은 커진다. 병원뿐 아니라 다양한 공간에서 환자를 돌보고 건강관리가 이뤄지는 의료 서비스가 중요해졌다. 간호사 인력 구성과 수요는 빠르게 바뀌어 가는데 의료 환경과 제도는 한참 뒤처져 있어 안타깝다.

① (가) – (나) – (다) – (라)
② (가) – (다) – (라) – (나)
③ (나) – (가) – (다) – (라)
④ (나) – (라) – (가) – (다)
⑤ (다) – (라) – (가) – (나)

14

(가) 이 방식을 활용하면 공정의 흐름에 따라 제품이 생산되므로 자재의 운반 거리를 최소화할 수 있어 전체 공정 관리가 쉽다.
(나) 그러나 기계 고장과 같은 문제가 발생하면 전체 공정이 지연될 수 있고, 규격화된 제품 생산에 최적화된 설비 및 배치 방식을 사용하기 때문에 제품의 규격이나 디자인이 변경되면 설비 배치 방식을 재조정해야 한다는 문제가 있다.
(다) 제품을 효율적으로 생산하기 위해서는 생산 설비의 효율적인 배치가 중요하다. 설비의 효율적인 배치란 자재의 불필요한 운반을 최소화하고, 공간을 최대한 활용하면서 적은 노력으로 빠른 시간에 목적하는 제품을 생산할 수 있도록 설비를 배치하는 것이다.
(라) 그중에서도 제품별 배치(Product Layout) 방식은 생산하려는 제품의 종류는 적지만 생산량이 많은 경우에 주로 사용된다. 제품별로 완성품이 될 때까지의 공정 순서에 따라 설비를 배열해 부품이나 자재의 흐름을 단순화하는 것이 핵심이다.

① (가) – (다) – (나) – (라)
② (다) – (가) – (라) – (나)
③ (다) – (라) – (가) – (나)
④ (라) – (나) – (다) – (가)
⑤ (라) – (다) – (나) – (가)

15 다음 글의 서술 방식의 특징으로 가장 적절한 것은?

> 교육센터는 7가지 코스로 구성된다. 먼저, 기초 훈련 코스에서는 자동차 특성의 이해를 통해 안전운전의 기본 능력을 향상시킨다. 자유 훈련 코스는 운전자의 운전 자세 및 공간 지각 능력에 따른 안전 위험 요소를 교육한다. 위험 회피 코스에서는 돌발 상황 발생 시 위험 회피 능력을 향상시키며, 직선 제동 코스에서는 다양한 도로 환경에 적응하여 긴급 상황 시 효과적으로 제동할 수 있도록 교육한다. 빗길 제동 코스에서는 빗길 주행 시 위험 요인을 체득하여 안전운전 능력을 향상시키고, 곡선 주행 코스에서는 미끄러운 곡선 주행에서 안전운전을 할 수 있도록 가르친다. 마지막으로 일반·고속 주행 코스에서는 속도에 따라 발생할 수 있는 다양한 위험 요인의 대처 능력을 향상시켜 방어 운전 요령을 습득하도록 돕는다.
> 이외에도 친환경 운전 방법 '에코 드라이브'에 대해 교육하는 에코 드라이빙존, 안전한 교차로 통행 방법을 가르치는 딜레마존이 있다. 안전운전의 기본은 운전자의 올바른 운전습관이다. 교통안전 체험교육센터에서 교육만 받더라도 교통사고 발생 확률이 크게 낮아진다.

① 여러 가지를 비교하면서 그 우월성을 논하고 있다.
② 각 구조에 따른 특성을 대조하고 있다.
③ 상반된 결과를 통해 결론을 도출하고 있다.
④ 각 구성에 따른 특징과 그에 따른 기대 효과를 설명하고 있다.
⑤ 의견의 타당성을 검증하기 위해 수치를 제시하고 있다.

16 다음 글에서 사용한 설명 방법을 〈보기〉에서 모두 고르면?

> 사물인터넷(Internet of Things)은 단어의 뜻 그대로 '사물들(Things)'이 '서로 연결된(Internet)' 것 혹은 '사물들로 구성된 인터넷'을 말한다. 기존의 인터넷이 컴퓨터나 무선 인터넷이 가능했던 휴대전화들이 서로 연결되어 구성되었던 것과는 달리, 사물인터넷은 책상, 자동차, 나무, 애완견 등 세상에 존재하는 모든 사물들이 연결되어 구성된 인터넷이라 할 수 있다. 사물인터넷은 연결되는 대상에 있어서 책상이나 자동차처럼 단순히 유형의 사물에만 국한되지 않으며, 교실, 커피숍, 버스정류장 등 공간은 물론 상점의 결제 프로세스 등 무형의 사물까지도 그 대상에 포함한다.
> 사물인터넷의 표면적인 정의는 사물, 사람, 장소, 프로세스 등 유/무형의 사물들이 연결된 것을 의미하지만, 본질에서는 이러한 사물들이 연결되어 진일보한 새로운 서비스를 제공하는 것을 의미한다. 즉, 두 가지 이상의 사물들이 연결됨으로써 개별적인 사물들이 제공하지 못했던 새로운 기능을 제공하는 것이다.
> 가령 침대와 실내등이 연결되었다고 가정해 보자. 지금까지는 침대에서 일어나서 실내등을 켜거나 꺼야 했지만, 사물인터넷 시대에는 침대가 사람이 자고 있는지를 스스로 인지한 후 자동으로 실내등이 켜지거나 꺼지도록 할 수 있게 된다. 마치 사물들 간 서로 대화를 함으로써 사람들을 위한 편리한 기능을 수행하게 되는 것이다.
> 이처럼 편리한 기능들을 수행하기 위해서는 침대나 실내등과 같은 현실 세계에 존재하는 유형의 사물들을 인터넷이라는 가상의 공간에 존재하는 것으로 만들어줘야 한다. 그리고 스마트폰이나 인터넷상의 어딘가에 '사람이 잠들면 실내등을 끈다.'거나 혹은 '사람이 깨어나면 실내등을 켠다.'와 같은 설정을 미리 해놓으면 새로운 사물인터넷 서비스를 이용할 수 있게 된다.

보기

ㄱ. 인용
ㄴ. 구분
ㄷ. 예시
ㄹ. 역설
ㅁ. 대조

① ㄱ, ㄹ
② ㄴ, ㄷ
③ ㄷ, ㅁ
④ ㄱ, ㄹ, ㅁ
⑤ ㄴ, ㄷ, ㅁ

17 다음 글을 읽고 추론할 수 있는 것은?

> 만약 어떠한 불쾌한 것을 인식한다고 하자. 우리가 불쾌한 것을 불쾌하게 인식하는 것은 그것이 불쾌해서가 아니라 우리의 형식이 그것을 불쾌하다고 규정짓기 때문이다.
> 이렇게 쾌와 불쾌는 대상에 내재하는 성질이 아니라 우리의 형식에 달려 있다. 우리는 대상 그 자체를 감각하는 것이 아니라, 대상의 현상을 우리의 형식에 따라 감각하는 것이다. 대상 그 자체는 감각될 수 없으며, 단지 사유될 수만 있다. 따라서 대상 그 자체가 갖는 성질을 논하는 것은 불가능하고 또한 필요 없는 행위이며, 실제 세계에서 나타나는 대상의 성질은 단지 우리의 형식에 따라 감각되므로, 감각 행위에서 중요한 것은 대상이 아니라, 바로 우리 자신이다.

① 감각의 근거는 오로지 대상에 내재한다.
② 불쾌한 것이 불쾌한 것은 그것이 불쾌함을 내재하기 때문이다.
③ 대상 그 자체의 성질을 논하여야 한다.
④ 감각 주체에 따라 감각 행위의 내용이 달라진다.
⑤ 감각 행위에서 중요한 것은 대상 그 자체이다.

18 다음 글을 읽고 유추할 수 없는 것은?

> 최근 온라인에서 '동서양 만화의 차이'라는 제목의 글이 화제가 되었다. 공개된 글에 따르면 동양만화의 대표격인 일본 만화는 대사보다는 등장인물의 표정, 대인관계 등에 초점을 맞춰 이미지나 분위기 맥락에 의존한다. 또 다채로운 성격의 캐릭터들이 등장하고 사건 사이의 무수한 복선을 통해 스토리가 진행된다.
> 반면 서양만화를 대표하는 미국 만화는 정교한 그림체와 선악의 확실한 구분, 수많은 말풍선을 사용한 스토리 전개 등이 특징이다. 서양 사람들은 동양 특유의 느긋한 스토리와 말없는 칸을 어색하게 느낀다. 이처럼 동서양 만화의 차이가 발생하는 이유는 동서양이 고맥락 문화와 저맥락 문화로 구분되기 때문이다.
> 고맥락 문화는 민족적 동질을 이루며 역사, 습관, 언어 등에서 공유하고 있는 맥락의 비율이 높다. 또한 집단주의와 획일성이 발달했다. 일본, 한국, 중국과 같은 한자문화권에 속한 동아시아 국가가 이러한 고맥락 문화에 속한다.
> 반면 저맥락 문화는 다인종·다민족으로 구성된 미국, 캐나다 등이 대표적이다. 저맥락 문화의 국가는 구성원 간에 공유하고 있는 맥락의 비율이 낮아 개인주의와 다양성이 발달한 문화를 가진다. 이렇듯 고맥락 문화와 저맥락 문화의 만화는 말풍선 안에 대사의 양으로 큰 차이점을 느낄 수 있다.

① 일본 만화는 무수한 복선을 통한 스토리 진행이 특징이다.
② 저맥락 문화는 구성원 간에 공유하고 있는 맥락의 비율이 낮아서 다양성이 발달했다.
③ 동서양 만화를 접했을 때 표면적으로 느낄 수 있는 차이점은 대사의 양이다.
④ 고맥락 문화의 만화는 등장인물의 표정, 대인관계 등 이미지나 분위기 맥락에 의존하는 경향이 있다.
⑤ 미국은 고맥락 문화의 대표국으로 다양성이 발달하는 문화를 갖기 때문에 다채로운 성격의 캐릭터가 등장한다.

19 다음 글의 글쓴이가 〈보기〉의 글쓴이에게 해 줄 수 있는 말로 가장 적절한 것은?

행랑채가 퇴락하여 지탱할 수 없게끔 된 것이 세 칸이었다. … (중략) … 그중의 두 칸은 앞서 장마에 비가 샌 지 오래되었으나, 나는 그것을 알면서도 이럴까 저럴까 망설이다가 손을 대지 못했던 것이고, 나머지 한 칸은 비를 한 번 맞고 샜던 것이라 서둘러 기와를 갈았던 것이다. 이번에 수리하려고 본즉 비가 샌 지 오래된 것은 그 서까래, 추녀, 기둥, 들보가 모두 썩어서 못 쓰게 되었던 까닭으로 수리비가 엄청나게 들었고, 한 번밖에 비를 맞지 않았던 한 칸의 재목들은 완전하여 다 쓸 수 있었던 까닭으로 그 비용이 많지 않았다. 나는 이에 느낀 것이 있었다. 사람의 몸에 있어서도 마찬가지라는 사실을. 잘못을 알고서도 바로 고치지 않으면 곧 그 자신이 나빠게 되는 것이 마치 나무가 썩어서 못쓰게 되는 것과 같으며, 잘못을 알고 고치기를 꺼리지 않으면 해(害)를 받지 않고 다시 착한 사람이 될 수 있으니, 저 집의 재목처럼 말끔하게 다시 쓸 수 있는 것이다. 뿐만 아니라 나라의 정치도 이와 같다. 백성을 좀먹는 무리들을 내버려 두었다가는 백성들이 도탄에 빠지고 나라가 위태롭게 된다. 그런 연후에 급히 바로잡으려 하면 이미 썩어버린 재목처럼 때는 늦은 것이다. 어찌 삼가지 않겠는가.

– 이규보, 『이옥설(理屋說)』

보기

임금은 하늘의 뜻을 받드는 존재다. 그가 정치를 잘 펴서 백성들을 평안하게 하는 것은 하늘의 뜻을 바르게 펴는 증거요, 임금이 정치를 바르게 하지 않는 것 역시 하늘의 뜻이다. 하늘의 뜻은 쉽게 판단할 수는 없기 때문이다. 임금이 백성들을 괴롭게 하더라도 그것에 대한 평가는 그가 죽은 뒤에 할 일이다.

① 태평천하(太平天下)인 상황에서도 한가롭게 하늘의 뜻을 생각할 겁니까?
② 가렴주구(苛斂誅求)의 결과 나라가 무너지고 나면 그때는 어떻게 할 겁니까?
③ 과유불급(過猶不及)이라고 하지 않습니까? 무엇이든 적당히 해야 좋은 법입니다.
④ 대기만성(大器晩成)이라고 했습니다. 결과는 나중에 확인하는 것이 바람직합니다.
⑤ 성현은 근묵자흑(近墨者黑)이라고 하여, 악한 일은 가까이하지 않아야 한다고 했습니다.

20 다음 글을 읽고 버클리의 견해와 부합하는 것을 〈보기〉에서 모두 고르면?

세계관은 세계의 존재와 본성, 가치 등에 관한 신념들의 체계이다. 세계를 해석하고 평가하는 준거인 세계관은 곧 우리 사고와 행동의 토대가 되므로, 우리는 최대한 정합성과 근거를 갖추도록 노력해야 한다. 모순되거나 일관되지 못한 신념은 우리의 사고와 행동을 교란할 것이므로 세계관에 대한 관심과 검토는 중요하다.
세계관을 이루는 여러 신념 가운데 가장 근본적인 수준의 신념은 '세계는 존재한다.'이다. 이 신념이 성립해야만 세계에 관한 다른 신념, 이를테면 세계가 항상 변화한다든가 불변한다든가 하는 등의 신념이 성립하기 때문이다.
실재론은 이 근본적 신념에 덧붙여 세계가 '우리 정신과 독립적으로' 존재함을 주장한다. 내가 만들어 날린 종이비행기는 멀리 날아가, 볼 수 없게 되었다 해도 여전히 존재한다. 이는 명확해서 논란의 여지가 없어 보이지만, 반실재론자는 이 상식에 도전한다. 유명한 반실재론자인 버클리는 세계의 독립적 존재를 부정한다. 그에 따르면, 우리가 감각 경험에 의존하지 않고는 세계를 인식할 수 없다고 한다. 그는 이를 바탕으로 세계에 관한 주장을 편다. 그에 의하면 '주관적' 성질인 색깔, 소리, 냄새, 맛 등은 물론, '객관적'으로 성립한다고 여겨지는 형태, 공간을 차지함, 딱딱함, 운동 등의 성질도 오로지 우리가 감각할 수 있을 때만 존재하는 주관적 속성이다. 세계 속의 대상과 현상이란 이런 속성으로 구성되므로 세계는 감각으로 인식될 때만 존재한다는 것이다.
버클리의 주장은 우리의 통념과 충돌한다. 당시 어떤 사람이 돌을 차면서 "나는 이렇게 버클리를 반박한다!"라고 외쳤다고 한다. 그는 날아간 돌이 엄연히 존재한다는 점을 근거로 버클리의 주장을 반박하고자 한 것이다. 그러나 버클리를 비롯한 반실재론자들이 부정한 것은 세계가 정신과 독립하여 그 자체로 존재한다는 신념이다. 따라서 돌을 찬 사람은 그들을 제대로 반박하지 못했다고 볼 수 있다.
최근까지도 새로운 형태의 반실재론이 제기되어 활발한 논의가 진행 중이다. 논증의 성패를 떠나 반실재론자는 타성에 젖은 실재론적 세계관의 토대에 대해 성찰할 기회를 제공한다. 또한 세계관에 대한 도전과 응전의 반복은 그 자체로 인간 지성이 상호 소통하면서 발전해 가는 과정을 보여준다.

보기

ㄱ. 번개가 치는 현상은 감각 경험으로 구성된 것이다.
ㄴ. '비둘기가 존재한다.'는 '비둘기가 지각된다.'와 같은 뜻이다.
ㄷ. 우리에게 지각되는 책상은 우리의 인식 이전에 그 자체로 존재한다.
ㄹ. 사과의 단맛은 주관적인 속성이며, 둥근 모양은 객관적 속성이다.

① ㄱ, ㄴ
② ㄱ, ㄷ
③ ㄴ, ㄷ
④ ㄴ, ㄹ
⑤ ㄷ, ㄹ

제2영역 언어추리

※ 제시된 명제가 모두 참일 때, 빈칸에 들어갈 명제로 가장 적절한 것을 고르시오. [1~3]

01

전제1. 대한민국에 사는 사람은 국내 여행을 간다.
전제2. 김치찌개를 먹지 않는 사람은 국내 여행을 가지 않는다.
결론. ____________________

① 국내 여행을 가는 사람은 김치찌개를 먹지 않는다.
② 김치찌개를 먹는 사람은 대한민국에 사는 사람이다.
③ 대한민국에 사는 사람은 김치찌개를 먹는다.
④ 김치찌개를 먹지 않는 사람은 국내 여행을 간다.
⑤ 대한민국에 살지 않는 사람은 김치찌개를 먹는다.

02

전제1. 커피를 많이 마시면 카페인을 많이 섭취한다.
전제2. 커피를 많이 마시지 않으면 불면증이 생기지 않는다.
결론. ____________________

① 카페인을 많이 섭취하면 커피를 많이 마신 것이다.
② 커피를 많이 마시면 불면증이 생긴다.
③ 카페인을 많이 섭취하면 불면증이 생긴다.
④ 불면증이 생기지 않으면 카페인을 많이 섭취하지 않은 것이다.
⑤ 불면증이 생기면 카페인을 많이 섭취한 것이다.

03

전제1. 무거운 물건을 들기 위해서는 근력이 좋아야 한다.
전제2. ____________________
결론. 근육을 키우지 않으면 무거운 물건을 들 수 없다.

① 무거운 물건을 들기 위해서는 근육을 키워야 한다.
② 근력이 좋으려면 근육을 키워야 한다.
③ 근육을 키우면 무거운 물건을 들 수 없다.
④ 근육을 키우면 무거운 물건을 들 수 있다.
⑤ 근력이 좋기 위해서는 무거운 물건을 들 수 있어야 한다.

04 **다음에 근거하여 바르게 추론한 것은?**

> • 수진이는 어제 밤 10시에 자서 오늘 아침 7시에 일어났다.
> • 지은이는 어제 수진이보다 30분 늦게 자서 오늘 아침 7시가 되기 10분 전에 일어났다.
> • 혜진이는 항상 9시에 자고, 8시간의 수면 시간을 지킨다.
> • 정은이는 어제 수진이보다 10분 늦게 잤고, 혜진이보다 30분 늦게 일어났다.

① 지은이는 가장 먼저 일어났다.
② 정은이는 가장 늦게 일어났다.
③ 혜진이의 수면 시간이 가장 짧다.
④ 수진이의 수면 시간이 가장 길다.
⑤ 수진, 지은, 혜진, 정은 모두 수면 시간이 8시간 이상이다.

05 **C기업의 홍보팀에서 근무하고 있는 강대리, 박사원, 유사원, 김대리, 이사원 중 1명은 이번 회사 워크숍에 참석하지 않았다. 이들 중 2명이 거짓말을 한다고 할 때, 다음 중 워크숍에 참석하지 않은 사람은 누구인가?**

> • 강대리 : 나와 김대리는 워크숍에 참석했다. 나는 누가 워크숍에 참석하지 않았는지 알지 못한다.
> • 박사원 : 유사원은 이번 워크숍에 참석하였다. 강대리님의 말은 모두 사실이다.
> • 유사원 : 워크숍 불참자의 불참 사유를 세 사람이 들었다. 이사원은 워크숍에 참석했다.
> • 김대리 : 나와 강대리만 워크숍 불참자의 불참 사유를 들었다. 이사원의 말은 모두 사실이다.
> • 이사원 : 워크숍에 참석하지 않은 사람은 유사원이다. 유사원이 개인 사정으로 인해 워크숍에 참석하지 못한다고 강대리님에게 전했다.

① 강대리　　② 박사원
③ 유사원　　④ 김대리
⑤ 이사원

※ 제시된 명제가 모두 참일 때, 추론할 수 있는 것을 고르시오. [6~8]

06

- 한나는 장미를 좋아한다.
- 노란색을 좋아하는 사람은 사과를 좋아하지 않는다.
- 장미를 좋아하는 사람은 사과를 좋아한다.

① 사과를 좋아하지 않는 사람은 장미를 좋아한다.
② 노란색을 좋아하지 않는 사람은 사과를 좋아한다.
③ 장미를 좋아하는 사람은 노란색을 좋아한다.
④ 한나는 노란색을 좋아하지 않는다.
⑤ 사과를 좋아하는 사람은 장미를 싫어한다.

07

- 축산산업이 발전하면 소득이 늘어난다.
- 해외수입이 줄어들면 축산산업이 발전한다.

① 해외수입이 줄어들면 소득이 줄어든다.
② 해외수입이 늘어나면 소득이 늘어난다.
③ 축산산업이 발전하지 않으면 소득이 늘어난다.
④ 축산산업이 발전하면 소득이 줄어든다.
⑤ 해외수입이 줄어들면 소득이 늘어난다.

08

- 어떤 인형은 바다를 좋아한다.
- 바다를 좋아하는 것은 유리로 되어 있다.
- 모든 유리로 되어 있는 것은 열쇠이다.

① 모든 인형은 열쇠이다.
② 유리로 되어 있는 어떤 것 중 인형이 있다.
③ 바다를 좋아하는 모든 것은 인형이다.
④ 바다를 좋아하는 어떤 것은 유리로 되어 있지 않다.
⑤ 인형이 아닌 것은 바다를 좋아하지 않는다.

※ **제시된 명제가 모두 참일 때, 추론할 수 없는 것을 고르시오. [9~10]**

09

• 적극적인 사람은 활동량이 많다. • 잘 다치지 않는 사람은 활동량이 많지 않다. • 활동량이 많으면 면역력이 강화된다. • 적극적이지 않은 사람은 영양제를 챙겨먹는다.

① 적극적인 사람은 잘 다친다.

② 적극적인 사람은 면역력이 강화된다.

③ 잘 다치지 않는 사람은 영양제를 챙겨먹는다.

④ 영양제를 챙겨먹으면 면역력이 강화된다.

⑤ 잘 다치지 않는 사람은 적극적이지 않은 사람이다.

10

• 정리정돈을 잘하는 사람은 집중력이 좋다. • 주변이 조용할수록 집중력이 좋다. • 깔끔한 사람은 정리정돈을 잘한다. • 집중력이 좋으면 성과 효율이 높다.

① 깔끔한 사람은 집중력이 좋다.

② 주변이 조용할수록 성과 효율이 높다.

③ 깔끔한 사람은 성과 효율이 높다.

④ 성과 효율이 높지 않은 사람은 주변이 조용하지 않다.

⑤ 깔끔한 사람은 주변이 조용하다.

※ **제시된 내용을 바탕으로 내린 A, B의 결론에 대한 판단으로 항상 옳은 것을 고르시오. [11~12]**

11

- 고양이, 강아지, 햄스터, 거북이 애완동물 네 마리가 있다.
- 미정, 현아, 강희, 예원은 네 마리 애완동물 중 각각 다른 한 마리의 애완동물을 좋아한다.
- 미정은 강아지를 좋아하지 않는다.
- 강희는 햄스터를 좋아하지 않는다.
- 미정은 거북이를 좋아한다.
- 현아는 햄스터와 고양이를 좋아하지 않는다.

A : 예원은 고양이를 좋아한다.
B : 현아는 거북이를 좋아하지 않는다.

① A만 옳다.
② B만 옳다.
③ A, B 모두 옳다.
④ A, B 모두 틀리다.
⑤ A, B 모두 옳은지 틀린지 판단할 수 없다.

12

- 방학 동안 월요일부터 일요일까지 학교를 개방하고 5명(1 ~ 5반)의 선생님이 돌아가며 감독을 하기로 했다.
- 선생님들은 1박 2일씩 의무적으로 출근할 것이다.
- 감독 선생님이 없는 날은 없다.
- 1반 선생님은 월요일과 화요일에 감독을 할 것이다.
- 2반 선생님은 목요일과 금요일에 감독을 할 것이다.
- 5반 선생님은 가장 늦게 감독을 할 것이다.
- 한 주의 시작은 월요일이다.

A : 3반 선생님이나 4반 선생님 중 한 분은 수요일과 목요일에 감독을 할 것이다.
B : 5반 선생님은 토요일에 감독을 할 것이다.

① A만 옳다.
② B만 옳다.
③ A, B 모두 옳다.
④ A, B 모두 틀리다.
⑤ A, B 모두 옳은지 틀린지 판단할 수 없다.

13 A～E는 각각 월요일～금요일 중 하루씩 돌아가며 당직을 선다. 이 중 2명이 거짓말을 하고 있다고 할 때, 다음 중 이번 주 수요일에 당직을 서는 사람은?

- A : 이번 주 화요일은 내가 당직이야.
- B : 나는 수요일 당직이 아니야. D가 이번 주 수요일 당직이야.
- C : 나와 D는 이번 주 수요일 당직이 아니야.
- D : B는 이번 주 목요일 당직이고, C는 다음날인 금요일 당직이야.
- E : 나는 이번 주 월요일 당직이야. 그리고 C의 말은 모두 사실이야.

① A
② B
③ C
④ D
⑤ E

14 방역당국은 코로나19 확진 판정을 받은 확진자의 동선을 파악하기 위해 역학조사를 실시하였다. 역학조사 결과 확진자의 지인 A～F 6명에 대하여 다음과 같은 정보를 확인하였다. 다음 중 항상 참이 되는 것은?

- C나 D를 만났으면 A와 B를 만났다.
- B나 E를 만났으면 F를 만났다.
- C와 E 중 1명만 만났다.

① 확진자는 A를 만났다.
② 확진자는 B를 만났다.
③ 확진자는 C를 만났다.
④ 확진자는 E를 만났다.
⑤ 확진자는 F를 만났다.

15 C대리는 사내 체육대회의 추첨에서 당첨된 직원들에게 나누어줄 경품을 선정하고 있다. 다음 〈조건〉에 따라 경품을 나누어줄 때, 반드시 참인 것은?

조건

- C대리는 펜, 노트, 가습기, 머그컵, 태블릿PC, 컵받침 중 3종류의 경품을 선정한다.
- 머그컵을 선정하면 노트는 경품에 포함하지 않는다.
- 노트는 반드시 경품에 포함된다.
- 태블릿PC를 선정하면, 머그컵을 선정한다.
- 태블릿PC를 선정하지 않으면, 가습기는 선정되고 컵받침은 선정되지 않는다.

① 가습기는 경품으로 선정되지 않는다.
② 머그컵과 가습기 모두 경품으로 선정된다.
③ 컵받침은 경품으로 선정된다.
④ 태블릿PC는 경품으로 선정된다.
⑤ 펜은 경품으로 선정된다.

16 J회사에서는 자사 온라인 쇼핑몰에서 제품을 구매하는 경우 구매 금액 1만 원당 이벤트에 참여할 수 있는 응모권 1장을 준다. 응모권의 개수가 많을수록 이벤트에 당첨될 확률이 높다. 〈조건〉이 다음과 같을 때, 참이 아닌 것은?

조건

- A는 J회사의 온라인 쇼핑몰에서 85,000원을 결제하였다.
- A는 B보다 응모권을 2장 더 받았다.
- C는 B보다 응모권을 더 많이 받았으나, A보다는 적게 받았다.
- D는 J회사의 오프라인 매장에서 40,000원을 결제하였다.

① A의 이벤트 당첨 확률이 가장 높다.
② D는 이벤트에 응모할 수 없다.
③ B의 구매 금액은 6만 원 이상 7만 원 미만이다.
④ C의 응모권 개수는 정확히 알 수 없다.
⑤ 구매 금액이 높은 순서는 'A－C－B－D'이다.

※ 다음 글의 주장에 대한 반박으로 가장 적절한 것을 고르시오. [17~19]

17

인간은 사회 속에서만 자신을 더 나은 존재로 느낄 수 있기 때문에 자신을 사회화하고자 한다. 인간은 사회 속에서만 자신의 자연적 소질을 실현할 수 있는 것이다. 그러나 인간은 자신을 개별화하거나 고립시키려는 성향도 강하다. 이는 자신의 의도에 따라서만 행동하려는 반사회적인 특성을 의미한다. 그리고 저항하려는 성향이 자신뿐만 아니라 다른 사람에게도 있다는 사실을 알기 때문에, 그 자신도 곳곳에서 저항에 부딪히게 되리라 예상한다.

이러한 저항을 통하여 인간은 모든 능력을 일깨우고, 나태해지려는 성향을 극복하며, 명예욕이나 지배욕, 소유욕 등에 따라 행동하게 된다. 그리하여 동시대인들 가운데에서 자신의 위치를 확보하게 된다. 이렇게 하여 인간은 야만의 상태에서 벗어나 문화를 이룩하기 위한 진정한 진보의 첫걸음을 내딛게 된다. 이때부터 모든 능력이 점차 계발되고 아름다움을 판정하는 능력도 형성된다. 나아가 자연적 소질에 의해 도덕성을 어렴풋이 느끼기만 하던 상태에서 벗어나, 지속적인 계몽을 통하여 구체적인 실천 원리를 명료하게 인식할 수 있는 성숙한 단계로 접어든다. 그 결과 자연적인 감정을 기반으로 결합한 사회를 도덕적인 전체로 바꿀 수 있는 사유 방식이 확립된다.

인간에게 이러한 반사회성이 없다면, 인간의 모든 재능은 꽃피지 못하고 만족감과 사랑으로 가득 찬 목가적인 삶 속에서 영원히 묻혀버리고 말 것이다. 그리고 양처럼 선량한 기질의 사람들은 가축 이상의 가치를 자신의 삶에 부여하기 힘들 것이다. 자연 상태에 머물지 않고 스스로의 목적을 성취하기 위해 자연적 소질을 계발하여 창조의 공백을 메울 때, 인간의 가치는 상승하기 때문이다.

① 사회성만으로도 충분히 목가적 삶을 영위할 수 있다.
② 반사회성만으로는 자신의 재능을 계발하기 어렵다.
③ 인간은 타인과의 갈등을 통해서도 사회성을 기를 수 있다.
④ 인간은 사회성만 가지고도 자신의 재능을 키워나갈 수 있다.
⑤ 인간의 자연적인 성질은 사회화를 방해한다.

18

> 사회복지는 소외 문제를 해결하고 예방하기 위하여, 사회 구성원들이 각자의 사회적 기능을 원활하게 수행하게 하고, 삶의 질을 향상시키는 데 필요한 제반 서비스를 제공하는 행위와 그 과정을 의미한다. 현대 사회가 발전함에 따라 계층 간·세대 간의 갈등 심화, 노령화와 가족 해체, 정보 격차에 의한 불평등 등의 사회 문제가 다각적으로 생겨나고 있는데, 이들 문제는 때로 사회 해체를 우려할 정도로 심각한 양상을 띠기도 한다. 이러한 문제의 기저에는 경제 성장과 사회 분화 과정에서 나타나는 불평등과 불균형이 있으며, 이런 점에서 사회 문제는 대부분 소외 문제와 관련되어 있음을 알 수 있다.
> 사회복지 찬성론자들은 이러한 문제들의 근원에 자유 시장 경제의 불완전성이 있으며, 이러한 사회적 병리 현상을 해결하기 위해서는 국가의 역할이 더 강화되어야 한다고 주장한다. 예컨대 구조 조정으로 인해 대량의 실업 사태가 생겨나는 경우를 생각해 볼 수 있다. 이 과정에서 생겨난 희생자들을 방치하게 되면 사회 통합은 물론 지속적 경제 성장에 막대한 지장을 초래할 것이다. 따라서 사회가 공동의 노력으로 이들을 구제할 수 있는 안전망을 만들어야 하며, 여기서 국가의 주도적 역할은 필수적이라 할 것이다. 현대 사회에 들어와 소외 문제가 사회 전 영역으로 확대되고 있는 상황을 감안할 때, 국가와 사회가 주도하여 사회복지 제도를 체계적으로 수립하고 그 범위를 확대해 나가야 한다는 이들의 주장은 충분한 설득력이 있다.

① 사회복지는 소외 문제 해결을 통해 구성원들의 사회적 기능 수행을 원활하게 한다.
② 사회복지는 제공 행위뿐만 아니라 과정까지를 의미한다.
③ 사회복지의 확대는 근로 의욕의 상실과 도덕적 해이를 불러일으킬 수 있다.
④ 사회가 발전함에 따라 불균형이 심해지고 있다.
⑤ 사회 병리 현상 과정에서 생겨나는 희생자들을 그대로 두면 악영향을 불러일으킬 수 있다.

19

> 우리 마을 사람 대부분은 산에 있는 밭이나 과수원에서 일한다. 그런데 마을 사람들이 밭이나 과수원에 갈 때 주로 이용하는 도로의 통행을 가로막은 울타리가 설치되었다. 그 도로는 산의 밭이나 과수원까지 차량이 통행할 수 있는 유일한 길이었다. 이러한 도로가 사유지 보호라는 명목으로 막혀서 땅 주인과 마을 사람들 간의 갈등이 심해지고 있다.
>
> 마을 사람들의 항의에 대해서 땅 주인은 자신의 사유 재산이 더 이상 훼손되는 것을 간과할 수 없어 통행을 막았다고 주장한다. 그 도로가 사유 재산이므로 독점적이고 배타적인 사용 권리가 있어서 도로 통행을 막은 것이 정당하다는 것이다. 마을 사람들은 그 도로가 10년 가까이 공공으로 사용되어 왔는데, 사유 재산이라는 이유로 갑자기 통행을 금지하는 것은 부당하다고 주장하고 있다. 도로가 막히면 밭이나 과수원에서 농사를 짓는 데 불편함이 크고 수확물을 차에 싣고 내려올 수도 없는 등의 피해를 입게 되는데, 개인의 권리 행사 때문에 이러한 피해를 입는 것은 부당하다는 것이다.
>
> 사유 재산에 대한 개인의 권리가 보장받는 것도 중요하지만, 그로 인해 다수가 피해를 입게 된다면 사익보다 공익을 우선시하여 개인의 권리가 제한되어야 한다고 생각한다. 만일 개인의 권리가 공익을 위해 제한되지 않으면 이번 일처럼 개인과 다수 간의 갈등이 발생할 수밖에 없다. 땅 주인은 사유 재산의 독점적이고 배타적인 사용을 주장하기에 앞서 마을 사람들이 생업의 곤란으로 겪는 어려움을 염두에 두어야 한다. 공익을 우선시하는 태도로 조속히 문제 해결을 위해 노력해야 할 것이다.

① 땅 주인은 개인의 권리 추구에 앞서 마을 사람들과 함께 더불어 살아가는 법을 배워야 한다.
② 마을 사람들과 땅 주인의 갈등은 민주주의의 다수결의 원칙에 따라 해결해야 한다.
③ 공익으로 인해 침해된 땅 주인의 사익은 적절한 보상을 통해 해결될 수 있다.
④ 땅 주인의 권리 행사로 발생하는 피해가 법적으로 증명되어야만 땅 주인의 권리를 제한할 수 있다.
⑤ 해당 도로는 10년 가까이 공공으로 사용되었기 때문에 사유 재산으로 인정받을 수 없다.

20 다음 글을 읽고 ㉡의 관점에서 ㉠의 관점을 비판한 내용으로 가장 적절한 것은?

> 20세기 초에 이르기까지 유럽의 언어학자들은 언어를 진화하고 변화하는 대상으로 보고, 언어학이 역사적이어야 한다고 생각하였다. 이러한 관점은 “언어가 역사적으로 발달해 온 방식을 어느 정도 고찰하지 않고서는 그 언어를 성공적으로 설명할 수 없다.”라는 ㉠ 파울의 말로 대변된다.
> 이러한 경향에 반해 ㉡ 소쉬르는 언어가 역사적인 산물이더라도 변화 이전과 변화 이후를 구별해서 보아야 한다고 주장하였다. 언어는 구성 요소의 순간 상태 이외에는 어떤 것에 의해서도 규정될 수 없는 가치 체계이므로, 그 자체로서의 가치 체계와 변화에 따른 가치를 구별하지 않고서는 언어를 정확하게 연구할 수 없다는 것이다. 화자는 하나의 상태 앞에 있을 뿐이며, 화자에게는 시간 속에 위치한 현상의 연속성이 존재하지 않기 때문이다. 그러므로 한 시기의 언어 상태를 기술하기 위해서는 그 상태에 이르기까지의 모든 과정을 무시해야 한다고 하였다.

① 자연 현상과는 달리 과거의 언어와 현재의 언어는 상호 간의 인과 관계에 의해 설명될 수 있다.
② 언어는 끊임없이 변화하므로 변화의 내용보다는 변화의 원리를 밝히는 것이 더 중요하다.
③ 현재의 언어와 과거의 언어는 각각 정적인 상태이지만 전자는 후자를 바탕으로 하고 있다.
④ 화자의 말은 발화 당시의 언어 상태를 반영하므로 언어 연구는 그 당시의 언어를 대상으로 해야 한다.
⑤ 언어에는 역사의 유물과 같은 증거가 없기 때문에 언어학은 과거의 언어와 관련된 사실을 밝힐 수 없다.

01 다음은 2021 ~ 2024년의 화재발생건수 및 화재피해액 현황에 대한 자료이다. 이에 대한 설명으로 옳지 않은 것은?

〈화재발생건수 및 화재피해액 현황〉

(단위 : 만 건, 천억 원)

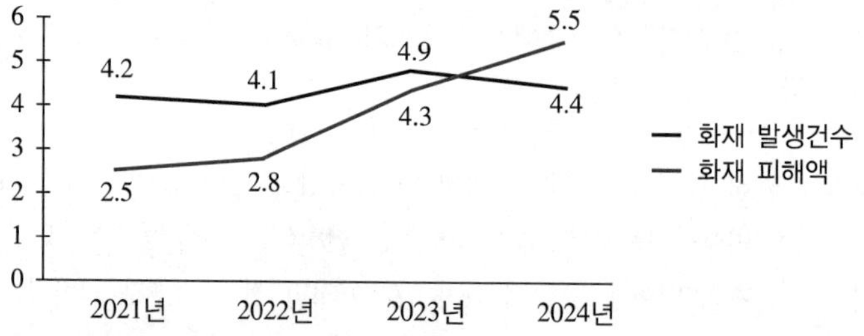

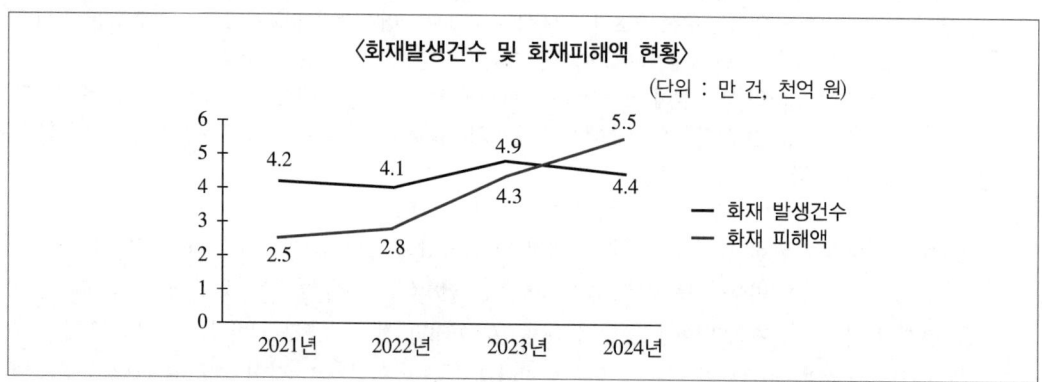

① 화재발생건수와 화재피해액은 비례한다.
② 화재피해액은 매년 증가한다.
③ 화재발생건수가 가장 높은 해는 2023년이다.
④ 화재피해액은 2023년 처음으로 4천억 원을 넘어섰다.
⑤ 화재발생건수가 높다고 화재피해액도 높은 것은 아니다.

02 다음은 C제철소에서 생산한 철강의 출하량을 분야별로 기록한 자료이다. 2024년에 세 번째로 많은 생산을 했던 분야에서 2022년 대비 2023년의 변화율을 바르게 표시한 것은?

〈C제철소 철강 출하량〉

(단위 : 천 톤)

구분	자동차	선박	토목 / 건설	일반기계	기타
2022년	5,230	3,210	6,720	4,370	3,280
2023년	6,140	2,390	5,370	4,020	4,590
2024년	7,570	2,450	6,350	5,730	4,650

① 약 10% 증가하였다.
② 약 10% 감소하였다.
③ 약 8% 증가하였다.
④ 약 8% 감소하였다.
⑤ 변화하지 않았다.

03 다음은 2014 ~ 2018년의 생활 폐기물 처리 현황에 대한 자료이다. 이에 대한 설명으로 옳지 않은 것은? (단, 비율은 소수 둘째 자리에서 반올림한다)

〈생활 폐기물 처리 현황〉

(단위 : 톤)

구분	2014년	2015년	2016년	2017년	2018년
매립	9,471	8,797	8,391	7,613	7,813
소각	10,309	10,609	11,604	12,331	12,648
재활용	31,126	29,753	28,939	29,784	30,454
합계	50,906	49,159	48,934	49,728	50,915

① 매년 생활 폐기물 처리량 중 재활용 비율이 가장 높다.
② 전년 대비 소각 증가율은 2016년이 2017년의 2배 이상이다.
③ 2014 ~ 2018년 소각량 대비 매립량은 60% 이상이다.
④ 생활 폐기물 처리방법 중 매립은 2014년부터 2017년까지 계속 감소하고 있다.
⑤ 생활 폐기물 처리 현황에서 2018년 재활용 비율은 2014년 소각량 비율의 3배보다 작다.

04 다음은 업종별 해외 현지 자회사 법인 현황에 대한 자료이다. 이에 대한 설명으로 옳지 않은 것은?

〈업종별 해외 현지 자회사 법인 현황〉

(단위 : 개, %)

구분	사례 수	진출 형태별					
		단독법인	사무소	합작법인	지분투자	유한회사	무응답
주조	4	36.0	36.0	-	-	-	28.0
금형	92	35.4	44.4	14.9	1.7	-	3.5
소성가공	30	38.1	-	15.2	-	-	46.7
용접	128	39.5	13.1	-	1.7	-	45.7
표면처리	133	66.4	14.8	9.0	-	2.4	7.3
열처리	-	-	-	-	-	-	-
전체	387	47.6	20.4	7.8	1.0	0.8	22.4

① 단독법인 형태의 소성가공 업체의 수는 10개 이상이다.
② 모든 업종에서 단독법인 형태로 진출한 현지 자회사 법인의 비율이 가장 높다.
③ 표면처리 업체의 해외 현지 자회사 법인 중 유한회사의 형태인 업체는 2곳 이상이다.
④ 전체 업체 중 용접 업체의 해외 현지 자회사 법인의 비율은 30% 이상이다.
⑤ 소성가공 업체의 해외 현지 자회사 법인 중 단독법인 형태의 업체 수는 합작법인 형태의 업체 수의 2배 이상이다.

05 다음은 어느 나라의 2023년과 2024년의 노동 가능 인구구성의 변화를 나타낸 자료이다. 2023년과 비교한 2024년의 상황을 바르게 설명한 것은?

〈노동 가능 인구구성의 변화〉

구분	취업자	실업자	비경제활동인구
2023년	55%	25%	20%
2024년	43%	27%	30%

① 자료에서 실업자의 수는 알 수 없다.
② 실업자의 비율은 감소하였다.
③ 경제활동인구의 비율은 증가하였다.
④ 취업자 비율의 증감폭이 실업자 비율의 증감폭보다 작다.
⑤ 비경제활동인구의 비율은 감소하였다.

06 다음은 C지역 전체 가구를 대상으로 원자력발전소 사고 전·후 식수 조달원 변경에 대해 사고 후 설문조사 한 결과이다. 이에 대한 설명으로 옳은 것은?

〈원자력발전소 사고 전·후 C지역 조달원별 가구 수〉

(단위 : 가구)

사고 전 조달원 \ 사고 후 조달원	수돗물	정수	약수	생수
수돗물	40	30	20	30
정수	10	50	10	30
약수	20	10	10	40
생수	10	10	10	40

※ C지역 가구의 식수 조달원은 수돗물, 정수, 약수, 생수로 구성되며, 각 가구는 한 종류의 식수 조달원만 이용함

① 사고 전에 식수 조달원으로 정수를 이용하는 가구 수가 가장 많다.
② 사고 전에 비해 사고 후에 이용 가구 수가 감소한 식수 조달원의 수는 3개이다.
③ 사고 전·후 식수 조달원을 변경한 가구 수는 전체 가구 수의 60% 이하이다.
④ 사고 전에 식수 조달원으로 정수를 이용하던 가구는 모두 사고 후에도 정수를 이용한다.
⑤ 각 식수 조달원 중에서 사고 전·후에 이용 가구 수의 차이가 가장 큰 것은 생수이다.

07 다음은 시도별 전입자 수 및 전입률에 대한 자료이다. 이에 대한 설명으로 옳지 않은 것은?

〈시도별 전입자 수〉

(단위 : 명)

지역	전국	서울	부산	대구	인천	광주
전입자 수	650,197	132,012	42,243	28,060	40,391	17,962

〈시도별 전입률〉

(단위 : %)

지역	전국	서울	부산	대구	인천	광주
전입률	1.27	1.34	1.21	1.14	1.39	1.23

① 서울의 총 전입자 수는 전국의 총 전입자 수의 약 20.3%이다.
② 서울, 부산, 대구, 인천, 광주 중 대구의 총 전입률이 가장 낮다.
③ 서울은 총 전입자 수와 총 전입률 모두 다른 지역에 비해 가장 높다.
④ 부산의 총 전입자 수는 광주의 총 전입자 수의 약 2.35배이다.
⑤ 제시된 지역 중 총 전입자 수가 가장 낮은 지역은 광주이다.

08 다음은 C기업의 재화 생산량에 따른 총생산비용의 변화를 나타낸 자료이다. 〈보기〉 중 이에 대한 설명으로 옳은 것을 모두 고르면?(단, 재화 1개당 가격은 7만 원이다)

〈재화 생산량에 따른 총 생산비용〉

생산량(개)	0	1	2	3	4	5
총생산비용(만 원)	5	9	12	17	24	33

보기

ㄱ. 2개와 5개를 생산할 때의 이윤은 동일하다.
ㄴ. 이윤을 극대화할 수 있는 최대 생산량은 4개이다.
ㄷ. 4개에서 5개로 생산량을 증가시킬 때 이윤은 증가한다.
ㄹ. 1개를 생산하는 것보다 생산하지 않는 것이 손해가 적다.

① ㄱ, ㄴ
② ㄱ, ㄷ
③ ㄴ, ㄷ
④ ㄴ, ㄹ
⑤ ㄷ, ㄹ

09 다음은 5년간 재범 발생률에 대한 자료이다. 빈칸에 들어갈 숫자로 옳은 것은?(단, 재범률은 소수점 둘째 자리에서, 나머지는 소수점 첫째 자리에서 반올림한다)

〈5년간 재범 발생률〉

구분	2019년	2020년	2021년	2022년	2023년
재범률(%)	①	22.2	22.2	22.1	⑤
4년 전 출소자 수(명)	24,151	25,802	25,725	④	23,045
4년 전 출소자 중 3년 이내 재복역자 수(명)	5,396	②	③	5,547	4,936

※ [재범률(3년 이내 재복역률)]=(4년 전 출소자 중 3년 이내 재복역자 수)÷(4년 전 출소자 수)×100

① 22.3
② 6,213
③ 4,516
④ 26,100
⑤ 25.0

10 다음은 방송통신위원회가 발표한 지상파방송의 프로그램 수출입 현황에 대한 그래프이다. 프로그램 수입에서 영국이 차지하는 비율은?(단, 비율은 소수점 둘째 자리에서 반올림한다)

〈지상파방송의 프로그램 수출입 현황〉

(단위 : 만 불)

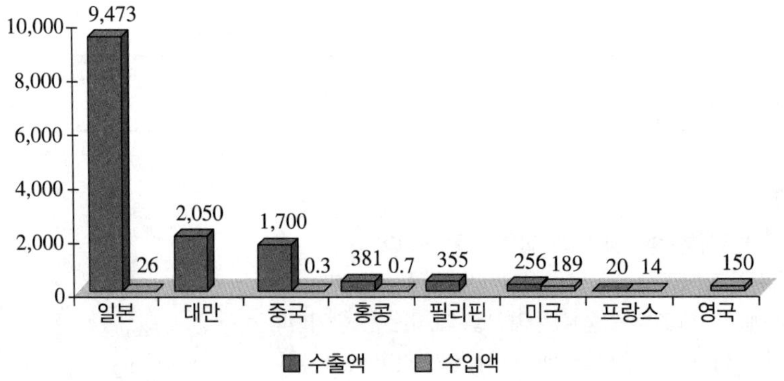

① 45.2%
② 43.8%
③ 41.1%
④ 39.5%
⑤ 37.7%

11 다음은 해외·국내여행 평균횟수에 대해 매년 연령대별 50명씩 설문조사한 결과이다. 빈칸에 들어갈 수치로 옳은 것은?(단, 각 수치는 매년 일정한 규칙으로 변화한다)

〈연령대별 해외·국내여행 평균횟수〉

(단위 : 회)

구분	2018년	2019년	2020년	2021년	2022년	2023년
20대	35.9	35.2	40.7	42.2	38.4	37.0
30대	22.3	21.6	24.8	22.6	20.9	24.1
40대	19.2	24.0	23.7	20.4	24.8	22.9
50대	27.6	28.8	30.0	31.2		33.6
60대 이상	30.4	30.8	28.2	27.3	24.3	29.4

① 32.4
② 33.1
③ 34.2
④ 34.5
⑤ 35.1

12 다음은 C중학교 재학생의 주말 평균 공부시간에 대한 그래프이다. 이에 대한 설명으로 옳지 않은 것은?

〈C중학교 재학생 주말 평균 공부시간〉

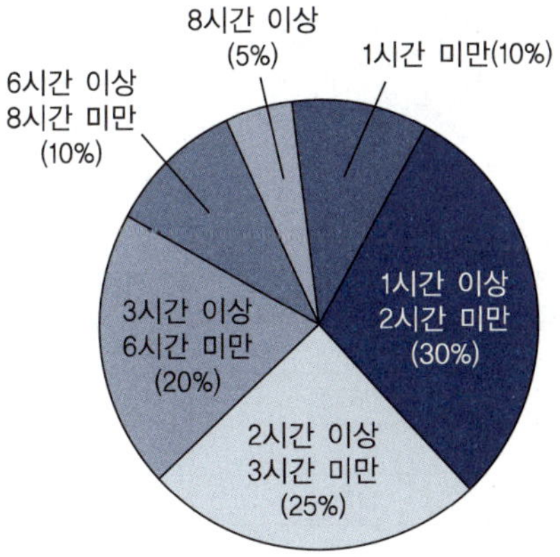

① 주말 평균 공부시간이 8시간 이상인 학생의 비율이 가장 작다.
② 주말 평균 공부시간이 1시간 미만인 학생의 비율과 6시간 이상 8시간 미만인 학생의 비율은 같다.
③ 주말 평균 공부시간이 3시간 이상인 학생은 전체의 절반을 넘는다.
④ 주말 평균 공부시간이 2시간 미만인 학생은 전체의 절반 미만이다.
⑤ 주말 평균 공부시간이 2시간 이상 3시간 미만인 학생의 비율은 8시간 이상인 학생의 비율의 5배이다.

13 다음은 로봇산업 국내시장 규모를 나타낸 자료이다. 제조업용 로봇 생산액의 2021년 대비 2023년의 성장률은?(단, 소수점 둘째 자리에서 반올림한다)

〈로봇산업 국내시장(생산기준) 규모〉

(단위 : 억 원, %)

구분		2021년		2022년			2023년		
		생산액	구성비	생산액	구성비	전년 대비	생산액	구성비	전년 대비
제조업용 로봇		6,272	87.2	6,410	85.0	2.2	7,016	84.9	9.5
서비스용 로봇		447	6.2	441	5.9	−1.1	483	5.9	9.4
	전문 서비스용	124	1.7	88	1.2	−29.1	122	1.5	38.4
	개인 서비스용	323	4.5	353	4.7	9.7	361	4.4	2.2
로봇부품 및 부분품		478	6.6	691	9.1	44.5	769	9.2	11.4
계		7,197	100	7,542	100	4.8	8,268	100	9.6

① 7.3%
② 8.9%
③ 10.2%
④ 11.9%
⑤ 13.4%

14 다음은 A, B, C동의 벚꽃나무 수 변화에 대한 자료이다. 빈칸에 들어갈 수치로 옳은 것은?(단, 각 수치는 매년 일정한 규칙으로 변화한다)

〈연도별 벚꽃나무 수 변화 추이〉

(단위 : 그루)

구분	A동	B동	C동
2018년	60	110	35
2019년	66	120	19
2020년	60	103	42
2021년	56	105	44
2022년	55	97	53
2023년		112	50
2024년	48	116	41

① 40
② 41
③ 42
④ 43
⑤ 44

15 경현이는 취업준비를 위해 6번의 영어 시험을 치렀다. 경현이의 영어 성적 분포가 다음과 같을 때, 평균점수보다 높았던 적은 몇 번인가?

〈영어 성적 분포 결과〉

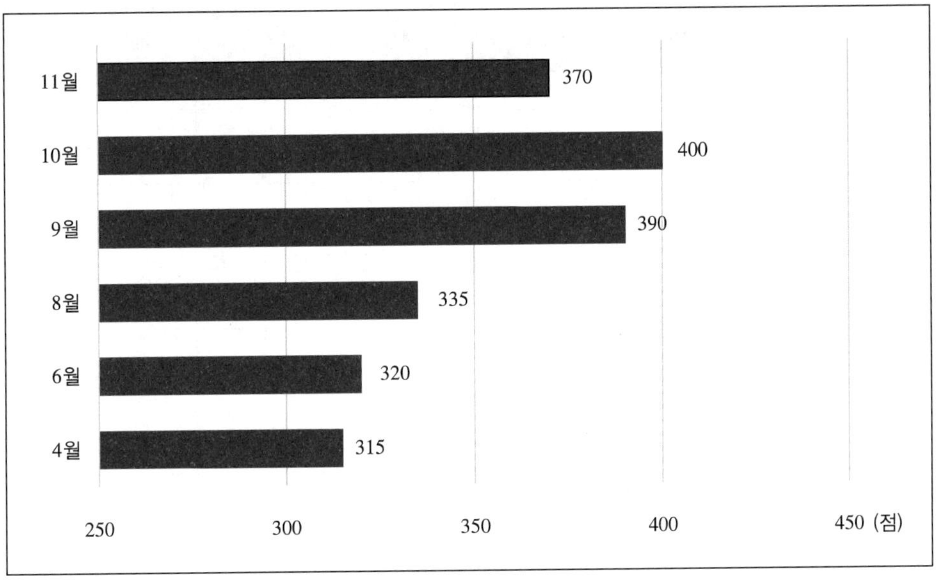

① 2번
② 3번
③ 4번
④ 5번
⑤ 6번

16 다음은 제54회 전국기능경기대회 지역별 결과이다. 이에 대한 설명으로 옳은 것은?

〈제54회 전국기능경기대회 지역별 결과표〉

(단위 : 개)

상 / 지역	금메달	은메달	동메달	최우수상	우수상	장려상
합계(점)	3,200	2,170	900	1,640	780	1,120
서울	2	5		10		
부산	9		11	3	4	
대구	2					16
인천			1	2	15	
울산	3				7	18
대전	7		3	8		
제주		10				
경기도	13	1				22
경상도	4	8		12		
충청도		7		6		

※ 합계는 전체 참가지역의 각 메달 및 상의 점수합계임

① 메달 1개당 점수는 금메달은 80점, 은메날은 70점, 동메달은 60점이다.
② 메달 및 상을 가장 많이 획득한 지역은 경상도이다.
③ 전국기능경기대회 결과표에서 메달 및 상 중 동메달 개수가 가장 많다.
④ 울산 지역에서 획득한 메달 및 상의 총점은 800점이다.
⑤ 장려상을 획득한 지역 중 금·은·동메달 총 개수가 가장 적은 지역은 대전이다.

17 다음은 국내 지역별 지진발생 횟수에 대한 자료이다. 이에 대한 설명으로 옳은 것은?

〈국내 지역별 지진발생 횟수〉

(단위 : 회)

구분	2016년	2017년	2018년
서울·경기·인천	1	1	1
부산·울산·경남	1	6	5
대구·경북	6	179	121
광주·전남	1	1	6
전북	1	1	2
대전·충남·세종	2	6	3
충북	1	0	2
강원	1	1	1
제주	0	1	0
북한	3	23	25
서해	7	6	19
남해	12	11	18
동해	8	16	20
합계	44	252	223

※ 수도권은 서울·경기·인천 지역을 의미함

① 연도별로 전체 지진발생 횟수 중 가장 많은 비중을 차지하는 지역은 2016년부터 2018년까지 매년 동일하다.

② 전체 지진발생 횟수 중 북한의 지진횟수가 차지하는 비중은 2017년에 비해 2018년에 5%p 이상 증가하였다.

③ 2016년 전체 지진발생 횟수 중 대전·충남·세종이 차지하는 비중은 2017년 전체 지진발생 횟수 중 동해가 차지하는 비중보다 크다.

④ 전체 지진발생 횟수 중 수도권에서의 지진발생 횟수가 차지하는 비중은 2017년과 2018년 모두 전년 대비 감소하였다.

⑤ 2017년에 지진이 발생하지 않은 지역을 제외하고 2017년 대비 2018년 지진발생 횟수의 증가율이 두 번째로 높은 지역은 서해이다.

18 다음은 OECD 주요 국가별 삶의 만족도 및 관련 지표를 나타낸 자료이다. 이에 대한 설명으로 옳지 않은 것은?

〈OECD 주요 국가별 삶의 만족도 및 관련 지표〉

(단위 : 점, %, 시간)

구분	삶의 만족도	장시간 근로자 비율	여가·개인 돌봄시간
덴마크	7.6	2.1	16.1
아이슬란드	7.5	13.7	14.6
호주	7.4	14.2	14.4
멕시코	7.4	28.8	13.9
미국	7.0	11.4	14.3
영국	6.9	12.3	14.8
프랑스	6.7	8.7	15.3
이탈리아	6.0	5.4	15.0
일본	6.0	22.6	14.9
한국	6.0	28.1	14.9
에스토니아	5.4	3.6	15.1
포르투갈	5.2	9.3	15.0
헝가리	4.9	2.7	15.0

※ 장시간 근로지 비율은 전체 근로자 중 주 50시간 이상 근무한 근로자의 비율임

① 삶의 만족도가 가장 높은 국가는 장시간 근로자 비율이 가장 낮다.

② 한국의 장시간 근로자 비율은 삶의 만족도가 가장 낮은 국가의 장시간 근로자 비율의 10배 이상이다.

③ 삶의 만족도가 한국보다 낮은 국가들의 장시간 근로자 비율 산술평균은 이탈리아의 장시간 근로자 비율보다 높다.

④ 여가·개인 돌봄시간이 가장 긴 국가와 가장 짧은 국가의 삶의 만족도 차이는 0.3점 이하이다.

⑤ 장시간 근로자 비율이 미국보다 낮은 국가의 여가·개인 돌봄시간은 모두 미국의 여가·개인 돌봄시간보다 길다.

19 다음은 지역별 마약류 단속에 대한 자료이다. 이에 대한 설명으로 옳은 것은?

〈지역별 마약류 단속 건수〉

(단위 : 건, %)

구분	대마	코카인	향정신성의약품	합계	
					비중
서울	49	18	323	390	22.1
인천·경기	55	24	552	631	35.8
부산	6	6	166	178	10.1
울산·경남	13	4	129	146	8.3
대구·경북	8	1	138	147	8.3
대전·충남	20	4	101	125	7.1
강원	13	0	35	48	2.7
전북	1	4	25	30	1.7
광주·전남	2	4	38	44	2.5
충북	0	0	21	21	1.2
제주	0	0	4	4	0.2
전체	167	65	1,532	1,764	100

※ 수도권은 서울과 인천·경기를 합한 지역임

※ 마약류는 대마, 코카인, 향정신성의약품으로만 구성됨

① 대마 단속 전체 건수는 코카인 단속 전체 건수의 3배 이상이다.

② 수도권의 마약류 단속 건수는 마약류 단속 전체 건수의 50% 이상이다.

③ 코카인 단속 건수가 없는 지역은 5곳이다.

④ 향정신성의약품 단속 건수는 대구·경북 지역이 광주·전남 지역의 4배 이상이다.

⑤ 강원 지역은 향정신성의약품 단속 건수가 대마 단속 건수의 3배 이상이다.

20 다음은 어느 나라의 국회의원의 SNS(소셜네트워크서비스) 이용자 수 현황에 대한 자료이다. 이를 이용하여 작성한 그래프로 옳지 않은 것은?(단, 소수점 둘째 자리에서 반올림한다)

〈국회의원의 SNS 이용자 수 현황〉

(단위 : 명)

구분	정당	당선 횟수별				당선 유형별		성별	
		초선	2선	3선	4선 이상	지역구	비례대표	남자	여자
여당	A	82	29	22	12	126	19	123	22
야당	B	29	25	13	6	59	14	59	14
	C	7	3	1	1	7	5	10	2
합계		118	57	36	19	192	38	192	38

① 국회의원의 여야별 SNS 이용자 수

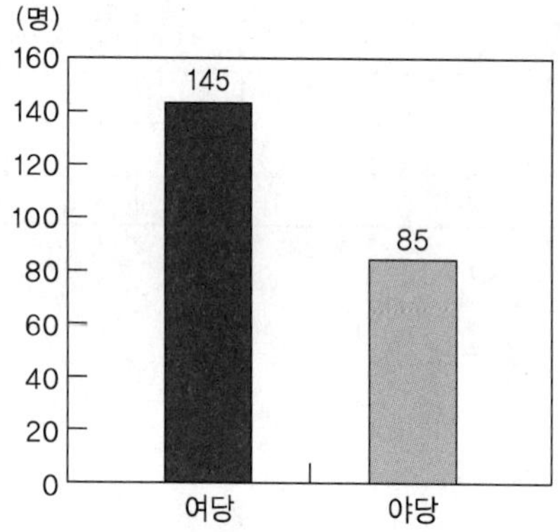

② 남녀 국회의원의 여야별 SNS 이용자 구성비

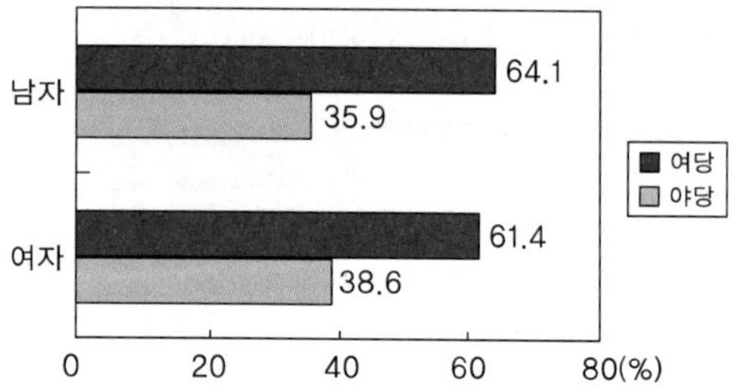

③ 야당 국회의원의 당선 횟수별 SNS 이용자 구성비

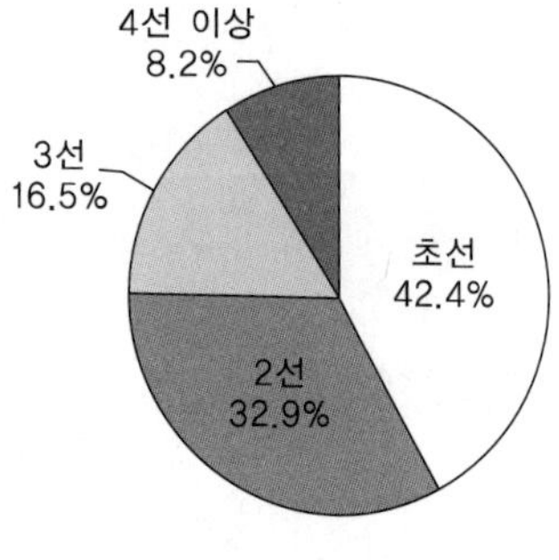

④ 2선 이상 국회의원의 정당별 SNS 이용자 수

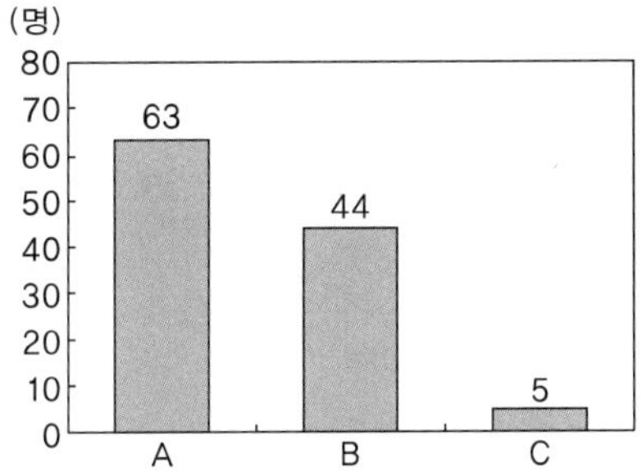

⑤ 여당 국회의원의 당선 유형별 SNS 이용자 구성비

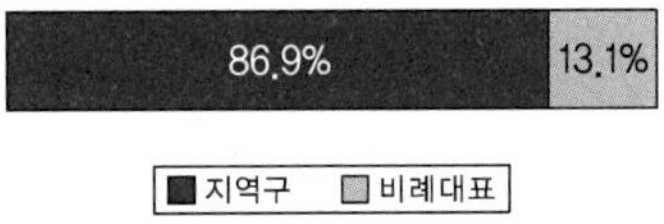

제4영역 창의수리

※ 다음과 같이 일정한 규칙으로 수를 나열할 때, 빈칸에 들어갈 알맞은 수를 고르시오. [1~5]

01

31	71	27	64	( )	57	19	50

① 9
② 23
③ 41
④ 63
⑤ 75

02

0.8	2.0	1.0	2.2	1.1	( )	1.15

① 2.0
② 2.3
③ 2.6
④ 2.9
⑤ 3.1

03

$$\frac{6}{8} \quad \frac{12}{9} \quad \frac{18}{10} \quad (\quad) \quad \frac{30}{12} \quad \frac{36}{13}$$

① $\frac{24}{11}$
② $\frac{25}{12}$
③ $\frac{37}{11}$
④ $\frac{49}{12}$
⑤ $\frac{51}{11}$

04

<u>2 5 7</u>	<u>3 6 9</u>	<u>4 7 ( )</u>

① 13
② 12
③ 11
④ 10
⑤ 9

05

<u>2 4 ( ) 7</u>	<u>1 −3 8 6</u>	<u>4 −11 17 10</u>

① −5
② −1
③ 1
④ 6
⑤ 8

06 다음 중 $x+y$의 값으로 옳은 것은?

$$\begin{cases} 3x+2y=54 \\ 10x-y=65 \end{cases}$$

① 23
② 24
③ 25
④ 26
⑤ 27

07 다음 중 이차방정식에서 미지수 x의 해 2개의 차는?(단, 두 수의 차는 절댓값으로 계산한다)

$$21+2x\left(\frac{1}{4}x+7\right)=261$$

① 0
② 10
③ 36
④ 52
⑤ 60

08 C미술관의 올해 신입사원 수는 작년에 비해 남자는 50% 증가하고, 여자는 40% 감소하여 60명이다. 작년의 전체 신입사원 수가 55명이었을 때, 올해 입사한 여자 신입사원 수는?

① 11명
② 12명
③ 13명
④ 14명
⑤ 15명

09 농도 5%의 소금물 20g에 농도 2%의 소금물 몇 g을 넣어야 농도 3%의 소금물이 되는가?

① 30g
② 32g
③ 35g
④ 36g
⑤ 40g

10 A사원은 지하철을 타고 출근한다. 평소 60km/h의 속력으로 달리던 지하철에 이상이 생겨 오늘은 20km/h의 속력으로 운행하게 되었다. 지하철로 이동한 시간이 평소보다 1시간 더 걸렸다면, 출발하는 역부터 도착하는 역까지 지하철의 이동거리는 얼마인가?

① 20km
② 25km
③ 30km
④ 35km
⑤ 40km

11 평균연령이 30살인 팀에 25살 신입이 들어와서 팀 평균연령이 한 살 어려졌다. 신입이 들어오기 전의 팀원 수는 몇 명인가?

① 3명
② 4명
③ 5명
④ 6명
⑤ 7명

12 어느 한 사람이 5지선다형 문제 2개를 풀고자 한다. 첫 번째 문제의 정답은 선택지 중 1개이지만, 두 번째 문제의 정답은 선택지 중 2개이며, 모두 맞혀야 정답으로 인정된다. 두 문제 중 하나만 맞힐 확률은?

① 18%
② 20%
③ 26%
④ 30%
⑤ 44%

13 평균점수가 85점 이상이면 최우수상을 받는 시험이 있다. 현재 갑돌이는 70점, 85점, 90점을 받았고 나머지 1과목의 시험만을 남겨 놓은 상태이다. 이때, 갑돌이가 최우수상을 받기 위해 몇 점 이상을 받아야 하는가?

① 80점
② 85점
③ 90점
④ 95점
⑤ 100점

14 고등학생 8명이 래프팅을 하러 여행을 떠났다. 보트는 3명, 5명 두 팀으로 나눠 타기로 했다. 이때 8명 중 반장, 부반장은 서로 다른 팀이 된다고 할 때, 가능한 경우의 수는 몇 가지인가?(단, 반장과 부반장은 각각 1명이다)

① 15가지
② 18가지
③ 30가지
④ 32가지
⑤ 40가지

15 C사는 신약개발을 위해 Z바이러스에 대한 항체 유무에 따른 감염 여부를 조사하였다. 조사 결과 바이러스에 감염된 사람의 비율은 95%이고, 이 중 항체가 있는 사람의 비율은 15.2%p였다. 또한 바이러스에 감염되지 않았지만 항체가 없는 사람의 비율은 4.2%p라고 한다면, 조사 참여자 중 항체를 보유한 사람의 비율은?

① 14%
② 16%
③ 18%
④ 20%
⑤ 22%

16 라임이와 아버지의 나이 차는 28세이다. 그리고 아버지의 나이는 라임이의 나이의 3배라면 현재 아버지의 나이는?

① 40세
② 42세
③ 44세
④ 46세
⑤ 48세

17 A와 B는 이번 주 토요일에 함께 미용실을 가기로 약속했다. 두 사람이 약속한 토요일에 함께 미용실에 다녀온 후 A는 20일마다, B는 15일마다 미용실에 간다. 다시 두 사람이 함께 미용실에 가게 되는 요일은 언제인가?

① 월요일
② 화요일
③ 수요일
④ 목요일
⑤ 금요일

18 1L 물통을 가득 채우는 데 수도 A는 15분, 수도 B는 20분이 걸린다고 한다. 수도 A, B를 동시에 사용해 30분 동안 물을 받는다면 물통 몇 개를 채울 수 있는가?

① 1개
② 2개
③ 3개
④ 4개
⑤ 5개

19 동전을 연속해서 세 번 던질 경우 두 번째와 세 번째에 모두 앞면이 나올 확률은?

① $\frac{1}{2}$

② $\frac{1}{3}$

③ $\frac{1}{4}$

④ $\frac{1}{6}$

⑤ $\frac{1}{8}$

20 C씨는 행사용으로 제작한 달력을 준비된 박스에 포장하여 거래처로 배송하려고 한다. 박스 하나당 4개의 달력을 넣으면 마지막 박스에는 2개의 달력이 들어가고, 박스 하나당 10개의 달력을 넣으면 2개의 박스가 남는다. 다음 중 C씨가 준비한 박스는 모두 몇 개인가?

① 2개

② 3개

③ 5개

④ 8개

⑤ 10개

4일 차
기출응용 모의고사

〈문항 수 및 시험시간〉

CJ그룹 CAT 온라인 적성검사		
영역	문항 수	영역별 제한시간
언어이해	20문항	15분
언어추리	20문항	15분
자료해석	20문항	15분
창의수리	20문항	15분

CJ그룹 CAT 온라인 적성검사

4일 차 기출응용 모의고사

문항 수 : 80문항
시험시간 : 60분

제1영역 언어이해

01 다음 글의 내용으로 적절한 것은?

만우절의 탄생과 관련해서 많은 이야기가 있지만, 가장 많이 알려진 것은 16세기 프랑스 기원설이다. 16세기 이전부터 프랑스 사람들은 3월 25일부터 일주일 동안 축제를 벌였고, 축제의 마지막 날인 4월 1일에는 모두 함께 모여 축제를 즐겼다. 그러나 16세기 말 프랑스가 그레고리력을 받아들이면서 달력을 새롭게 개정했고, 이에 따라 이전의 3월 25일을 새해 첫날(New Year's Day)인 1월 1일로 맞추어야 했다. 결국 기존의 축제는 달력이 개정됨에 따라 사라지게 되었다. 그러나 몇몇 사람들은 이 사실을 잘 알지 못하거나 기억하지 못했다. 사람들은 그들을 가짜 파티에 초대하거나, 그들에게 조롱 섞인 선물을 하면서 놀리기 시작했다. 프랑스에서는 이렇게 놀림감이 된 사람들을 '4월의 물고기'라는 의미의 '푸아송 다브릴(Poisson d'Avril)'이라 불렀다. 갓 태어난 물고기처럼 쉽게 낚였기 때문이다. 18세기에 이르러 프랑스의 관습이 영국으로 전해지면서 영국에서는 이날을 '오래된 바보의 날(All Fool's Day)'이라고 불렀다.

※ 'All'은 'Old'를 뜻하는 스코틀랜드 방언 'Auld'의 변형 형태이다.

① 만우절은 프랑스에서 기원했다.
② 프랑스는 16세기 이전부터 그레고리력을 사용하였다.
③ 그레고리력 도입 이전 프랑스에서는 3월 25일 ~ 4월 1일에 축제가 열렸다.
④ 프랑스에서는 만우절을 '4월의 물고기'라고 불렀다.
⑤ 영국의 만우절은 18세기 이전 프랑스에서 전해졌다.

※ 다음 글의 내용으로 적절하지 않은 것을 고르시오. [2~3]

02

간디는 절대로 몽상가는 아니다. 그가 말한 것은 폭력을 통해서는 인도의 해방도, 보편적인 인간 해방도 없다는 것이었다. 민족 해방은 단지 외국 지배자의 퇴각을 의미하는 것일 수는 없다. 참다운 해방은 지배와 착취와 억압의 구조를 타파하고 그 구조에 길들여져 온 심리적 습관과 욕망을 뿌리로부터 변화시키는 일 – 다시 말하여 일체의 '칼의 교의(敎義)' – 로부터의 초월을 실현하는 것이다. 간디의 관점에서 볼 때, 무엇보다 큰 폭력은 인간의 근원적인 영혼의 요구에 대해서는 조금도 고려하지 않고, 물질적 이득의 끊임없는 확대를 위해 착취와 억압의 구조를 제도화한 서양의 산업 문명이었다.

① 간디는 비폭력주의자이다.
② 간디는 산업 문명에 부정적이었다.
③ 간디는 반외세 사회주의자이다.
④ 간디는 외세가 인도를 착취하였다고 보았다.
⑤ 간디는 서양의 산업 문명을 큰 폭력이라고 보았다.

03

일그러진 달항아리와 휘어진 대들보. 물론 달항아리와 대들보가 언제나 그랬던 것은 아니다. 사실인즉 일그러지지 않은 달항아리와 휘어지지 않은 대들보가 더 많았을 것이다. 하지만 주목해야 할 것은 한국인들은 달항아리가 일그러졌다고 해서 깨뜨려 버리거나, 대들보가 구부러졌다고 해서 고쳐서 쓰거나 하지는 않았다는 것이다. 나아가 그들은 살짝 일그러진 달항아리나 그럴싸하게 휘어진 대들보, 입술이 약간 휘어져 삐뚜름 능청거리는 사발이 오히려 멋있다는 생각을 했던 것 같다. 일그러진 달항아리와 휘어진 대들보에서 '형(形)의 어눌함'과 함께 '상(象)의 세련됨'을 볼 수 있다. 즉, '상의 세련됨'을 머금은 '형의 어눌함'을 발견하게 된다. 대체로 평균치를 넘어서는 우아함을 갖춘 상은 어느 정도 형의 어눌함을 수반한다. 이런 형상을 가리켜 아졸하거나 고졸하다고 하는데, 한국 문화는 이렇게 상의 세련됨과 형의 어눌함이 어우러진 아졸함이나 고졸함의 형상으로 넘쳐난다. 분청이나 철화, 달항아리 같은 도자기 역시 예상과는 달리 균제적이거나 대칭적이지 않은 경우가 많다. 이 같은 비균제성이나 비대칭성은 무의식(無意識)의 산물이 아니라 '형의 어눌함을 수반하는 상의 세련됨'을 추구하는 미의식(美意識)의 산물이다. 이러한 미의식은 하늘과 땅과 인간을 하나의 커다란 유기체로 파악하는 우리 민족이 자신의 삶을 통해 천지인의 조화를 이룩하기 위해 의식적으로 노력한 결과이다.

① 달항아리는 일그러진 모습, 대들보는 휘어진 모습을 한 것들이 많다.
② 한국인들은 곧은 대들보와 완벽한 모양의 달항아리를 좋아하지 않았다.
③ 상(象)의 세련됨은 형(形)의 어눌함에서도 발견할 수 있다.
④ 분청, 철화, 달항아리 같은 도자기에서는 비대칭적인 요소가 종종 발견된다.
⑤ 비대칭적 미의식은 천지인을 유기체로 파악하는 우리 민족의 의식적인 노력의 결과이다.

04 **다음 글의 빈칸에 들어갈 내용으로 가장 적절한 것은?**

> 어느 시대든 사람들은 원인이 무엇인지 알고 있다고 믿었다. 사람들은 그런 앎을 어디서 얻는가? 원인을 안다고 믿는 사람들의 믿음은 어디서 생기는 것일까?
>
> 새로운 것, 체험되지 않은 것, 낯선 것은 원인이 될 수 없다. 알려지지 않은 것에서는 위험, 불안정, 걱정, 공포감이 뒤따르기 때문이다. 우리 마음의 불안한 상태를 없애고자 한다면, 우리는 알려지지 않은 것을 알려진 것으로 환원해야 한다. 이러한 환원은 우리 마음을 편하게 해주고 안심시키며 만족을 느끼게 한다. 이 때문에 우리는 이미 알려진 것, 체험된 것, 기억에 각인된 것을 원인으로 설정하게 된다. '왜?'라는 물음의 답으로 나온 것은 그것이 진짜 원인이기 때문에 우리에게 떠오른 것이 아니다. 그것이 우리에게 떠오른 것은 그것이 우리를 안정시켜주고 성가신 것을 없애주며 무겁고 불편한 마음을 가볍게 해주기 때문이다. 따라서 원인을 찾으려는 우리의 본능은 위험, 불안정, 걱정, 공포감 등에 의해 촉발되고 자극받는다.
>
> 우리는 '설명이 없는 것보다 설명이 있는 것이 언제나 더 낫다.'고 믿는다. 우리는 특별한 유형의 원인만을 써서 설명을 만들어 낸다. ______________________________ 그래서 특정 유형의 설명만이 점점 더 우세해지고, 그러한 설명들이 하나의 체계로 모아져 결국 그런 설명이 우리의 사고방식을 지배하게 된다. 기업인은 즉시 이윤을 생각하고, 기독교인은 즉시 원죄를 생각하며 소녀는 즉시 사랑을 생각한다.

① 이것은 우리의 호기심과 모험심을 자극한다.

② 이것은 인과관계에 대한 우리의 지식을 확장한다.

③ 이것은 우리가 왜 불안한 심리 상태에 있는지를 설명해 준다.

④ 이것은 낯설고 체험하지 않았다는 느낌을 가장 빠르고 가장 쉽게 제거해 버린다.

⑤ 이것은 새롭고 낯선 것에서 원인을 발견하려는 우리의 본래 태도를 점차 누그러뜨리고 오히려 그 반대의 태도를 우리의 습관으로 굳어지게 한다.

※ 다음 글의 주제로 가장 적절한 것을 고르시오. [5~6]

05

표준화된 언어는 의사소통을 효과적으로 하기 위하여 의도적으로 선택해야 할 공용어로서의 가치가 있다. 반면에 방언은 지역이나 계층의 언어와 문화를 보존하고 드러냄으로써 국가 전체의 언어와 문화를 다양하게 발전시키는 토대로서의 가치가 있다. 이러한 의미에서 표준화된 언어와 방언은 상호보완적인 관계에 있다. 표준화된 언어가 있기에 정확한 의사소통이 가능하며, 방언이 있기에 개인의 언어생활에서나 언어 예술 활동에서 자유롭고 창의적인 표현이 가능하다. 결국 우리는 표준화된 언어와 방언 둘 다의 가치를 인정해야 하며, 발화(發話) 상황(狀況)을 고려해 표준화된 언어와 방언을 잘 가려서 사용하는 능력을 길러야 한다.

① 창의적인 예술 활동에서는 방언의 기능이 중요하다.
② 표준화된 언어와 방언에는 각각 독자적인 가치와 역할이 있다.
③ 정확한 의사소통을 위해서는 표준화된 언어가 꼭 필요하다.
④ 표준화된 언어와 방언을 구분할 줄 아는 능력을 길러야 한다.
⑤ 표준화된 언어는 방언보다 효용가치가 있다.

06

사회 방언은 지역 방언과 함께 2대 방언의 하나를 이룬다. 그러나 사회 방언은 지역 방언만큼 일찍부터 방언 학자의 주목을 받지는 못하였다. 어느 사회에나 사회 방언이 없지는 않았으나, 일반적으로 사회 계층 간의 방언 차이는 지역 방언들 사이의 그것만큼 그렇게 뚜렷하지 않기 때문이었다. 가령 20대와 60대 사이에는 분명히 방언차가 있지만 그 차이가 전라도 방언과 경상도 방언 사이의 그것만큼 현저하지는 않은 것이 일반적이며, 남자와 여자 사이의 방언차 역시 마찬가지다. 방언차는 사회에 따라서는 상당히 현격한 차이를 보여 일찍부터 논의의 대상이 되어 왔었다. 인도에서의 카스트에 의해 분화된 방언, 미국에서의 흑인 영어의 특이성, 우리나라 일부 지역에서 발견되는 양반 계층과 일반 계층 사이의 방언차 등이 그 대표적인 예들이다. 이러한 사회 계층 간의 방언 분화는 최근 사회 언어학의 대두에 따라 점차 큰 관심의 대상이 되어 가고 있다.

① 2대 방언 – 지역 방언과 사회 방언
② 최근 두드러진 사회 방언에 대한 관심
③ 부각되는 계층 간의 방언 분화
④ 사회 언어학의 대두와 사회 방언
⑤ 사회 방언의 특징

07 다음 글 뒤에 이어질 내용으로 가장 적절한 것은?

테레민이라는 악기는 손을 대지 않고 연주하는 악기이다. 이 악기를 연주하기 위해 연주자는 허리 높이쯤에 위치한 상자 앞에 선다. 오른손은 상자에 수직으로 세워진 안테나 주위에서 움직인다. 오른손의 엄지와 집게 손가락으로 고리를 만들고 손을 흔들면서 나머지 손가락을 하나씩 펴면 안테나에 손이 닿지 않고서도 음이 들린다. 이때 들리는 음은 피아노 건반을 눌렀을 때 나는 것처럼 정해진 음이 아니고 현악기를 연주하는 것과 같은 연속음이며, 소리는 손과 손가락의 움직임에 따라 변한다. 왼손은 손가락을 펼친 채로 상자에서 수평으로 뻗은 안테나 위에서 서서히 오르내리면서 소리를 조절한다.

오른손으로는 수직 안테나와의 거리에 따라 음고(音高)를 조절하고 왼손으로는 수평 안테나와의 거리에 따라 음량을 조절한다. 따라서 오른손과 수직 안테나는 음고를 조절하는 회로에 속하고 왼손과 수평 안테나는 음량을 조절하는 또 다른 회로에 속한다. 이 두 회로가 하나로 합쳐지면서 두 손의 움직임에 따라 음고와 음량을 변화시킬 수 있다.

어떻게 테레민에서 다른 음고의 음이 발생하는지 알아보자. 음고를 조절하는 회로는 가청주파수 범위 바깥의 주파수를 갖는 서로 다른 두 개의 음파를 발생시킨다. 이 두 개의 음파 사이에 존재하는 주파수의 차이 값에 의해 가청주파수를 갖는 새로운 진동이 발생하는데 그것으로 소리를 만든다. 가청주파수 범위 바깥의 주파수 중 하나는 고정된 주파수를 갖고 다른 하나는 연주자의 손 움직임에 따라 주파수가 바뀐다. 이렇게 발생한 주파수의 변화에 의해 진동이 발생되고 이 진동의 주파수는 가청주파수 범위 내에 있기 때문에 그 진동을 증폭시켜 스피커로 보내면 소리가 들린다.

① 수직 안테나에 손이 닿으면 소리가 발생하는 원리
② 왼손의 손가락 모양에 따라 음고가 바뀌는 원리
③ 수평 안테나와 왼손 사이의 거리에 따라 음량이 조절되는 원리
④ 음고를 조절하는 회로에서 가청주파수의 진동이 발생하는 원리
⑤ 오른손 손가락으로 가상의 피아노 건반을 눌러 음량을 변경하는 원리

08 다음 글의 밑줄 친 시기에 대한 설명으로 가장 적절한 것은?

하나의 패러다임 형성은 애초에 불완전하지만 이후 연구의 방향을 제시하고 소수 특정 부분의 성공적인 결과를 약속할 수 있을 뿐이다. 그러나 패러다임의 정착은 연구의 정밀화, 집중화 등을 통하여 자기 지식을 확장해 가며 차츰 폭넓은 이론 체계를 구축한다.
이처럼 과학자들이 패러다임을 기반으로 하여 연구를 진척시키는 것을 쿤은 '정상 과학'이라고 부른다. 기초적인 전제가 확립되었으므로 과학자들은 이 시기에 상당히 심오한 문제의 작은 영역들에 집중함으로써, 그렇지 않았더라면 상상조차 못했을 자연의 어느 부분을 깊이 있게 탐구하게 된다. 그에 따라 각종 실험 장치들도 정밀해지고 다양해지며, 문제를 해결해 가는 특정 기법과 규칙들이 만들어진다. 연구는 이제 혼란으로서의 다양성이 아니라, 이론과 자연 현상을 일치시켜 가는 지식의 확장으로서의 다양성을 이루게 된다.
그러나 정상 과학은 완성된 과학이 아니다. 과학적 사고방식과 관습, 기법 등이 하나의 기반으로 통일돼 있다는 것일 뿐 해결해야 할 과제는 무수하다. 패러다임이란 과학자들 사이의 세계관 통일이지 세계에 대한 해석의 끝은 아니다. 그렇다면 <u>정상 과학의 시기</u>에는 어떤 연구가 어떻게 이루어지는가? 정상 과학의 시기에는 이미 이론의 핵심 부분들은 정립돼 있다. 따라서 과학자들의 연구는 근본적인 새로움을 좇아가지는 않으며, 다만 연구의 세부 내용이 좀 더 깊어지거나 넓어질 뿐이다. 이러한 시기에 과학자들의 열정과 헌신성은 무엇으로 유지될 수 있을까? 연구가 고작 예측된 결과를 좇아갈 뿐이고, 예측된 결과가 나오지 않으면 실패라고 규정되는 상태에서 과학의 발전은 어떻게 이루어지는가?
쿤은 이 물음에 대하여 '수수께끼 풀이'라는 대답을 준비한다. 어떤 현상의 결과가 충분히 예측된다 할지라도 정작 그 예측이 달성되는 세세한 과정은 대개 의문 속에 있게 마련이다. 자연 현상의 전 과정을 우리가 일목요연하게 알고 있는 것은 아니기 때문이다. 이론으로서의 예측 결과와 실제의 현상을 일치시키기 위해서는 여러 복합적인 기기적, 개념적, 수학적인 방법이 필요하다. 이것이 수수께끼 풀이이다.

① 패러다임을 기반으로 하여 연구를 진척하기 때문에 다양한 학설과 이론이 등장한다.
② 예측된 결과만을 좇을 수밖에 없기 때문에 과학자들의 열정과 헌신성은 낮아진다.
③ 기초적인 전제가 확립되었으므로 작은 범주의 영역에 대한 연구에 집중한다.
④ 과학자들 사이의 세계관이 통일된 시기이기 때문에 완성된 과학이라고 부를 수 있다.
⑤ 이 시기는 문제를 해결해 가는 과정보다는 기초 이론에 대한 발견이 주가 된다.

※ 다음 문단을 논리적 순서대로 바르게 나열한 것을 고르시오. [9~10]

09

(가) 과거에 한 월간 잡지가 여성 모델이 정치인과 사귄다는 기사를 내보냈다가 기자는 손해배상을 하고 잡지도 폐간된 경우가 있었다. 일부는 추측 기사이고 일부는 사실도 있었지만, 허위든 사실이든 관계없이 남의 명예와 인권을 침해하였기에 그 책임을 진 것이다.

(나) 인권이라는 이름으로 남의 사생활을 침해하는 일은 자기 인권을 내세워 남의 불행을 초래하는 것이므로 보호받을 수 없다. 대중스타나 유명인들의 사생활은 일부 노출되어 있고, 이러한 공개성 속에서 상품화되므로 비교적 보호 강도가 약하기는 하지만 그들도 인간으로서 인권이 보호되는 것은 마찬가지다.

(다) 우리 사회에서 이제 인권이라는 말은 강물처럼 넘쳐흐른다. 과거에는 인권을 말하면 붙잡혀 가고 감옥에도 가곤 했지만, 이제는 누구나 인권을 스스럼없이 주장한다. 그러나 중요한 점은 인권이라 하더라도 무제한 보장되는 것이 아니라 남의 행복과 공동체의 이익을 침해하지 않는 범위 안에서만 보호된다는 것이다.

(라) 그런데 남의 명예를 훼손하여도 손해배상을 해주면 그로써 충분하고, 자기 잘못을 사죄하는 광고를 신문에 강제로 싣게 할 수는 없다. 헌법재판소는 남의 명예를 훼손한 사람이라 하더라도 강제로 사죄 광고를 싣게 하는 것은 양심에 반하는 가혹한 방법이라 하여 위헌으로 선고했다.

① (가) – (나) – (다) – (라)
② (나) – (가) – (다) – (라)
③ (다) – (나) – (가) – (라)
④ (다) – (나) – (라) – (가)
⑤ (라) – (다) – (나) – (가)

10

(가) '인력이 필요해서 노동력을 불렀더니 사람이 왔더라.'라는 말이 있다. 인간을 경제적 요소로만 단순하게 생각했으나, 이에 따른 인권 문제, 복지 문제, 내국인과 이민자와의 갈등 등이 수반된다는 말이다. 프랑스처럼 우선 급하다고 이민자를 선별하지 않고 받으면 인종 갈등과 이민자의 빈곤화 등 많은 사회비용이 발생한다.

(나) 이제 다문화정책의 패러다임을 전환해야 한다. 한국에 들어온 다문화가족을 적극적으로 지원해야 하며, 다문화 가족과 더불어 살면서 다양성과 개방성을 바탕으로 상생의 발전을 도모해야 한다. 그리고 결혼이민자만 다문화가족으로 볼 것이 아니라 외국인 근로자와 유학생, 북한이탈 주민까지 큰 틀에서 함께 보는 것도 필요하다.

(다) 다문화정책의 핵심은 두 가지이다. 첫째, 새로운 사회에 적응하려는 의지가 강해서 언어 배우기, 일자리, 문화 이해에 매우 적극적인 태도를 지닌 좋은 인력을 선별해서 입국하도록 하는 것이다. 둘째, 이민자가 새로운 사회에 잘 정착할 수 있도록 사회통합에 주력해야 하는 것이다. 해외 인구 유입 초기부터 사회 비용을 절약할 수 있는 사람들을 들어오게 하는 것이 중요하기 때문이다.

(라) 또한 이미 들어온 이민자에게는 적극적인 지원을 해야 한다. 언어와 문화, 환경이 모두 낯선 이민자에게는 이민 초기에 세심한 배려가 필요하다. 특히 중요한 것은 다문화 가족이 그들의 강점을 활용하여 취약계층이 아닌 주류층으로 설 수 있도록 지원해야 한다. 뿐만 아니라 이민자에 대한 지원 시기를 놓치거나 차별과 편견으로 내국인에게 증오감을 느끼게 해서는 안 된다.

① (가) – (다) – (라) – (나)
② (나) – (다) – (라) – (가)
③ (다) – (가) – (라) – (나)
④ (라) – (가) – (다) – (나)
⑤ (라) – (나) – (다) – (가)

11 다음 글에서 알 수 있는 내용이 아닌 것은?

참여예산제는 예산 편성의 단계에서 시민들의 참여를 가능하게 하는 제도이다. 행정부의 독점적인 예산 편성은 계층제적 권위에 의한 참여의 부족을 불러와 비효율성의 또 다른 원인이 될 수 있기 때문에, 참여예산제의 시행은 재정 민주주의의 실현을 위해서뿐만 아니라 예산 배분의 효율성 제고를 위해서도 필요한 것이라 할 수 있다. 그러나 참여가 형식에 그치게 되거나 예기치 못한 형태의 주민 간 갈등이 나타날 수 있다는 문제점이 존재한다. 또 인기 영합적 예산 편성과 예산 수요의 증가 및 행정부 의사 결정의 곤란과 같은 문제점도 지적된다.

① 참여예산제의 시행은 민주성의 실현이라는 의의가 있다.
② 참여예산제의 시행은 예산 편성 상의 효율성을 제고할 것이다.
③ 참여예산제는 주민들의 다양한 이익을 반영할 수 있을 것이다.
④ 참여예산제는 재정 상태를 악화시킬 것이다.
⑤ 참여예산제의 시행은 행정부의 권위주의를 견제하기 위해서 필요할 것이다.

12 다음 글의 밑줄 친 부분에서 말하고자 하는 바로 가장 적절한 것은?

<u>아무리 남을 도와주려는 의도를 갖고 한 일일지라도 결과적으로는 남에게 도움이 되기는커녕 오히려 큰 고통이나 해를 더 가져오는 경우</u>가 얼마든지 있다. 거꾸로 남을 해롭게 하려는 의도로 한 일이 오히려 남에게 도움이 되는 결과를 낳을 수도 있다. 태도로서의 '선'은 행동이나 결정의 결과를 고려하지 않고 그 행동의 의도, 즉 동기에서만 본 '선'을 의미한다. 내 행동의 결과가 예상 밖으로 남에게 고통을 가져오는 한이 있었다 해도, 내 행동의 동기가 남의 고통을 덜어주고, 남을 도와주는 데 있었다면 나를 선한 사람으로 볼 수 있지 않느냐는 말이다.

① 일과 그 의도는 무관하다.
② 의도와 결과가 항상 일치하지는 않는다.
③ 의도만 놓고 결과를 판단할 수 있다.
④ 우리가 의도한 대로 일이 이루어지는 경우가 있다.
⑤ 세상에는 의도와 일치하는 일이 빈번하게 일어난다.

13 다음 글 뒤에 이어질 내용으로 가장 적절한 것은?

> 태초의 자연은 인간과 동등한 위치에서 상호 소통할 수 있는 균형적인 관계였다. 그러나 기술의 획기적인 발달로 인해 자연과 인간사회 사이에 힘의 불균형이 초래되었다. 자연과 인간의 공생은 힘의 균형을 전제로 한다. 균형적 상태에서 자연과 인간은 긴장감을 유지하지만, 한쪽에 의한 폭력적 관계가 아니기에 소통이 원활히 발생한다. 또한 일방적인 관계에서는 한쪽의 희생이 필수적이지만 균형적 관계에서는 상호 호혜적인 거래가 발생한다. 이때의 거래란 단순히 경제적인 효율을 의미하는 것이 아니다. 대자연의 환경에서 각 개체와 그 후손들의 생존은 상호 관련성을 지닌다. 이에 따라 자연은 인간에게 먹거리를 제공하고 인간은 자연을 위한 의식을 행함으로써 상호 이해와 화해를 도모하게 된다. 인간에게 자연이란 정복의 대상이 아닌 존중받아야 할 거래 대상인 것이다. 결국 대칭적인 관계로의 회복을 위해서는 힘의 균형이 전제되어야 한다.

① 인간과 자연 간의 힘의 균형을 회복하기 위한 방법
② 인간과 자연이 거래하는 방법
③ 태초의 자연이 인간을 억압해온 사례
④ 인간 사회에서 소통의 중요성
⑤ 경제적인 효율을 극대화하기 위한 방법

14 다음 글의 주된 내용 전개 방식으로 가장 적절한 것은?

> 비만은 더 이상 개인의 문제가 아니다. 세계보건기구(WHO)는 비만을 질병으로 분류하고, 총 8종의 암(대장암 · 자궁내막암 · 난소암 · 전립선암 · 신장암 · 유방암 · 간암 · 담낭암)을 유발하는 주요 요인으로 제시하고 있다. 오늘날 기대수명이 늘어가는 상황에서 실질적인 삶의 질 향상을 위해서도 국가적으로 적극적인 비만관리가 필요해진 것이다.
>
> 이러한 비만을 예방하기 위한 국가적인 대책을 살펴보면, 우선 비만을 유발하는 과자, 빵, 탄산음료 등 고열량 · 저열량 · 고카페인 함유 식품의 판매 제한 모니터링이 강화되어야 하며, 또한 과음과 폭식 등 비만을 조장 · 유발하는 문화와 환경도 개선되어야 한다. 특히 과음은 식사량과 고열량 안주 섭취를 늘려 시방간, 간경화 등 건강 문제와 함께 복부 비만의 위험을 높이는 주요 요인이다. 따라서 회식과 접대 문화, 음주 행태 개선을 위한 가이드라인을 마련하고 음주 폐해 예방 캠페인을 추진하는 것도 하나의 방법이다.
>
> 다음으로 건강관리를 위해 운동을 권장하는 것도 중요하다. 수영, 스케이트, 볼링, 클라이밍 등 다양한 스포츠를 즐기는 문화를 조성하고, 특히 비만 환자의 경우 체계적인 체력 관리와 건강 증진을 위한 운동프로그램이 요구된다.

① 다양한 관점들을 제시한 뒤, 예를 들어 설명하고 있다.
② 시간에 따른 현상의 변화 과정에 대해 설명하고 있다.
③ 서로 다른 관점을 비교 · 분석하고 있다.
④ 주장을 제시하고, 여러 가지 근거를 들어 설득하고 있다.
⑤ 문제점을 제시하고, 그에 대한 해결방안을 제시하고 있다.

※ 다음 글을 읽고 추론한 내용으로 가장 적절한 것을 고르시오. [15~16]

15

'쓰는 문화'가 책의 문화에서 가장 우선이다. 쓰는 이가 없이는 책이 나올 수가 없다. 그러나 지혜를 많이 갖고 있다는 것과 그것을 글로 옮길 줄 아는 것은 별개의 문제이다. 엄격하게 이야기해서 지혜는 어떤 한 가지 일에 지속적으로 매달린 사람이면 누구나 머릿속에 쌓아두고 있다. 하지만 그것을 글로 옮기기 위해서는 특별하고도 고통스러운 훈련이 필요하다. 생각을 명료하게 정리할 줄과 글 맥을 이어갈 줄 알아야 하며, 그리고 줄기찬 노력을 바칠 준비가 되어 있어야 한다. 모든 국민이 책 한 권을 남길 수 있을 만큼 쓰는 문화가 발달한 사회가 도래하면, 그때에는 지혜의 르네상스가 가능할 것이다.
'읽는 문화'의 실종, 그것이 바로 현대의 특징이다. 신문의 판매 부수가 날로 떨어져 가는 반면에 텔레비전의 시청률은 날로 증가하고 있다. 깨알같은 글로 구성된 200쪽 이상의 책보다 그림과 여백이 압도적으로 많이 들어간 만화책 같은 것이 늘어나고 있다. 보는 문화가 읽는 문화를 대체해 가고 있다. 읽는 일에는 피로가 동반되지만, 보는 놀이에는 휴식이 따라온다. 일을 저버리고 놀이만 좇는 문화가 범람하고 있지 않는가. 보는 놀이가 머리를 비게 하는 것은 너무나 당연하다. 읽는 일이 장려되지 않는 한 생각 없는 사회로 치달을 수밖에 없다. 책의 문화는 바로 읽는 일과 직결되며, 생각하는 사회를 만드는 지름길이다.

① 지혜로운 사람이 그렇지 않은 사람보다 더 논리적으로 글을 쓸 수 있다.
② 고통스러운 훈련을 견뎌야 지혜로운 사람이 될 수 있다.
③ 텔레비전을 많이 보는 사람은 그렇지 않은 사람보다 신문을 적게 읽는다.
④ 만화책은 내용과 관계없이 그림의 수준이 높을수록 더 많이 판매된다.
⑤ 사람들이 텔레비전을 많이 볼수록 생각하는 시간이 적어진다.

16

인간은 미래에 대해, 특히 자신과 관련된 미래에 대해서는 긍정적인 방향으로 생각하는 경향이 있는데, 이를 'Optimism Bias', 혹은 긍정편향, 낙관주의 편견이라고 한다. 이러한 사실은 신경과학과 사회과학 분야의 학자들이 인간의 뇌와 행동 패턴 연구를 통해 증명한 과학적 사실이다. 평균적으로, 사람들은 실제의 결말보다 더 낫게 미래를 그리는 경우가 많다고 한다. 사람들은 자신이 이혼을 하거나 실직을 하고 암에 걸리는 등의 확률은 매우 낮게 예측하는 반면, 자신의 수명이나 동료에 비해 성공할 확률은 매우 높게 예측하는 경향이 있다. 심지어 인간은 국가 전체의 방향이나 대통령의 자질 등 전체적인 미래에 대해서는 비관적인 시각을 가질 수 있지만, 개인의 미래에 대해서는 낙관적 태도를 유지한다.

① 긍정편향은 자신을 포함한 인간 전체의 미래에 긍정적으로 생각한다.
② 긍정편향은 육체적으로는 부정적인 결말을 예상하는 편이다.
③ 긍정편향은 자신의 미래를 타인의 미래보다 긍정적으로 바라본다.
④ 부정적인 일을 겪게 되면 긍정편향은 사라질 것이다.
⑤ 긍정편향에 따른 결말은 항상 실제 결말보다 부정적일 것이다.

17 다음 글을 통해 추론한 내용으로 적절하지 않은 것은?

국어학자로서 주시경은 근대 국어학의 기틀을 세운 선구적인 인물이었다. 과학적 연구 방법이 전혀 없다시피 했던 국어학 연구에서, 그는 단어의 원형을 밝혀 적는 형태주의적 입장을 가지고 독자적으로 문법 현상을 분석하고 이론으로 체계화하는 데 힘을 쏟았다. 특히 '늣씨'와 '속뜻'의 개념을 도입한 것은 주목할 만하다. 그는 단어를 뜻하는 '씨'를 좀 더 작은 단위로 분석하면서 여기에 '늣씨'라는 이름을 붙였다. 예컨대 '해바라기'를 '해^바라^기', '이더라'를 '이^더라'처럼 늣씨 단위로 분석했다. 이는 그가 오늘날 '형태소'라 부르는 것과 유사한 개념을 인식하고 있었음을 보여 준다. 이것은 1930년대에 언어학자 블룸필드가 이 개념을 처음 사용하기 훨씬 이전이었다. 또한 그는 숨어 있는 구조인 '속뜻'을 통해 겉으로는 구조를 파악하기 어려운 문장을 분석했고, 말로 설명하기 어려운 문장의 계층적 구조는 그림을 그려 풀이하는 방식으로 분석했다. 이러한 방법은 현대 언어학의 분석적인 연구 방법과 유사하다는 점에서 연구사적 의의가 크다.
주시경은 국어학사에서 길이 기억될 연구 업적을 남겼을 뿐 아니라, 국어 교육자로서도 큰 공헌을 하였다. 그는 언어를 민족의 정체성을 나타내는 징표로 보았으며, 국가와 민족의 발전이 말과 글에 달려 있다고 생각하여 국어 교육에 온 힘을 다하였다. 여러 학교에서 우리말을 가르쳤을 뿐만 아니라, 국어 강습소를 만들어 장차 교사가 될 사람들에게 국어문법을 체계적으로 교육하였다.
그는 맞춤법을 확립하는 정책에도 자신의 학문적 성과를 반영하고자 했다. 이를 위해 연구 모임을 만들어 맞춤법의 이론적 근거를 확보하기 위한 논의를 지속해 나갔다. 그리고 1907년에 설치된 '국문 연구소'의 위원으로 국어 정책을 수립하는 일에도 적극 참여하였다. 그의 이러한 노력은 오늘날 우리에게 지대한 영향을 미치고 있다.

① 주시경이 '늣씨'의 개념을 도입한 것은 언어학자 블룸필드의 개념을 연구한 데서 도움을 받았을 것이다.
② 주시경은 국어학 연구에서 독자적인 과학적 방법으로 국어학을 연구하려 노력했을 것이다.
③ 주시경은 맞춤법을 확립하는 정책에도 관심이 많았을 것이다.
④ 주시경이 국어 교육에 온 힘을 다한 이유는 언어를 민족의 정체성을 나타내는 징표로 보았기 때문이다.
⑤ 주시경이 1907년에 설치한 '국문 연구소'는 국어 정책을 수립하는 일을 하였을 것이다.

18 다음 글의 빈칸에 들어갈 내용으로 가장 적절한 것은?

민주주의의 목적은 다수가 폭군이나 소수의 자의적인 권력 행사를 통제하는 데 있다. 민주주의의 이상은 모든 자의적인 권력을 억제하는 것으로 이해되었는데 이것이 오늘날에는 자의적 권력을 정당화하기 위한 장치로 변화되었다. 이렇게 변화된 민주주의는 민주주의 그 자체를 목적으로 만들려는 이념이다. 이것은 법의 원천과 국가권력의 원천이 주권자 다수의 의지에 있기 때문에 국민의 참여와 표결 절차를 통하여 다수가 결정한 법과 정부의 활동이라면 그 자체로 정당성을 갖는다는 것이다. 즉, 유권자 다수가 원하는 것이면 무엇이든 실현할 수 있다는 말이다.

이런 민주주의는 '무제한적 민주주의'이다. 어떤 제약도 없는 민주주의라는 의미이다. 이런 민주주의는 자유주의와 부합할 수가 없다. 그것은 다수의 독재이고 이런 점에서 전체주의와 유사하다. 폭군의 권력이든, 다수의 권력이든, 군주의 권력이든, 위험한 것은 권력 행사의 무제한성이다. 중요한 것은 이러한 권력을 제한하는 일이다.

민주주의 그 자체를 수단이 아니라 목적으로 여기고 다수의 의지를 중시한다면, 그것은 다수의 독재를 초래하고, 그것은 전체주의만큼이나 위험하다. 민주주의 존재 그 자체가 언제나 개인의 자유에 대한 전망을 밝게 해준다는 보장은 없다. 개인의 자유와 권리를 보장하지 못하는 민주주의는 본래의 민주주의가 아니다. 본래의 민주주의는 ______________________________

① 다수의 의견을 수렴하여 이를 그대로 정책에 반영해야 한다.
② 서로 다른 목적의 충돌로 인한 사회적 불안을 해소할 수 있어야 한다.
③ 다수 의견보다는 소수 의견을 채택하면서 진정한 자유주의의 실현에 기여해야 한다.
④ 무제한적 민주주의를 과도기적으로 거치며 개인의 자유와 권리 보장에 기여해야 한다.
⑤ 민주적 절차 준수에 그치는 것이 아니라 과도한 권력을 실질적으로 견제할 수 있어야 한다.

19 다음 글을 읽고 〈보기〉 중 적절하지 않은 것을 모두 고르면?

찬 공기가 따뜻한 공기 쪽으로 이동하면 상대적으로 밀도가 낮은 따뜻한 공기는 찬 공기 위로 상승하게 된다. 이때 상승하는 공기가 충분한 수분을 포함하고 있다면 공기 중의 수증기가 냉각되어 작은 물방울이나 얼음 알갱이로 응결되면서 구름이 형성된다. 이 과정에서 열이 외부로 방출된다. 이때 방출된 열이 상승하는 공기에 공급되어 공기가 더 높은 고도로 상승할 수 있게 한다. 그런데 공기에 포함된 수증기의 양이 충분하지 않으면 상승하던 공기는 더 이상 열을 공급받지 못하게 되면서 주변의 대기보다 차가워지게 되고 그렇게 되면 공기가 더 이상 상승하지 못하고 구름도 발달하기 어렵게 된다. 만일 상승하는 공기가 일반적인 공기에 비해 매우 따뜻하고 습한 공기일 경우에는 상승 과정에서 수증기가 냉각 응결하며 방출하는 열이 그 공기에 지속적으로 공급되면서 일반적인 공기보다 더 높은 고도에서도 계속 새로운 구름을 만들어 낼 수 있다. 그렇기 때문에 따뜻하고 습한 공기는 상승하는 과정에서 구름을 생성하고 그 구름이 아래쪽부터 연직으로 차곡차곡 쌓이게 되어 두터운 구름층을 형성하게 된다. 이렇게 형성된 구름을 적란운이라고 한다.

보기

ㄱ. 구름은 공기에 충분한 수분이 있을 때 생길 가능성이 높다.
ㄴ. 구름이 생성될 때 공기의 온도는 높아진다.
ㄷ. 공기가 따뜻하고 습할수록 구름을 생성하기 어렵다.
ㄹ. 적란운은 가로로 넓게 퍼진 형태를 띤다.

① ㄱ
② ㄹ
③ ㄱ, ㄴ
④ ㄴ, ㄷ
⑤ ㄷ, ㄹ

20 다음 글을 읽고 추론할 수 있는 내용을 〈보기〉에서 모두 고르면?

‘독재형’ 어머니는 아이가 실제로 어떠한 욕망을 지니고 있는지에 무관심하며, 자신의 욕망을 아이에게 공격적으로 강요한다. 독재형 어머니는 자신의 규칙과 지시에 아이가 순응하기를 기대하며, 그것을 따르지 않을 경우 폭력을 행사하는 경우가 많다. 독재형 어머니 밑에서 자란 아이들은 공격적 성향과 파괴적 성향을 많이 보이는 것이 특징이다. 또한, 어린 시절 받은 학대로 인해 상상이나 판타지 속에 머무르는 시간이 많고, 이것은 심각한 망상으로 나타나기도 한다.
‘허용형’ 어머니는 오로지 아이의 욕망에만 관심을 지니면서, ‘아이의 욕망을 내가 채워 주고 싶다.’는 식으로 자기 욕망을 형성한다. 허용형 어머니는 자녀가 요구하는 것은 무엇이든 해주기 때문에 이런 어머니 밑에서 양육된 아이들은 자아 통제가 부족하기 쉽다. 따라서 이 아이들은 충동적이고 즉흥적인 성향이 강하며, 도덕적 책임 의식이 결여된 경우가 많다.
한편, ‘방임형’ 어머니의 경우 아이와 정서적으로 차단되어 있기 때문에 아이의 욕망에 무관심할 뿐만 아니라, 아이 입장에서도 어머니의 욕망을 전혀 파악할 수 없다. 방치된 아이들은 자신의 욕망도 모르고 어머니의 욕망도 파악하지 못하기 때문에, 어떤 방식으로든 오직 어머니의 관심을 끄는 것만이 아이의 유일한 욕망이 된다. 이 아이들은 “엄마, 제발 나를 봐주세요.”, “엄마, 내가 나쁜 짓을 해야 나를 볼 것인가요?”, “엄마, 내가 정말 잔인한 짓을 할지도 몰라요.”라면서 어머니의 관심을 끊임없이 요구한다.

보기

ㄱ. 허용형 어머니는 방임형 어머니에 비해 아이의 욕망에 높은 관심을 갖는다.
ㄴ. 허용형 이머니의 아이는 독재형 어머니의 아이보다 도덕적 의식이 높은 경우가 많다.
ㄷ. 방임형 어머니의 아이는 독재형 어머니의 아이보다 어머니의 욕망을 더 잘 파악한다.

① ㄱ
② ㄴ
③ ㄱ, ㄷ
④ ㄴ, ㄷ
⑤ ㄱ, ㄴ, ㄷ

제2영역 언어추리

※ 제시된 명제가 모두 참일 때, 빈칸에 들어갈 명제로 가장 적절한 것을 고르시오. [1~2]

01

• 자차가 없으면 대중교통을 이용한다. • ________________________ • 자차가 없으면 출퇴근 비용을 줄일 수 있다.

① 자차가 있으면 출퇴근 비용이 줄어든다.
② 대중교통을 이용하려면 자차가 있어야 한다.
③ 대중교통을 이용하면 출퇴근 비용이 줄어든다.
④ 출퇴근 비용을 줄이려면 자차가 있어야 한다.
⑤ 자차가 없으면 출퇴근 비용을 줄일 수 없다.

02

• 포유류는 새끼를 낳아 키운다. • 고양이는 포유류이다. • ________________________

① 포유류는 고양이이다.
② 고양이는 새끼를 낳아 키운다.
③ 새끼를 낳아 키우는 것은 고양이이다.
④ 새끼를 낳아 키우는 것은 포유류가 아니다.
⑤ 고양이가 아니면 포유류가 아니다.

※ 제시된 명제가 모두 참일 때, 추론할 수 있는 것을 고르시오. [3~4]

03

- 국어를 좋아하는 학생은 영어를 좋아한다.
- 수학을 싫어하는 학생은 국어를 좋아한다.
- 수학을 좋아하는 학생은 영어를 싫어한다.
- 영어를 좋아하는 학생은 사회를 좋아한다.

① 영어를 싫어하는 학생은 국어를 좋아한다.
② 국어를 싫어하는 학생은 영어도 싫어한다.
③ 영어를 좋아하는 학생은 수학도 좋아한다.
④ 사회를 좋아하는 학생은 수학도 좋아한다.
⑤ 수학을 싫어하는 학생은 사회도 싫어한다.

04

- 수학 수업을 듣지 않는 학생들은 국어 수업을 듣지 않는다.
- 모든 학생들은 국어 수업을 듣는다.
- 수학 수업을 듣는 어떤 학생들은 영어 수업을 듣는다.

① 모든 학생들은 영어 수업을 듣는다.
② 모든 학생들은 국어, 수학, 영어 수업을 듣는다.
③ 어떤 학생들은 국어와 영어 수업만 듣는다.
④ 어떤 학생들은 국어, 수학, 영어 수업을 듣는다.
⑤ 모든 학생들은 국어 수업을 듣거나 수학 수업을 듣는다.

05 다음 명제들이 모두 참일 때, 사슴보다 큰 동물은 몇 마리인가?

- 코끼리는 토끼보다 크다.
- 토끼는 악어보다 작다.
- 악어는 코끼리보다 작다.
- 상어는 코끼리보다 크다.
- 악어는 사슴보다 크다.

① 1마리
② 2마리
③ 3마리
④ 4마리
⑤ 알 수 없음

06 매주 화요일에 진행되는 취업스터디에 A ~ E 5명의 친구가 함께 참여하고 있다. 스터디 불참 시 벌금이 부과되는 스터디 규칙에 따라 지난주 불참한 2명은 벌금을 내야 한다. 이들 중 2명이 거짓말을 하고 있다고 할 때, 다음 중 옳은 것은?

- A : 내가 다음 주에는 사정상 참석할 수 없지만 지난주에는 참석했어!
- B : 지난주 불참한 C가 반드시 벌금을 내야 해.
- C : 지난주 스터디에 A가 불참한 건 확실해!
- D : 사실 나는 지난주 스터디에 불참했어.
- E : 지난주 스터디에 나는 참석했지만, B는 불참했어.

① A와 B가 벌금을 내야 한다.
② A와 C가 벌금을 내야 한다.
③ A와 E가 벌금을 내야 한다.
④ B와 D가 벌금을 내야 한다.
⑤ D와 E가 벌금을 내야 한다.

07 A～D 네 명의 피의자가 경찰에게 다음과 같이 진술하였다. 한 사람의 진술만이 참일 경우의 범인과 한 사람의 진술만이 거짓일 경우의 범인을 차례로 나열한 것은?(단, 범인은 한 명이며, 범인의 말은 반드시 거짓이다)

- A : C가 범인이다.
- B : 나는 범인이 아니다.
- C : D가 범인이다.
- D : C는 거짓말을 했다.

① A, B
② A, C
③ A, D
④ B, C
⑤ B, D

08 기획팀은 A팀장, B과장, C대리, D주임, E사원으로 구성되어 있다. 각자 다음과 같이 출근한다고 할 때, 기획팀 구성원 중 먼저 출근한 사람부터 바르게 나열한 것은?

- E사원은 항상 A팀장보다 먼저 출근한다.
- B과장보다 일찍 출근하는 팀원은 한 명뿐이다.
- D주임보다 늦게 출근하는 직원은 두 명 있다.
- C대리는 팀원 중 가장 일찍 출근한다.

① C대리－B과장－D주임－E사원－A팀장
② C대리－B과장－E사원－D주임－A팀장
③ C대리－E사원－B과장－D주임－A팀장
④ E사원－A팀장－B과장－D주임－C대리
⑤ E사원－B과장－D주임－C대리－A팀장

09 **직원들끼리 이번 달 성과급에 대해 이야기를 나누고 있다. 성과급은 반드시 오르거나 깎였고, 직원들 중 1명만 거짓말을 하고 있을 때 항상 참인 것은?**

- 직원 A : 난 이번에 성과급이 올랐어. 그래도 B만큼 오르지는 않았어.
- 직원 B : 맞아. 난 성과급이 좀 올랐지. D보다 조금 더 올랐어.
- 직원 C : 좋겠다. E도 성과급이 올랐네.
- 직원 D : 무슨 소리야. E는 C와 같이 성과급이 깎였는데.
- 직원 E : 그것보다 중요한 건, D가 A보다 성과급이 덜 올랐다는 거야.

① 직원 B의 성과급이 가장 많이 올랐다.
② 직원 D의 성과급이 가장 많이 올랐다.
③ 직원 A의 성과급이 오른 사람 중 가장 적다.
④ 직원 C는 성과급이 깎였다.
⑤ 직원 E의 성과급 순위를 알 수 없다.

10 **A ~ E는 아파트 101 ~ 105동 중 서로 다른 동에 각각 살고 있다. 제시된 내용이 모두 참일 때, 반드시 참인 것은?(단, 101 ~ 105동은 일렬로 나란히 배치되어 있다)**

- A와 B는 서로 인접한 동에 산다.
- C는 103동에 산다.
- D는 C 바로 옆 동에 산다.

① A는 101동에 산다.
② B는 102동에 산다.
③ D는 104동에 산다.
④ A가 102동에 산다면 E는 105동에 산다.
⑤ B가 102동에 산다면 E는 101동에 산다.

11 **연경, 효진, 다솜, 지민, 현지 5명 중에서 1명이 선생님의 책상에 있는 화병에 꽃을 꽂아두었다. 이 가운데 2명의 이야기는 모두 거짓이지만 3명의 이야기는 모두 참이라고 할 때 선생님 책상에 꽃을 꽂아둔 사람은?**

- 연경 : 화병에 꽃을 꽂아두는 것을 나와 현지만 보았다. 효진이의 말은 모두 맞다.
- 효진 : 화병에 꽃을 꽂아둔 사람은 지민이다. 지민이가 그러는 것을 현지가 보았다.
- 다솜 : 지민이는 꽃을 꽂아두지 않았다. 현지의 말은 모두 맞다.
- 지민 : 화병에 꽃을 꽂아두는 것을 세 명이 보았다. 효진이는 꽃을 꽂아두지 않았다.
- 현지 : 나와 연경이는 꽃을 꽂아두지 않았다. 나는 누가 꽃을 꽂는지 보지 못했다.

① 연경
② 효진
③ 다솜
④ 지민
⑤ 현지

12 **A ~ D 4명은 각각 서로 다른 지역인 인천, 세종, 대전, 강릉에서 근무하고 있다. A ~ D 모두 연수에 참여하기 위해 서울에 있는 본사를 방문한다고 할 때, 〈조건〉에 따라 바르게 추론한 것은?(단, A ~ D 모두 같은 종류의 교통수단을 이용하고, 이동 시간은 거리가 멀수록 많이 소요되며, 그 외 소요되는 시간은 서로 동일하다)**

조건

- 서울과의 거리가 먼 순서대로 나열하면 강릉 – 대전 – 세종 – 인천 순이다.
- D가 서울에 올 때, B보다 더 많은 시간이 소요된다.
- C는 A보다는 많이 B보다는 적게 시간이 소요된다.

① B는 세종에 근무한다.
② C는 대전에 근무한다.
③ D는 강릉에 근무한다.
④ C는 B보다 먼저 출발해야 한다.
⑤ 이동 시간이 긴 순서대로 나열하면 'C – D – B – A'이다.

13 다음 그림과 같이 각 층에 1인 1실의 방이 4개씩 있는 3층 호텔에 A ~ I 총 9명이 투숙해 있다. 〈조건〉에 따라 추론할 때, 다음 중 반드시 옳은 것은?

조건

(가) 각 층에는 3명씩만 투숙한다.
(나) A의 바로 위에는 C가 투숙해 있으며, A의 바로 오른쪽 방에는 아무도 투숙해 있지 않다.
(다) B의 바로 위의 방에는 아무도 투숙해 있지 않다.
(라) C의 바로 왼쪽에 있는 방에는 아무도 투숙해 있지 않으며, C는 D와 같은 층 바로 옆에 인접해 있다.
(마) D는 E의 바로 아래의 방에 투숙해 있다.
(바) E, F, G는 같은 층에 투숙해 있다.
(사) G의 옆방에는 아무도 투숙해 있지 않다.
(아) I는 H보다 위층에 투숙해 있다.

	301	302	303	304	
좌	201	202	203	204	우
	101	102	103	104	

① A는 104, 204, 304호 중 한 곳에 투숙해 있다.
② C는 1층에 투숙해 있다.
③ F는 3층에 투숙해 있을 것이다.
④ H는 1층, 바로 위의 방에는 E, 그 위의 방에는 D가 있다.
⑤ I는 3층에 투숙해 있다.

14 C사는 공개 채용을 통해 4명의 남자 사원과 2명의 여자 사원을 최종 선발하였고, 선발된 6명의 신입 사원을 기획부, 인사부, 구매부 세 부서에 배치하려고 한다. 다음 〈조건〉에 따라 신입 사원을 배치할 때, 옳지 않은 것은?

조건

- 기획부, 인사부, 구매부 각 부서에 적어도 1명의 신입 사원을 배치한다.
- 기획부, 인사부, 구매부에 배치되는 신입 사원의 수는 서로 다르다.
- 부서별로 배치되는 신입 사원의 수는 구매부가 가장 적고, 기획부가 가장 많다.
- 여자 신입 사원만 배치되는 부서는 없다.

① 인사부에는 2명의 신입 사원이 배치된다.
② 구매부에는 1명의 남자 신입 사원이 배치된다.
③ 기획부에는 반드시 여자 신입 사원이 배치된다.
④ 인사부에는 반드시 여자 신입 사원이 배치된다.
⑤ 인사부에는 1명 이상의 남자 신입 사원이 배치된다.

※ 제시된 내용을 바탕으로 내린 A, B의 결론에 대한 판단으로 항상 옳은 것을 고르시오. [15~16]

15

- 24시간 운영하는 패스트푸드점에서 월 ~ 수요일 근무표를 짜려고 한다.
- 근무는 2교대로, 주간과 야간 근무로 이루어져 있다.
- 주간 근무는 2명, 야간 근무는 1명이 한다.
- 야간 근무를 한 직원은 다음 날 반드시 휴식을 한다.
- 직원은 총 4명으로 연호, 승원, 누리, 윤수이다.
- 연호는 일요일에 야간 근무를 했다.
- 승원이는 개인 사정상 화요일에 야간 근무를 할 수 없다.
- 연호를 제외한 나머지 3명은 야간 근무를 한 번씩 한다.
- 윤수는 화요일이 휴식일이다.

A : 승원이의 스케줄은 월요일부터 순서대로 주간 – 주간 – 야간이다.
B : 수요일에는 연호와 누리가 주간 근무를 하게 된다.

① A만 옳다.
② B만 옳다.
③ A, B 모두 옳다.
④ A, B 모두 틀리다.
⑤ A, B 모두 옳은지 틀린지 판단할 수 없다.

16

- 영화관 주인 원규는 2개의 상영관을 가지고 있다.
- 원규는 다음 주 한 주간 영화 상영 스케줄을 계획 중이다.
- 이번 주 월요일은 홀수일이며, 한 주의 시작은 월요일로 한다.
- 제1상영관은 평일에만 운영하고, 제2상영관은 수요일을 제외하고 운영한다.
- 제2상영관만 운영하는 날 중 짝수일에 지역주민을 위한 무료상영회를 개최한다.
- 제1상영관만 운영하는 날에는 독립영화 상영을 한다.
- 홀수일에는 한국영화를, 짝수일에는 외국영화를 상영한다.

A : 계획 중인 무료상영회에서는 외국영화가 상영될 것이다.
B : 계획표 상에 두 상영관이 같이 한국영화를 상영하는 날보다 같이 외국영화를 상영하는 날이 많을 것이다.

① A만 옳다.
② B만 옳다.
③ A, B 모두 옳다.
④ A, B 모두 틀리다.
⑤ A, B 모두 옳은지 틀린지 판단할 수 없다.

17 다음 글을 읽고 전선업계를 비판한 내용으로 가장 적절한 것은?

> 국내 전선산업은 구릿값 변동에 밀접하게 맞물려 성장과 침체를 거듭해 왔다. 케이블 원가의 60% 이상을 전기동이 차지하고, 회사의 매출・이익과 연관되다 보니 전선업계는 구리 관련 이슈에 매번 민감한 반응을 보일 수밖에 없는 상황이다. 특히 2017년은 전선업계에 그 어느 때보다도 구리 관련 이슈가 많았던 해로 기억될 전망이다. 계속해서 하향곡선을 그리던 국제 구리 시세가 5년 만에 오름세로 반전, 전선 산업에 직간접적으로 영향을 주기 시작했고, 한국전력공사가 지중배전케이블의 구리 – 알루미늄 간 도체 성능 비교에 나서는 등 크고 작은 사건들이 일어났기 때문이다.
> 전선업계는 지난해 말, 수년간 약세를 보였던 구릿값이 강세로 돌아서자 기대감 섞인 시선을 보냈다. 수년 전의 경험을 바탕으로, 전선업계가 직면해 있던 만성적인 수급 불균형과 경기침체로 인한 위기를 조금이나마 해소할 계기가 될 것이라는 장밋빛 전망이 나왔던 것이다. 2009년부터 2011년까지 구리가 전선업계의 역사적 호황을 이끌었던 사례가 있다. 2008년 톤당 2,700달러대였던 구릿값은 2011년 1만 달러를 돌파하며 끝없이 치솟았고, 전선업체들의 성장을 이끌었다.
> 그 이전만 해도 경제위기와 공급과잉 등으로 어려움을 겪었던 전선업계는 구릿값 상승 기류를 타고 분위기를 반전시켰다. 그러나 막상 지난해 11월 이후 상승세를 이어가고 있던 구리 시세가 시장에 적용되기 시작한 2017년에 들어서자, 업계의 기대감은 산산조각 났다. 오히려 빠르게 치솟는 구릿값을 시장가격이 따라잡지 못하면서, 기업의 수익성에 부정적 영향을 미치는 등 부작용이 이어지고 있기 때문이다. 지난해 11월 1일 4,862.5달러였던 구리 시세가 올해 10월 27일 7,073.50달러까지 45.5%가량 오르면서, 전선업체들의 매출도 대부분 올랐다. 반면 영업이익은 전년과 비슷한 수준이거나 반대로 줄어든 곳이 많았다.
> 무엇보다 불공정계약이 만연한 것도 동값 위기를 키우고 있다. 업계에 따르면 계약 체결 후 제품을 납품하고 수금하는 과정에서 전선업체와 구매자 간 불공정거래 문제가 심각한 상황이다. 전선업계는 구릿값이 상승할 경우 기존 계약금액을 동결한 상태에서 결제를 진행하고, 반대로 구릿값이 떨어지면 그만큼의 차액을 계약금에서 차감해줄 것을 요구하는 등의 불공정거래 행위가 여전히 이어지고 있다고 입을 모으고 있다.

① '개구리 올챙이 적 생각 못 한다.'더니 구릿값이 비쌌을 때 생각 못 하고 있네.
② '소 잃고 외양간 고친다.'더니 구릿값이 올라가니깐 후회하고 있구나.
③ '등잔 밑이 어둡다.'더니 전선업계는 자신들의 문제를 이해하지 못하는군.
④ '달면 삼키고 쓰면 뱉는다.'더니 자기의 이익만을 생각하고 있구나.
⑤ '떡 줄 사람은 꿈도 안 꾸는데 김칫국부터 마신다.'더니 구릿값이 내려가기만을 바라고 있네.

18 다음 글의 주장에 대한 반박으로 가장 적절한 것은?

> 고대 중국인들은 인간이 행하지 못하는 불가능한 일은 그들이 신성하다고 생각한 하늘에 의해서 해결 할 수 있다고 보았다. 그리하여 하늘은 인간에게 자신의 의지를 심어 두려움을 갖고 복종하게 하는 의미뿐만 아니라 인간의 모든 일을 책임지고 맡아서 처리하는 의미로까지 인식되었다. 그 당시에 하늘은 인간에게 행운과 불운을 가져다줄 수 있는 힘이고, 인간의 개별적 또는 공통적 운명을 지배하는 신비하고 절대적인 존재라는 믿음이 형성되었다. 이러한 하늘에 대한 인식은 결과적으로 하늘을 권선징악의 주재자로 보고, 모든 새로운 왕조의 탄생과 정치적 변천까지도 그것에 의해 결정된다는 믿음의 근거로 작용하였다.

① 하늘은 인륜의 근원이며, 인륜은 하늘의 덕성이 발현된 것이다.
② 사람이 받게 되는 재앙과 복의 원인은 모두 자신에게 있다.
③ 뱃사공들은 하늘에 제사를 지냄으로써 자신들의 항해가 무사하길 기원한다.
④ 인간의 길흉화복은 우주적 질서의 일부이다.
⑤ 천체의 움직임이 인간의 생활과 자연을 지배한다.

19 다음 A의 주장에 효과적으로 반박할 수 있는 진술로 가장 적절한 것은?

> A : 우리나라는 경제 성장과 국민 소득의 향상으로 매년 전력소비가 증가하고 있습니다. 이런 와중에 환경문제를 이유로 발전소를 없앤다는 것은 말도 안 되는 소리입니다. 반드시 발전소를 증설하여 경제 성장을 촉진해야 합니다.
>
> B : 하지만 최근 경제 성장 속도에 비해 전력소비량의 증가 속도가 느려지고 있는 것도 사실입니다. 더구나 전력소비에 대한 시민의식도 점차 바뀌어가고 있으므로 전력소비량 관련 캠페인을 실시하여 소비량을 줄인다면 발전소를 증설하지 않아도 됩니다.
>
> A : 의식의 문제는 결국 개인에게 기대하는 것이고, 희망적인 결과만을 생각한 것입니다. 확실한 것은 앞으로 우리나라 경제 성장에 있어 더욱더 많은 전력이 필요할 것이라는 겁니다.

① 친환경 발전으로 환경과 경제 문제를 동시에 해결할 수 있다.
② 경제 성장을 하면서도 전력소비량이 감소한 선진국의 사례도 있다.
③ 최근 국제 유가의 하락으로 발전비용이 저렴해졌다.
④ 발전소의 증설이 건설경제의 선순환 구조를 이룩할 수 있는 것이 아니다.
⑤ 우리나라 시민들의 전기소비량에 대한 인식조사를 해야 한다.

20 다음 〈보기〉의 '노자'의 입장에서 '자산'을 비판한 것으로 가장 적절한 것은?

> 거센 바람이 불고 화재가 잇따르자 정(鄭)나라의 재상 자산(子産)에게 측근 인사가 하늘에 제사를 지내라고 요청했지만, 자산은 "천도(天道)는 멀고, 인도(人道)는 가깝다."라며 거절했다. 그가 보기에 인간에게 일어나는 일은 더 이상 하늘의 뜻이 아니었고, 자연 변화 또한 인간의 화복(禍福)과는 거리가 멀었다. 인간이 자연 변화를 파악하면 얼마든지 재난을 대비할 수 있고, 인간사는 인간 스스로 해결할 문제라 생각한 것이다. 이러한 생각에 기초하여 그는 인간의 문제 해결 범위를 확대했고, 정나라의 현실 문제를 극복하고자 하였다. 그는 귀족이 독점하던 토지를 백성들도 소유할 수 있게 하였고, 이것을 문서화하여 세금을 부과하였다. 이에 따라 백성들은 개간(開墾)을 통해 경작지를 늘려 생산을 증대하였고, 국가는 경작지를 계량하고 등록함으로써 민부(民富)를 국부(國富)로 연결시켰다. 아울러 그는 중간 계급도 정치 득실을 논할 수 있도록 하여 귀족들의 정치 기반을 약화시키는 한편, 중국 역사상 처음으로 형법을 성문화하여 정(鼎, 발이 셋이고 귀가 둘 달린 솥)에 새김으로써 모든 백성이 법을 알고 법에 따라 처신하게 하는 법치의 체계를 세웠다. 성문법 도입은 귀족의 임의적인 법 제정과 집행을 막아 그들의 지배력을 약화시키는 조치였으므로 당시 귀족들은 이 개혁 조치에 반발하였다.

> **보기**
>
> 노자(老子)는 만물의 생성과 변화는 자연스럽고 무의지적이지만, 스스로의 작용에 의해 극대화된다고 보았다. 인간도 이러한 자연의 원리에 따라 삶을 영위해야 한다고 보아 통치자의 무위(無爲)를 강조했다. 또한 사회의 도덕・법률・제도 등은 모두 인간의 삶을 인위적으로 규정하는 허위라 파악하고, 그것의 해체를 주장했다.

① 사회 제도에 의거한 정치 개혁은 사회 발전을 극대화할 것이다.
② 인간의 문제를 스스로 해결하려는 시도는 결국 현실 사회를 허위로 가득 차게 할 것이다.
③ 사회 규범의 법제화는 자발적인 도덕의 실현으로 이어질 것이다.
④ 현실주의적 개혁은 궁극적으로 백성들에게 안정과 혜택을 줄 것이다.
⑤ 자연이 인간의 화복을 주관하지 않는다는 생각은 사회의 도덕, 법률, 제도의 존재를 부정할 수 없다.

01 다음은 C기업의 등급별 인원 비율 및 성과급에 대한 자료이다. 마케팅부서의 인원은 15명이고, 영업부서 인원은 11명일 때, 이에 대한 설명으로 옳지 않은 것은?(단, 인원은 소수점 첫째 자리에서 반올림한다)

〈등급별 인원 비율 및 성과급〉

구분	S	A	B	C
인원 비율	15%	30%	40%	15%
성과급(만 원)	500	420	330	290

① 마케팅부서의 S등급 성과급을 받는 인원과 영업부서의 C등급 성과급을 받는 인원의 수가 같다.
② A등급 1인당 성과급은 B등급 1인당 성과급보다 약 27% 많다.
③ 영업부서 A등급과 B등급의 인원은 마케팅부서 인원보다 각각 2명씩 적다.
④ 마케팅부서에 지급되는 총성과급은 5,660만 원이다.
⑤ 영업부서에 지급되는 총성과급은 마케팅부서 총성과급보다 1,200만 원이 적다.

02 다음은 유럽 3개국 수도의 30년간 인구수 변화를 나타낸 자료이다. 이에 대한 설명으로 옳지 않은 것은?

〈유럽 3개국 수도 인구수〉

(단위 : 천 명)

구분	1993년	2003년	2013년	2023년
A도시	9,725	10,342	10,011	9,860
B도시	6,017	8,305	12,813	20,384
C도시	30,304	33,587	35,622	38,001

① 세 도시 중 조사기간 동안 인구가 감소한 도시가 있다.
② 2013년을 기점으로 인구수가 2번째로 많은 도시가 바뀐다.
③ B도시는 조사기간 동안 언제나 세 도시 중 가장 높은 인구 증가율을 보인다.
④ 연도별 인구가 최소인 도시의 인구수 대비 인구가 최대인 도시의 인구수의 비는 계속 감소한다.
⑤ 해당 기간 동안 인구가 최대인 도시와 인구가 최소인 도시의 인구의 차는 지속적으로 증가한다.

03 다음은 전년 동월 대비 특허 심사건수 증감 및 등록률 증감 추이를 나타낸 자료이다. 이에 대한 설명으로 옳지 않은 것을 〈보기〉에서 모두 고르면?

〈특허 심사건수 증감 및 등록률 증감 추이(전년 동월 대비)〉

(단위 : 건, %)

구분	2024년 1월	2024년 2월	2024년 3월	2024년 4월	2024년 5월	2024년 6월
심사건수 증감	125	100	130	145	190	325
등록률 증감	1.3	−1.2	−0.5	1.6	3.3	4.2

보기

ㄱ. 2024년 3월에 전년 동월 대비 등록률이 가장 많이 낮아졌다.
ㄴ. 2024년 6월의 심사건수는 325건이다.
ㄷ. 2024년 5월의 등록률은 3.3%이다.
ㄹ. 2023년 1월 심사건수가 100건이라면, 2024년 1월 심사건수는 225건이다.

① ㄱ
② ㄱ, ㄴ
③ ㄴ, ㄹ
④ ㄱ, ㄴ, ㄷ
⑤ ㄴ, ㄷ, ㄹ

04 다음은 C병원의 하루 평균 이뇨제, 지사제, 진통제 사용량에 대한 자료이다. 이에 대한 설명으로 옳지 않은 것은?

〈하루 평균 이뇨제, 지사제, 진통제 사용량〉

구분	2018년	2019년	2020년	2021년	2022년	1인 1일 투여량
이뇨제	3,000mL	3,480mL	3,360mL	4,200mL	3,720mL	60mL/일
지사제	30정	42정	48정	40정	44정	2정/일
진통제	6,720mg	6,960mg	6,840mg	7,200mg	7,080mg	60mg/일

※ 모든 의약품은 1인 1일 투여량을 준수하여 투여함

① 전년 대비 2022년 사용량 감소율이 가장 큰 의약품은 이뇨제이다.
② 5년 동안 지사제를 투여한 환자 수의 평균은 18명 이상이다.
③ 이뇨제 사용량은 증가와 감소를 반복하였다.
④ 매년 진통제를 투여한 환자 수는 이뇨제를 투여한 환자 수의 2배 이하이다.
⑤ 진통제 사용량은 증가와 감소를 반복하였다.

05 다음은 단위면적당 도시공원 · 녹지 · 유원지 현황을 나타낸 그래프이다. 이에 대한 설명으로 옳지 않은 것은?

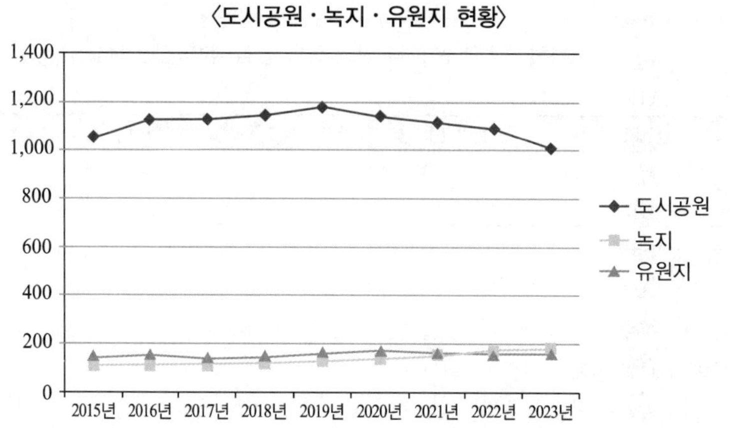

① 도시공원의 면적은 2020년부터 감소하고 있다.
② 2020년부터 녹지의 면적은 꾸준히 증가하고 있다.
③ 도시공원의 면적은 녹지와 유원지의 면적보다 월등히 넓다.
④ 2020년부터 녹지의 면적은 유원지 면적을 추월했다.
⑤ 도시공원의 면적은 2019년에 가장 넓다.

06 다음은 전통사찰 지정등록 현황에 대한 자료이다. 이에 대한 설명으로 옳은 것은?

〈연도별 전통사찰 지정 등록 현황〉

(단위 : 개소)

구분	2014년	2015년	2016년	2017년	2018년	2019년	2020년	2021년	2022년
지정 등록	17	15	12	7	4	4	2	1	2

① 전통사찰로 지정 등록되는 수는 계속 감소하고 있다.
② 2014년부터 2018년까지 전통사찰로 지정 등록된 수의 평균은 11개소이다.
③ 2016년과 2020년에 지정 등록된 전통사찰 수의 전년 대비 감소폭은 같다.
④ 위의 자료를 통해 2022년 전통사찰 총등록현황을 파악할 수 있다.
⑤ 2016년에 전통사찰로 지정 등록된 수는 전년도의 2배이다.

07 다음은 민간 분야 사이버 침해사고 발생현황에 대한 자료이다. 이에 대한 〈보기〉의 설명 중 옳지 않은 것을 모두 고르면?

〈민간 분야 사이버 침해사고 발생현황〉

(단위 : 건)

구분	2020년	2021년	2022년	2023년
홈페이지 변조	650	900	600	390
스팸릴레이	100	90	80	40
기타 해킹	300	150	170	165
단순 침입시도	250	300	290	175
피싱 경유지	200	430	360	130
전체	1,500	1,870	1,500	900

보기

ㄱ. 단순 침입시도 분야의 침해사고는 매년 스팸릴레이 분야의 침해사고 건수의 2배 이상이다.
ㄴ. 2020년 대비 2023년 침해사고 건수가 50% 이상 감소한 분야는 2개 분야이다.
ㄷ. 2022년 홈페이지 변조 분야의 침해사고 건수가 차지하는 비중은 35% 이상이다.
ㄹ. 2021년 대비 2023년은 모든 분야의 침해사고 건수가 감소하였다.

① ㄱ, ㄴ
② ㄱ, ㄹ
③ ㄴ, ㄷ
④ ㄴ, ㄹ
⑤ ㄷ, ㄹ

08 다음은 C지역의 2013년 ~ 2022년 논 면적 및 20kg당 쌀값 변화 추이에 대한 자료이다. 이에 대한 설명으로 옳지 않은 것은?

〈2013 ~ 2022년 논 면적 및 쌀값 변화 추이〉

구분	2013년	2014년	2015년	2016년	2017년
논 면적(ha)	213	193	187	182	179
쌀값(원/20kg)	44,000	42,500	37,500	32,000	39,000
구분	2018년	2019년	2020년	2021년	2022년
논 면적(ha)	173	169	166	159	155
쌀값(원/20kg)	45,000	47,000	50,000	57,000	48,500

※ (전체 쌀값) $=\frac{[\text{논 1ha당 수확한 쌀의 무게(kg)}]\times(\text{논 면적})\times(\text{20kg당 쌀값})}{20}$

① 논 면적은 매년 감소하였다.
② 논 면적이 가장 많이 감소한 해의 20kg당 쌀값이 가장 비싸다.
③ 2013년부터 2022년까지 5년 연속으로 20kg당 쌀값이 상승하였던 때가 있다.
④ 2013년의 전체 쌀값과 2018년의 전체 쌀값이 같다면 1ha당 수확한 쌀의 양은 2018년이 더 많다.
⑤ 매년 논 1ha당 수확하는 쌀의 양이 일정하다면 2020년의 전체 쌀값은 2015년의 전체 쌀값보다 비싸다.

09 다음은 성별 국민연금 가입자에 대한 자료이다. 이에 대한 설명으로 옳은 것은?

〈성별 국민연금 가입자 수〉

(단위 : 명)

구분	사업장 가입자	지역 가입자	임의 가입자	임의계속 가입자	합계
남성	8,059,994	3,861,478	50,353	166,499	12,138,324
여성	5,775,011	3,448,700	284,127	296,644	9,804,482
합계	13,835,005	7,310,178	334,480	463,143	21,942,806

① 남성 사업장 가입자 수는 남성 지역 가입자 수의 2배 미만이다.
② 여성 사업장 가입자 수는 나머지 여성 가입자 수를 모두 합친 것보다 적다.
③ 전체 지역 가입자 수는 전체 사업장 가입자 수의 50% 미만이다.
④ 전체 가입자 중 여성 가입자 수의 비율은 40% 이상이다.
⑤ 가입자 수가 많은 순서대로 나열하면 '사업장 가입자 – 지역 가입자 – 임의 가입자 – 임의계속 가입자' 순서이다.

10 다음은 2021년 상반기부터 2023년 하반기까지 내용별 이메일 스팸 수신량 비율 추이를 조사한 자료이다. 이에 대한 설명으로 옳은 것은?

〈내용별 이메일 스팸 수신량 비율 추이〉

(단위 : %)

구분	2021년 상반기	2021년 하반기	2022년 상반기	2022년 하반기	2023년 상반기	2023년 하반기
성인 이메일	14.8	11.6	26.5	49.0	19.2	29.5
대출·금융 이메일	0	1.9	10.2	7.9	2.1	0.1
일반 이메일	85.2	86.5	63.3	43.1	78.7	70.4
합계	100	100	100	100	100	100

① 일반 이메일 스팸 비율의 전반기 대비 증감추이는 대출·금융 이메일 스팸의 전반기 대비 증감추이와 같다.

② 성인 이메일 스팸 수신량은 2021년 상반기보다 2023년 하반기에 더 많았다.

③ 일반 이메일 스팸의 경우 2021년 하반기부터 비율이 계속 증가하고 있다.

④ 2022년 하반기 대출·금융 이메일 스팸의 비율은 전년 동기의 4배 이상이다.

⑤ 성인 이메일 스팸 비율은 2021년 상반기 대비 2023년 상반기에 50% 이상 증가하였다.

11 다음은 2024년도 연령별 인구수 현황을 나타낸 그래프이다. 이를 통해 각 연령대를 기준으로 남성 인구가 40% 이하인 연령대 ㉠과 여성 인구가 50% 초과 60% 이하인 연령대 ㉡을 순서대로 바르게 나열한 것은?

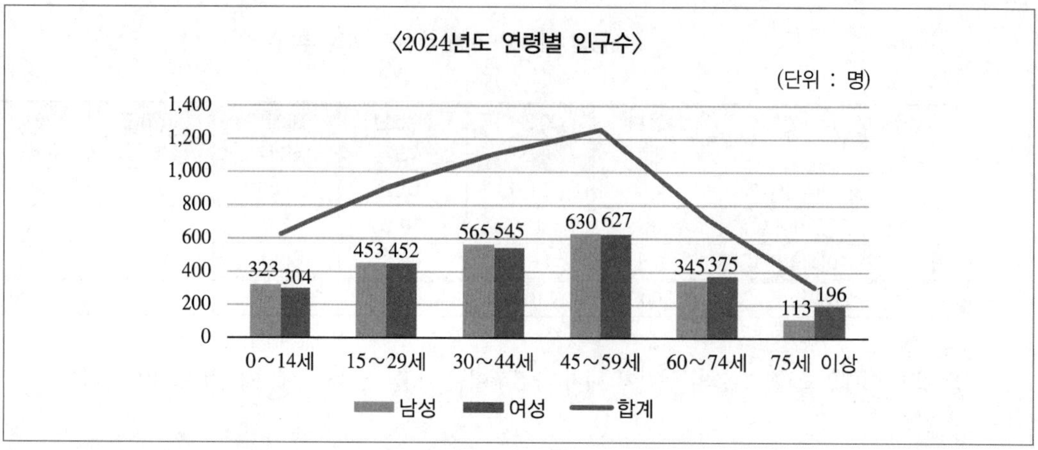

	㉠	㉡
①	0～14세	15～29세
②	30～44세	15～29세
③	45～59세	60～74세
④	75세 이상	45～59세
⑤	75세 이상	60～74세

12 다음은 A ~ F국의 2024년 GDP와 GDP 대비 국가자산총액을 나타낸 그래프이다. 이에 대한 〈보기〉의 설명 중 옳은 것만을 모두 고르면?

〈A ~ F국의 2024년 GDP와 GDP 대비 국가자산총액〉

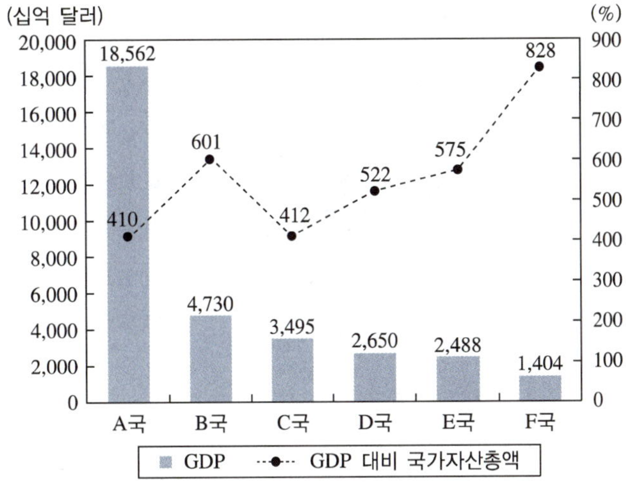

※ [GDP 대비 국가자산총액(%)] $= \frac{\text{(국가자산총액)}}{\text{(GDP)}} \times 100$

보기

ㄱ. GDP가 높은 국가일수록 GDP 대비 국가자산총액이 작다.
ㄴ. A국의 GDP는 나머지 5개국 GDP의 합보다 크다.
ㄷ. 국가자산총액은 F국이 D국보다 크다.

① ㄱ
② ㄴ
③ ㄷ
④ ㄱ, ㄴ
⑤ ㄴ, ㄷ

13 다음은 현 정부에 대한 남녀의 만족도를 조사한 자료이다. 이에 대한 〈보기〉의 설명 중 옳지 않은 것을 모두 고르면?

〈현 정부에 대한 남녀의 만족도 결과〉

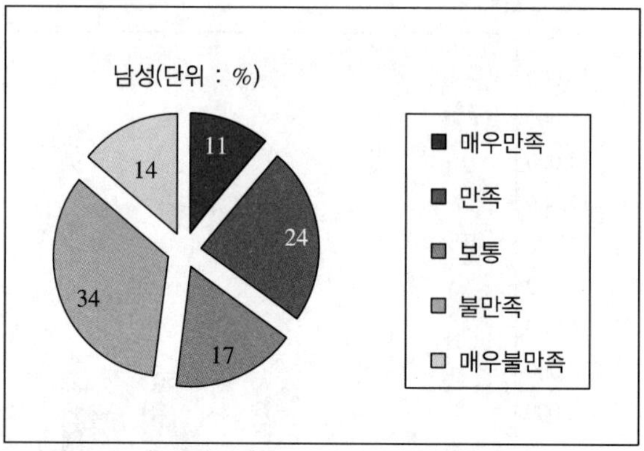

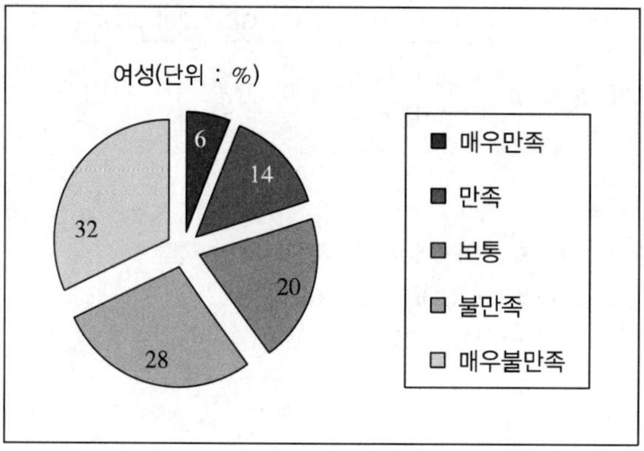

※ 긍정적인 답변 : 매우만족, 만족
※ 부정적인 답변 : 불만족, 매우불만족

보기

ㄱ. 남성이 여성보다 긍정적인 답변율이 더 높다.
ㄴ. 여성의 부정적인 답변율은 남성의 1.25배이다.
ㄷ. 답변 중 '보통'에 응답한 비율은 남성이 여성의 80%이다.
ㄹ. 남성 200명과 여성 350명이 조사에 응답했다면, '매우만족'이라고 응답한 인원은 남성이 여성보다 더 많다.

① ㄷ
② ㄹ
③ ㄱ, ㄴ
④ ㄴ, ㄷ
⑤ ㄷ, ㄹ

14 다음은 지난 10년간 우리나라 일부 품목의 소비자물가지수에 대한 그래프이다. 이에 대한 설명으로 옳지 않은 것은?

〈소비자물가지수〉

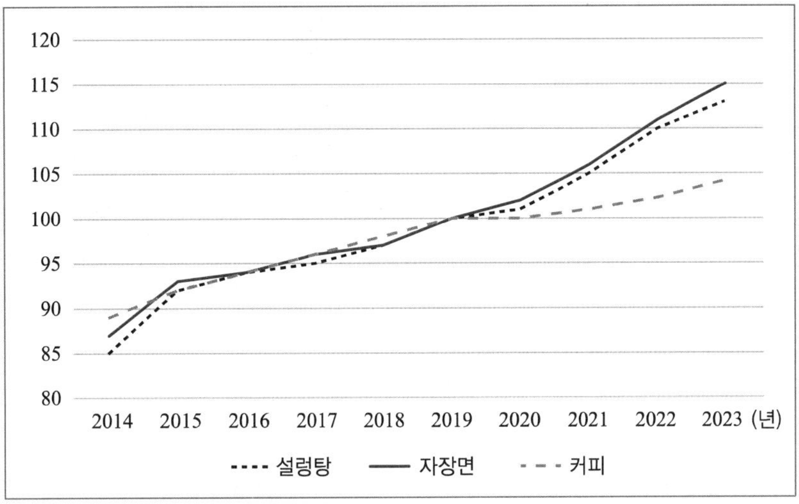

① 제시한 모든 품목의 소비자물가지수는 2019년 물가를 100으로 하여 등락률을 산정했다.
② 자장면은 2019년 대비 최근까지 물가가 가장 많이 오른 음식이다.
③ 설렁탕은 2014년부터 2019년까지 물가가 가장 많이 오른 음식이다.
④ 2023년 가장 비싼 품목은 자장면이다.
⑤ 2019년 대비 2023년은 '자장면, 설렁탕, 커피' 순으로 가격이 올랐다.

15 다음은 출생아 수 및 합계 출산율을 나타낸 그래프이다. 이에 대한 설명으로 옳은 것은?

〈출생아 수 및 합계 출산율〉

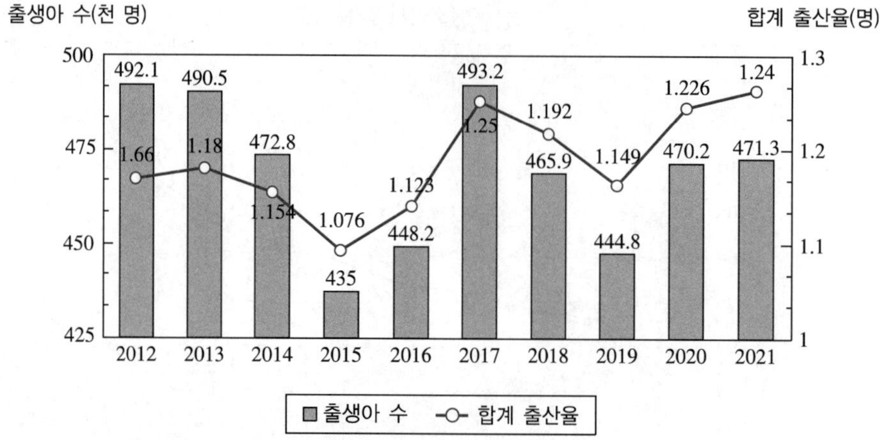

※ 합계 출산율 : 여성 1명이 평생 동안 낳을 것으로 예상되는 평균 출생아 수

① 2015년의 출생아 수는 2013년에 비해 약 0.6배로 감소하였다.

② 우리나라의 합계 출산율은 지속적으로 상승하고 있다.

③ 한 여성이 평생 동안 낳을 것으로 예상되는 평균 출생아 수는 2015년에 가장 낮다.

④ 2020년에 비해 2021년에는 합계 출산율이 0.024명 증가했다.

⑤ 2019년 이후 합계 출산율이 상승하고 있으므로 2022년에도 전년보다 증가할 것이다.

16 다음은 지식경제부에서 발표한 산업경제지표 추이이다. 이에 대한 설명으로 옳지 않은 것은?

〈산업경제지표 추이〉

주가(Pt)	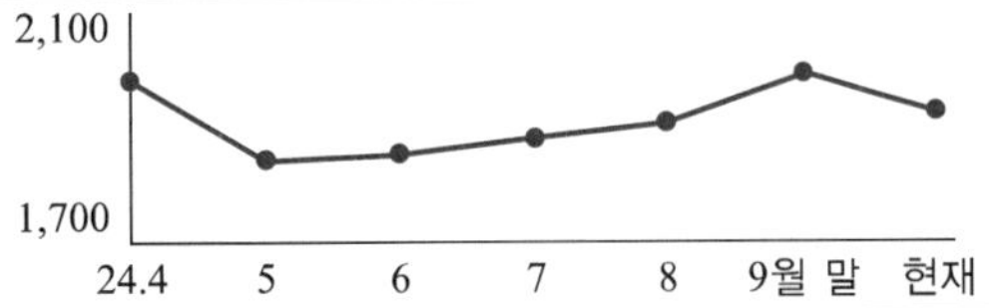
환율(원/$)	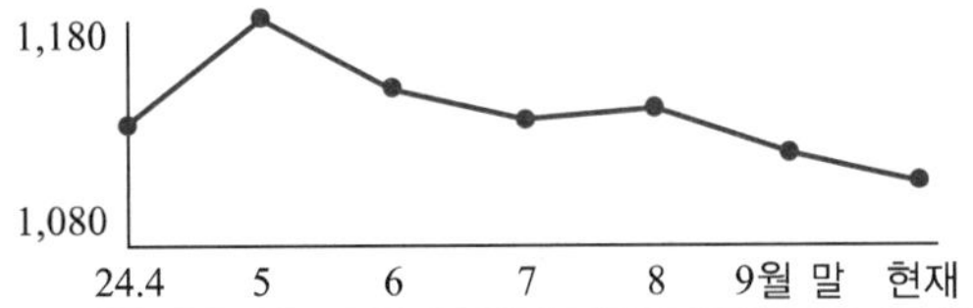
유가($/B)	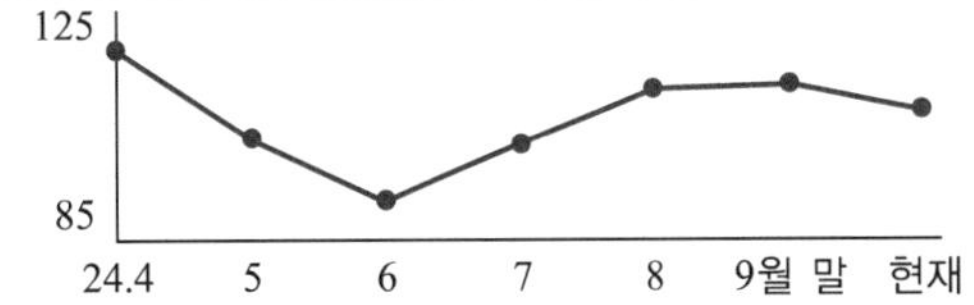

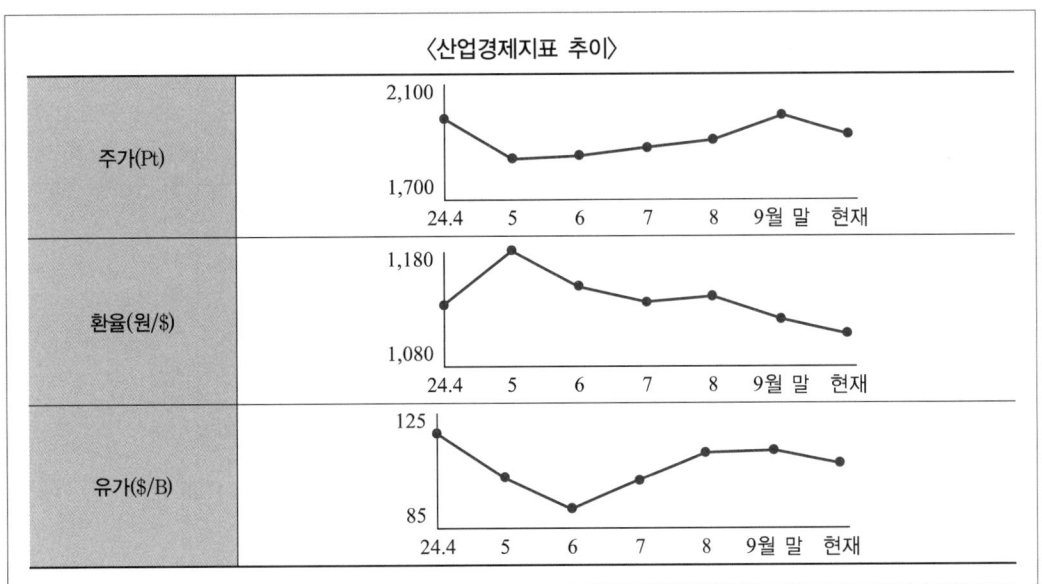

① 주가는 5월에 급락했다가 9월 말까지 서서히 회복세를 보였으나, 현재는 다시 하락해서 24년 4월선을 회복하지 못하고 있다.

② 환율은 5월 이후 하락세에 있으므로 원화가치는 높아질 것이다.

③ 유가는 6월까지는 큰 폭으로 하락했으나, 그 이후 9월까지 서서히 상승세를 보이고 있다.

④ 숫자상의 변동 폭이 가장 작은 것은 유가이다.

⑤ 2024년 8월을 기점으로 세 지표 모두 하락세를 보이고 있다.

17 다음은 태양광 산업 분야 투자액 및 투자건수를 나타낸 그래프이다. 이에 대한 설명으로 옳지 않은 것은?

〈태양광 산업 분야 투자액 및 투자건수〉

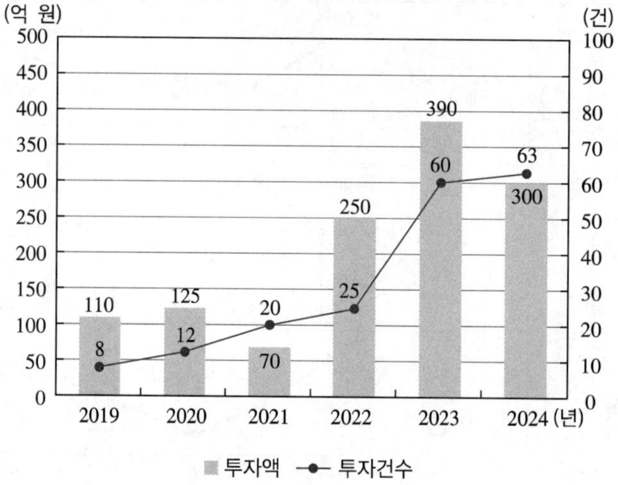

① 2020～2024년 동안 투자액의 전년 대비 증가율은 2020년이 가장 높다.

② 2020～2024년 동안 투자건수의 전년 대비 증가율은 2024년이 가장 낮다.

③ 2019년과 2022년 투자건수의 합은 2024년 투자건수보다 적다.

④ 투자액이 가장 큰 해는 2023년이다.

⑤ 투자건수는 매년 증가한다.

18 다음은 다인이와 5명의 친구들이 몸무게와 키를 측정한 결과를 나타낸 그래프이다. 6명 중 두 번째로 키가 큰 사람은 누구이며, 그 사람의 몸무게는 몇 번째로 가벼운가?

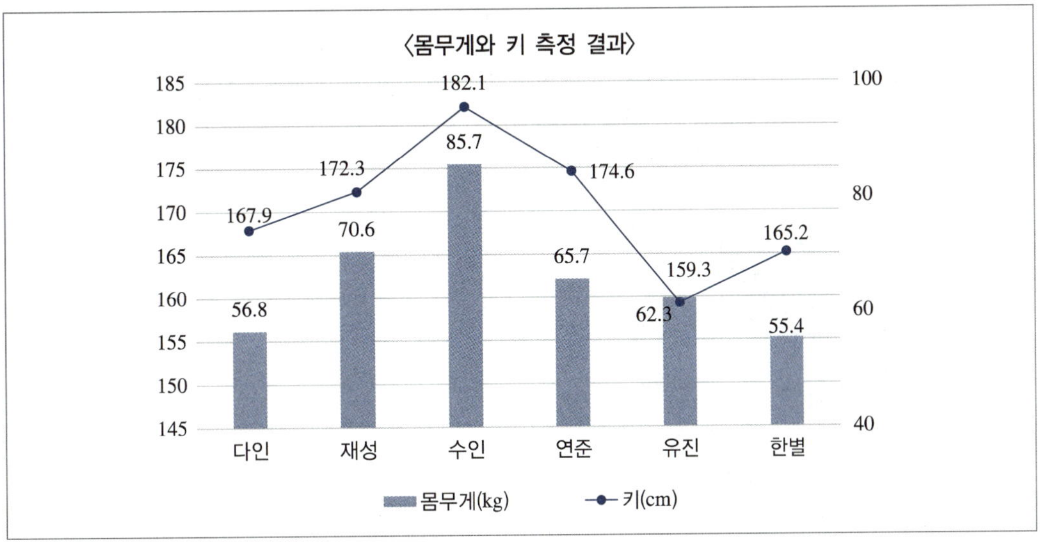

① 재성, 2번째
② 재성, 3번째
③ 재성, 4번째
④ 연준, 3번째
⑤ 연준, 4번째

19 **다음은 자영업 업종에 대한 자료이다. 이를 참고하여 자영업 업종별로 차지하는 비중을 나타낸 그래프로 옳은 것은?(단, 모든 그래프의 단위는 %이다)**

> 국내 자영업자 비율이 세계 3위에 오른 가운데, 자영업의 상위 5개 업종을 살펴보면 다음과 같다. 먼저 치킨집이 가장 많았으며, 커피전문점보다 5%p 높은 1위였다. 커피전문점 또한 자영업의 30% 이상을 차지할 정도로 인기 있는 업종이었다. 다음으로 헤어샵, 편의점, 요식업 순으로 높았으며, 기타 업종은 전체 자영업 업종의 5% 미만을 차지하였다.

①

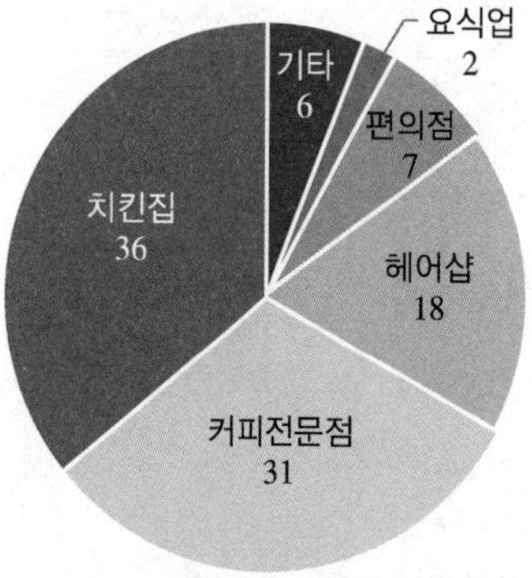

②

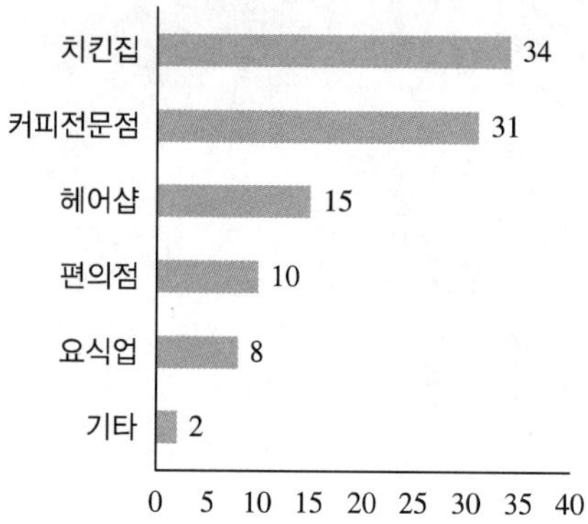

③

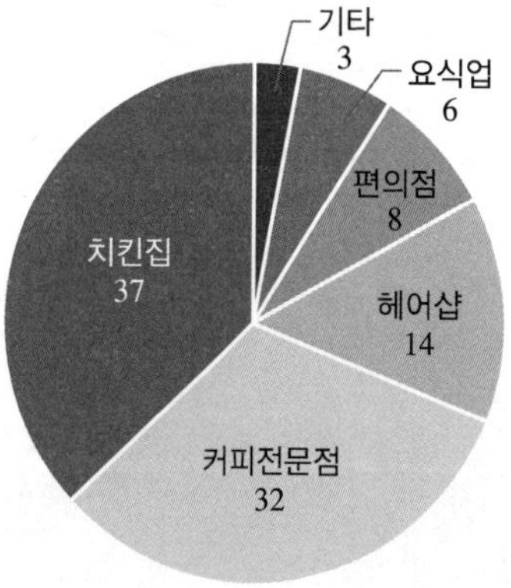

④

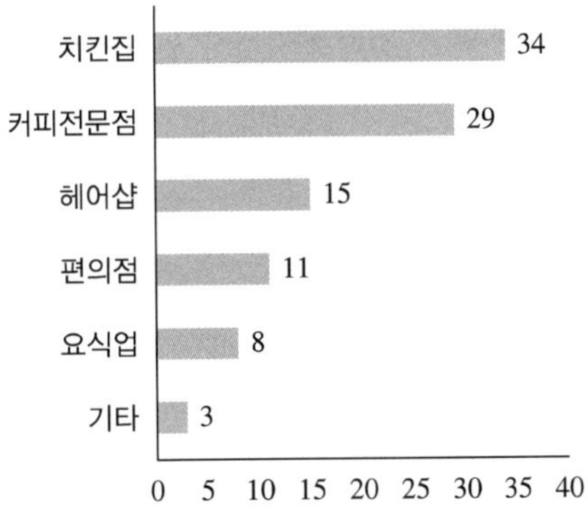
치킨집
34
커피전문점
29
헤어샵
15
편의점
11
요식업
8
기타
3
0 5 10 15 20 25 30 35 40

⑤

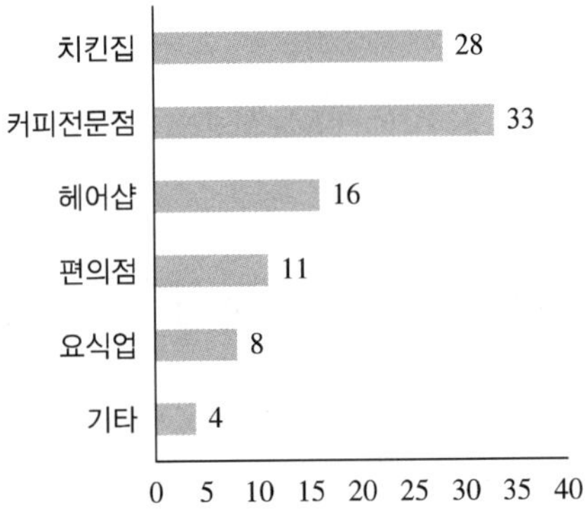
치킨집
28
커피전문점
33
헤어샵
16
편의점
11
요식업
8
기타
4
0 5 10 15 20 25 30 35 40

20 다음은 우리나라의 쌀 생산량 및 1인당 소비량을 나타낸 자료이다. 이에 대한 〈보기〉의 설명 중 옳은 것을 모두 고르면?

〈쌀 생산량 및 1인당 소비량〉

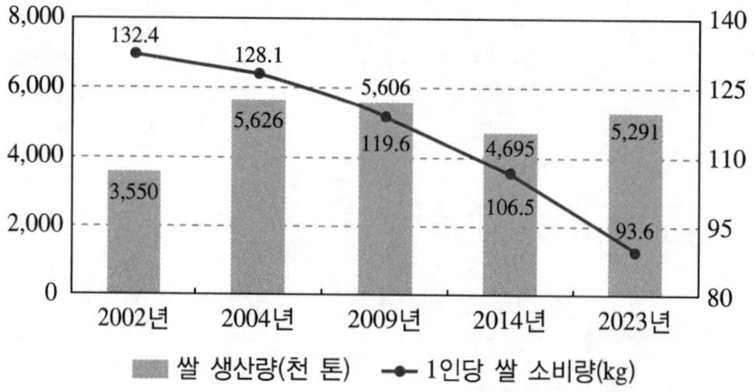

〈1인당 쌀 소비량〉

(단위 : kg, 천 명)

구분	2002년	2004년	2009년	2014년	2015년	2016년	2017년	2018년	2023년
전체	132.4	128.1	119.6	106.5	104.9	102.4	99.2	96.9	93.6
농가	150.7	164.3	160.5	149.2	148.6	146.3	143.7	141.3	139.9
비농가	125.5	118.1	112.1	101.3	99.8	97.4	94.5	92.4	89.2
인구	–	40,806	42,824	44,609	45,300	45,991	46,425	46,858	47,000

보기

ㄱ. 전체 쌀 소비량 중 50% 이상이 농가에서 소비되어 왔다.
ㄴ. 2023년 전체 쌀 소비량은 약 440만 톤이다.
ㄷ. 2014년에는 쌀 생산량이 쌀 소비량보다 적었다.

① ㄱ
② ㄴ
③ ㄱ, ㄴ
④ ㄴ, ㄷ
⑤ ㄱ, ㄴ, ㄷ

제4영역 창의수리

※ 다음과 같이 일정한 규칙으로 수를 나열할 때, 빈칸에 들어갈 알맞은 수를 고르시오. **[1~5]**

01

−5 2 16 37 65 ( )

① 85
② 90
③ 95
④ 98
⑤ 100

02

17 −51 153 −459 ( ) −4,131

① 1,377
② 1,576
③ 1,722
④ −2,456
⑤ −3,911

03

7 8 9.1 11.1 13.3 16.3 19.6 23.6 ( )

① 28
② 28.3
③ 28.6
④ 29.1
⑤ 29.3

04

$$\frac{1}{3} \quad \frac{4}{3} \quad \frac{11}{6} \quad \frac{13}{6} \quad \frac{29}{12} \quad (\quad)$$

① $\frac{10}{3}$
② $\frac{19}{6}$
③ $\frac{31}{12}$
④ $\frac{157}{60}$
⑤ $\frac{161}{60}$

05

$$\underline{-7 \quad 3 \quad 2} \quad \underline{(\quad) \quad -4 \quad -13} \quad \underline{27 \quad 5 \quad -16}$$

① 10
② 15
③ 25
④ 30
⑤ 35

06 다음 이차방정식에서 미지수 x의 해 2개의 합은?

$$x(3x+6)+12=84$$

① −8
② −2
③ 0
④ 2
⑤ 8

07 농도 8%의 소금물 200g과 농도 3%의 소금물 800g을 모두 섞었을 때, 소금물의 농도는?

① 3%
② 4%
③ 5%
④ 6%
⑤ 7%

08 전체 인원이 1,000명인 고등학교에서 성별에 따른 학력평가점수 평균을 알아보니 남학생은 45점, 여학생은 60점이었다. 남학생과 여학생 전체 평균점수가 51점일 때, 이 고등학교의 여학생은 몇 명인가?

① 400명
② 450명
③ 500명
④ 550명
⑤ 600명

09 A, B는 오후 1시부터 오후 6시까지 근무를 한다. A는 310개의 제품을 포장하는 데 1시간이 걸리고, B는 작업속도가 1시간마다 바로 전 시간의 2배가 된다. 두 사람이 오늘 포장한 개수가 같다고 할 때, B가 처음 1시간 동안 포장한 제품의 개수는?

① 25개
② 50개
③ 75개
④ 100개
⑤ 125개

10 30명 중에서 불합격자가 10명인 시험의 최저 합격 점수는 30명의 평균보다 5점이 낮고, 합격자의 평균보다는 30점이 낮았다. 또한 불합격자의 평균의 2배보다는 2점이 낮았다고 할 때, 최저 합격 점수는?

① 90점
② 92점
③ 94점
④ 96점
⑤ 98점

11 C백화점에는 1층에서 9층까지 운행하는 엘리베이터가 있다. 현진이와 서영이는 9층에서 엘리베이터를 타고 내려오다가 각자 어느 한 층에서 내렸다. 이때, 두 사람이 서로 다른 층에서 내릴 확률은?(단, 두 사람은 엘리베이터를 타고 내려오다가 다시 올라가지는 않는다)

① $\frac{3}{8}$
② $\frac{1}{2}$
③ $\frac{5}{8}$
④ $\frac{3}{4}$
⑤ $\frac{7}{8}$

12 어떤 가게에서 사과 10개들이 한 상자를 9,500원에 판매하고 있다. 이 가게에서 사과를 낱개로 구매하려면 개당 1,000원을 내야 한다. 50,000원으로 이 가게에서 살 수 있는 사과의 최대 개수는?

① 48개
② 50개
③ 52개
④ 54개
⑤ 56개

13 다정이네 집에는 화분 2개가 있다. 두 화분에 있는 식물 나이의 합은 8세이고, 각 나이 제곱의 합은 34세가 된다. 이때 두 식물의 나이 차는 얼마인가?(단, 식물의 나이는 자연수이다)

① 2세
② 3세
③ 4세
④ 5세
⑤ 6세

14 조각 케이크 1조각을 정가로 팔면 3,000원의 이익을 얻는다. 만일, 장사가 되지 않아 정가보다 20%를 할인하여 5개 팔았을 때 순이익과 조각 케이크 1개당 정가에서 2,000원씩 할인하여 4개를 팔았을 때의 매출액이 같다면 이 상품의 정가는 얼마인가?

① 4,000원
② 4,100원
③ 4,300원
④ 4,400원
⑤ 4,600원

15 철수는 오후 3시에 집에서 출발하여 평지를 지나 언덕 꼭대기까지 갔다가 같은 길을 되돌아와 그날 저녁 9시에 집에 도착했다. 평지에서는 4km/h로 걸었고, 언덕을 올라갈 때는 3km/h, 언덕을 내려올 때는 6km/h로 걸었다면 철수는 총 몇 km를 걸었는가?(단, 철수는 쉬지 않고 걸었다)

① 6km
② 12km
③ 18km
④ 24km
⑤ 30km

16 A, B 두 팀이 축구 경기를 했는데 동점으로 끝나 승부차기를 하고 있다. 양 팀이 한 번씩 승부차기를 한 후에도 경기가 끝나지 않을 확률은 얼마인가?(단, A팀과 B팀의 승부차기 성공률은 각각 70%, 40%이다)

① 11%
② 18%
③ 28%
④ 36%
⑤ 46%

17 십의 자릿수가 x, 일의 자릿수가 y인 두 자리 자연수가 있다. 이 수의 십의 자릿수와 일의 자릿수를 바꾸면 처음 숫자보다 9가 커진다고 할 때, 처음 숫자는 얼마인가?

① $9x+1$
② $10x+1$
③ $11x+1$
④ $12x+1$
⑤ $13x+1$

18 우영이는 면적이 144m^2인 정사각형 모양 밭에 사과나무 169그루를 심으려고 한다. 일정한 간격으로 나무를 심을 때, 나무 사이 거리는?

① 1m
② 1.2m
③ 1.3m
④ 2m
⑤ 2.5m

19 프로농구 결승전에서 A, B 두 팀이 시합을 했다. 전반전에 A팀은 B팀보다 7점을 더 땄고, 후반전에 A팀은 B팀이 딴 점수의 $\frac{3}{5}$을 따 75 : 78로 B팀이 이겼다. A팀이 후반전에 딴 점수는?

① 15점
② 20점
③ 25점
④ 30점
⑤ 35점

20 인천 광역 버스 1300번, 790번, 1301번의 배차시간은 차례대로 30분, 60분, 80분이다. 세 버스가 같은 정류장에서 오전 7시에 첫차로 출발한다고 할 때, 이 정류장에서 두 번째로 같이 출발하는 시각은?

① 오전 9시 30분
② 오전 10시
③ 오전 11시
④ 오전 11시 30분
⑤ 오전 11시 40분

앞선 정보 제공! 도서 업데이트

언제, 왜 업데이트될까?

도서의 학습 효율을 높이기 위해 자료를 추가로 제공할 때!
공기업 · 대기업 필기시험에 변동사항 발생 시 정보 공유를 위해!
공기업 · 대기업 채용 및 시험 관련 중요 이슈가 생겼을 때!

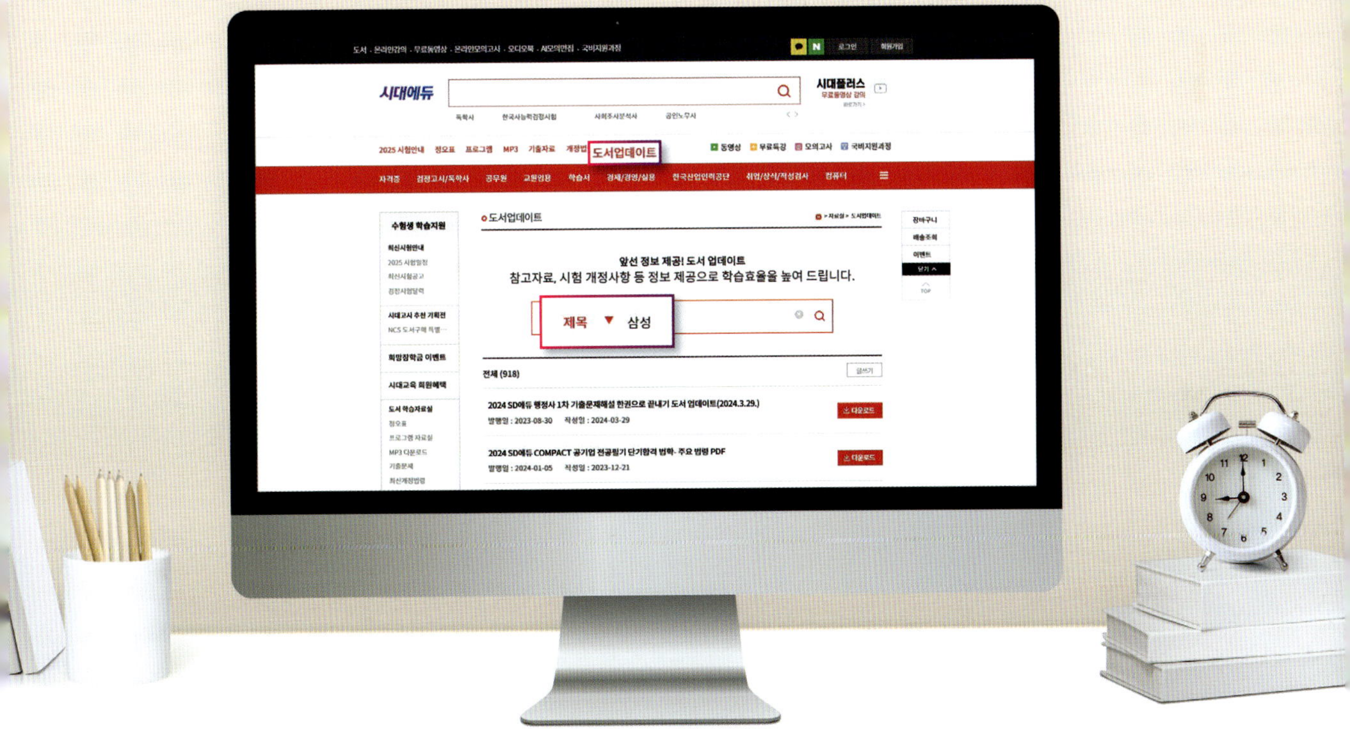

01 시대에듀 도서 www.sdedu.co.kr/book 홈페이지 접속

02 상단 카테고리 「도서업데이트」 클릭

03 해당 기업명으로 검색

참고자료, 시험 개정사항 등 정보 제공으로 학습효율을 높여 드립니다.

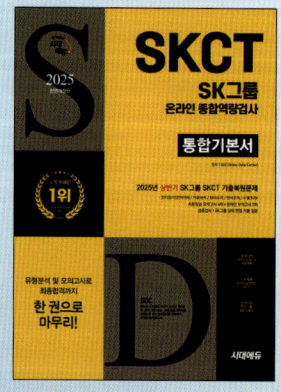

2025
하 반 기

합격에듀
시대에듀

사이다 기출응용
모의고사 시리즈

사이다

사일 동안
이것만 풀면
다 합격!

판매량
1위
YES24 CJ그룹 부문

CJ그룹 온라인 CAT

4회분 | 정답 및 해설

[합격시대]
온라인 모의고사
무료쿠폰

도서 동형
온라인 실전연습
서비스

10대기업
면접 기출
질문 자료집

SDC는 시대에듀 데이터 센터의 약자로 약 30만 개의 NCS · 적성 문제 데이터를 바탕으로 최신 출제경향을 반영하여 문제를 출제합니다.

편저 | SDC(Sidae Data Center)

시대에듀

기출응용 모의고사

정답 및 해설

CJ그룹 CAT 온라인 적성검사

1일 차 기출응용 모의고사 정답 및 해설

제1영역 언어이해

01	02	03	04	05	06	07	08	09	10
③	③	②	③	②	④	③	③	②	⑤
11	12	13	14	15	16	17	18	19	20
①	③	③	②	①	⑤	④	④	④	④

01

정답 ③

제시문에 따르면 반으로 자른 수박의 과육에 나타나는 하트 모양 줄무늬는 수박씨가 맺히는 자리에 생기는 '태좌'라는 것으로 정상적인 현상이다.

02

정답 ③

두 번째 문단의 '하지만 산수화 속의 인간은 산수에 부속된 것일 뿐이다. 산수화에서의 초점은 산수에 있지, 산수 속에 묻힌 인간에 있지 않다.'라는 문장을 통해 확인할 수 있다.

오답분석

① 조선 시대 회화의 주류가 인간의 외부에 존재하는 대상을 그리는 것이 대부분이었다면, 조선 후기에 등장한 풍속화는 인간의 모습을 화폭 전면에 채우는 그림으로 인간을 중심으로 하고, 현세적이고 일상적인 생활을 소재로 한다.
② 풍속화에 등장하는 인물의 주류는 양반이 아닌 농민과 어민, 그리고 별감, 포교, 나장, 기생, 뚜쟁이 할미까지 도시의 온갖 인간들이다.
④ 조선 시대 회화의 주류는 산수화였다.
⑤ 여성이 회화의 주요 대상으로 등장하는 것은 조선 후기의 풍속화에 와서야 가능하게 되었다.

03

정답 ②

제시문에서의 '티 내기'는 개방된 시장과 관련이 없다.

04

정답 ③

제시문에서는 멸균에 대해 언급하며, 멸균 방법을 물리적·화학적으로 구분하여 다양한 멸균 방법에 대해 설명하고 있다. 따라서 글의 주제로 ③이 가장 적절하다.

05

정답 ②

두 번째 문단의 '시장경제가 제대로 운영되기 위해서는 국가의 소임이 중요하다.'라고 한 부분과 세 번째 문단의 '시장경제에서 국가가 할 일은 크게 세 가지로 나누어 볼 수 있다.'라고 한 부분에서 '시장경제에서의 국가의 역할'이라는 주제를 유추할 수 있다.

06

정답 ④

제시문은 글쓴이가 글을 쓸 때 전략이 있어야 함을 주장하며, 이에 따라 독자 역시 글을 읽을 때 글쓴이의 의도를 파악해야 함을 그 구체적인 예를 들어 설명하는 글이다. 따라서 (나) 글쓴이가 글을 쓰는 목적에 따라 달라지는 글쓰기 전략 – (다) 글을 쓰는 목적에 따른 글쓰기 전략의 예 – (라) 독자가 글을 읽는 방법 – (가) 독자가 글을 읽는 방법에 대한 구체적인 예시 순으로 연결되어야 한다.

07

정답 ③

제시문은 신채호의 소아와 대아 구별에 대해 설명하고 있다. 먼저 소아와 대아의 차이점으로 자성, 상속성, 보편성을 제시하는 (가) 문단이 오는 것이 적절하며, 다음으로 상속성과 보편성의 의미를 설명하는 (라) 문단이 오는 것이 적절하다. 이후 항성과 변성의 조화를 통한 상속성·보편성 실현방법을 설명하는 (나) 문단과 항성과 변성이 조화를 이루지 못할 경우 나타나는 결과인 (다) 문단 순으로 나열하는 것이 적절하다.

08 정답 ③

제시문에 따르면 기분조정 이론은 현재 시점에만 초점을 맞추고 있는 기분관리 이론을 보완한 이론으로, 기분조정 이론을 검증하기 위한 실험에서 피실험자들은 한 시간 후의 상황을 생각하며 미리 다른 음악을 선택하였다. 즉 기분조정 이론은 사람들이 현재 시점뿐만 아니라 다음에 올 상황을 고려하여 현재의 기분을 조정한다는 것이다. 따라서 빈칸에 들어갈 내용으로 ③이 가장 적절하다.

오답분석

① · ④ · ⑤ 현재의 기분에 초점을 맞추고 있는 진술이므로 적절하지 않다.

② 기분조정 이론에 따르면 사람들은 다음에 올 상황을 고려하여 흥분을 유발하는 음악 또는 흥분을 가라앉히는 음악을 선택하여 기분을 조정한다. 따라서 흥분을 유발할 수 있는 음악을 선택한다는 진술은 적절하지 않다.

09 정답 ②

제시문에 따르면 농업은 과학 기술의 발전성과를 수용하여 새로운 상품과 시장을 창출할 수 있는 잠재적 가치를 가지고 있으므로, 농업의 성장을 위해서는 과학 기술의 문제점을 성찰하기보다는 과학 기술을 어떻게 활용할 수 있는지를 고민해보는 것이 적절하다.

10 정답 ⑤

제시문에 따르면 형식주의 영화인 「달세계 여행」에서 기발한 이야기와 트릭 촬영이 중요한 요소가 된 것이지, 사실주의에서는 중요한 요소라고 볼 수 없다.

11 정답 ①

제시문에서 품질에 대한 고객의 세 가지 욕구를 고객이 식당에 가는 상황이라는 구체적 사례를 들어 독자의 이해를 돕고 있다.

12 정답 ③

(가) : 청소년의 척추 질환을 예방하는 대응 방안과 관련된 ㄴ이 적절하다.

(나) : 책상 앞에 앉아 있는 바른 자세와 관련된 ㄷ이 적절하다.

(다) : 틈틈이 척추 근육을 강화하는 운동을 해 주는 것과 관련된 자세인 ㄱ이 적절하다.

13 정답 ③

보기는 욕망의 확대가 힘의 확대로 이루어지지 않고 도리어 역효과가 나타날 수 있으므로 우리의 힘이 미치는 반경을 생각해보아야 한다고 한다. 이는 (다) 바로 앞의 문단에서 인간이 만족할 때 강해지고 불만족할 때 약해진다는 내용과 함께, (다) 뒤의 내용인 '그 범위'에 대응되는 것이다. 따라서 (다)에 들어가는 것이 적절하다.

14 정답 ②

마지막 문단의 '도시권역 간 이동시간을 단축해 출퇴근 교통체증을 해소할 수 있고'라는 내용을 통해, UAM의 상용화에 따라 도심 지상교통이 이전보다 원활해질 것임을 예측할 수 있다.

오답분석

① UAM은 지상교통수단의 이용이 불가능해진 것이 아니라, 인구 증가와 인구 과밀화 등 여러 요인으로 인해 지상교통수단만으로는 한계에 다다라 이에 대한 해결책으로 등장한 기술이다.

③ 두 번째 문단에 따르면 UAM은 수직이착륙 기술을 가지고 있어 활주로의 필요성이 없는 것은 맞지만, 세 번째 문단의 '핵심 인프라 중 하나인 플라잉카 공항을 영국에서 건설 중이다.'라는 내용을 통해 해당 교통수단을 위한 별도의 공항이 필요한 것을 짐작할 수 있다.

④ 첫 번째 문단과 두 번째 문단에 따르면 UAM은 비행기와 달리 '저고도 상공'에서 사람이나 물품 등을 운송하는 교통수단 또는 이와 관련된 모든 사업을 통틀어 말하는 용어로 모든 항공교통수단 시스템을 지칭한다고 보기는 어렵다.

⑤ 제시문에서 공기업과 사기업 그리고 각 시가 UAM의 상용화를 목표로 박차를 가하고 있음은 알 수 있으나, 그들이 역할을 분담하여 공동의 목표를 향한다는 내용은 찾을 수 없다.

15

정답 ①

제시문을 살펴보면, 먼저 첫 번째 문단에서는 이산화탄소로 메탄올을 만드는 곳이 있다며 관심을 유도하고, 두 번째 문단에서 해당 원료를 어떻게 만드는지 또 어디서 사용하는지 구체적으로 설명함으로써 이산화탄소 재활용의 긍정적인 측면을 부각하고 있다. 하지만 세 번째 문단에서는 앞선 내용과 달리 이렇게 만들어진 이산화탄소의 부정적인 측면을 설명하고, 마지막 문단에서는 이와 같은 이유로 결론이 나지 않았다며 글을 마무리하고 있다. 따라서 제시문의 주제로 가장 적절한 것은 이산화탄소 재활용의 이면을 모두 포함하는 내용인 '탄소 재활용의 득과 실'이다.

오답분석

② 두 번째 문단에 한정된 내용으로써 제시문 전체를 다루는 주제로 보기에는 적절하지 않다.
③ 지열발전소의 부산물을 통해 메탄올이 만들어진 것은 맞지만, 새롭게 탄생한 연료로 보기는 어려우며, 제시문의 전체를 다루는 주제로 보기에도 적절하지 않다.
④·⑤ 제시문의 첫 번째, 두 번째 문단을 통해 버려진 이산화탄소 및 부산물의 재활용을 통해 '메탄올'을 제조함으로써 미래 원료를 해결할 것처럼 보이지만, 이어지는 두 문단을 이렇게 만들어진 '메탄올'이 과연 미래 원료로 적합한지 의문점이 제시되고 있다. 따라서 제시문의 주제로 보기에는 적절하지 않다.

16

정답 ⑤

현존하는 가장 오래된 실록은 전주에 전주 사고에 보관되어 있던 것으로, 강화도 마니산에 봉안되었다가 1936년 병자호란에 의해 훼손된 것을 현종 때 보수하여 숙종 때 강화도 정족산에 다시 봉안했다가 현재 서울대에서 보관하고 있다.

오답분석

① 원본을 포함해 모두 5벌의 실록을 갖추게 되었으므로 재인쇄하였던 실록은 모두 4벌이다.
② 강원도 태백산에 보관하였던 실록은 서울대에 있다.
③ 현재 한반도에 남아 있는 실록은 강원도 태백산, 강화도 정족산, 장서각의 것으로 모두 3벌이다.
④ 적상산에 보관하였던 실록은 구황국 장서각으로 옮겨졌으며, 이는 6·25 전쟁 때 북한으로 옮겨져 현재 김일성종합대학에서 소장하고 있다.

17

정답 ④

제시문의 내용은 스티븐 와이즈의 '동물의 권리를 인정해야 한다.'는 주장에 대해 반박하는 글이다. 글쓴이의 주장은 '인간이 권리를 갖는 이유는 법적 권리와 의무의 주체가 될 수 있는 인격체이기 때문'인 것으로 보고 '동물의 권리는 법적으로 인격체임을 인정받는 것이므로 그것은 자연과학이 아닌 법철학에서 다루어야 할 개념'이라고 설명하고 있다. 또한 '인격체는 공동체의 일원이 될 수 있는 개체를 의미하며, 공동체의 일원이 되기 위해서는 협상, 타협, 동의의 능력이 필요하므로 동물은 인격체가 아니며 법적 권리를 가질 수 없다.'고 주장하고 있다. 이 주장을 강화하는 진술은 ④로 동물에게 해를 입어도 그 동물에게 법적 책임을 묻지 않는 것은 '동물은 인격체가 아니다.'라는 글쓴이의 주장과 일맥상통하다.

18

정답 ④

제시문은 유추에 의한 단어 형성에 대해서만 설명을 하고 있다. 따라서 다른 단어 형성 방식에 대해서는 알 수가 없다.

오답분석

① 첫 번째 문단에서 확인할 수 있는 내용이다.
② 두 번째 문단에서 확인할 수 있는 내용이다.
③ 세 번째 문단에서 확인할 수 있는 내용이다.
⑤ 마지막 문단에서 확인할 수 있는 내용이다.

19

정답 ④

화폐 통용을 위해서는 화폐가 유통될 수 있는 시장이 성장해야 하고, 농업생산력이 발전해야 한다. 그러나 서민들은 물품화폐를 더 선호하였고, 일부 계층에서만 화폐가 유통되었다. 따라서 광범위한 동전 유통이 실패한 것이다. 화폐의 수요량에 따른 공급은 화폐가 유통된 이후의 조선 후기에 해당하는 내용이다.

20

정답 ④

빈칸의 앞 문단에서 '보손 입자는 페르미온과 달리 파울리의 배타원리를 따르지 않는다. 따라서 같은 에너지 상태를 지닌 입자라도 서로 겹쳐서 존재할 수 있다. 만져지지 않는 에너지 덩어리인 셈이다.'라고 하였고, 빈칸 다음 문장에서 '빛은 실험을 해보면 입자의 특성을 보이지만, 질량이 없고 물질을 투과하며 만져지지 않는다.'라고 하였다. 또한 마지막 문장에서 '포논은 광자와 마찬가지로 스핀이 0인 보손 입자다.'라고 하였으므로 광자는 스핀이 0인 보손 입자라는 것을 알 수 있다. 따라서 빈칸에 들어갈 내용으로는 ④가 적절하다.

오답분석

① 광자가 파울리의 배타원리를 따른다면, 파울리의 배타원리에 따라 페르미온 입자로 이뤄진 물질은 우리가 손으로 만질 수 있어야 한다. 그러나 광자는 질량이 없고 물질을 투과하며 만져지지 않는다고 하였으므로 적절하지 않은 내용이다.
② '포논은 광자와 마찬가지로 스핀이 0인 보손 입자다.'라는 마지막 문장에서 광자는 스핀 상태에 따라 분류할 수 있는 입자임을 알 수 있다.
③ 스핀이 1/2의 홀수배인 입자들은 페르미온이라고 하였고, 광자는 스핀이 0인 보손 입자이므로 적절하지 않은 내용이다.

제2영역 언어추리

01	02	03	04	05	06	07	08	09	10
①	③	②	①	⑤	④	③	③	②	③
11	12	13	14	15	16	17	18	19	20
⑤	①	②	③	①	④	②	③	④	④

01

정답 ①

'성공한 사업가는 존경받는다.'의 대우 명제는 '존경받지 못한 사업가는 성공한 사업가가 아니다.'이고, 이를 두 번째 명제와 연결하면 '어떤 합리적인 사업가는 성공한 사업가가 아니다.'이다. 즉, ①과 같은 명제이다.

02

정답 ③

명제가 참이면 대우 명제도 참이다. 즉, '을이 좋아하는 과자는 갑이 싫어하는 과자이다.'가 참이면 '갑이 좋아하는 과자는 을이 싫어하는 과자이다.'도 참이다. 따라서 갑은 비스킷을 좋아하고, 을은 비스킷을 싫어한다.

03

정답 ②

'야근을 하는 사람'을 A, 'X분야의 업무를 하는 사람'을 B, 'Y분야의 업무를 하는 사람'을 C라고 하면, 전제1과 전제2는 다음과 같은 벤다이어그램으로 나타낼 수 있다.

1) 전제1

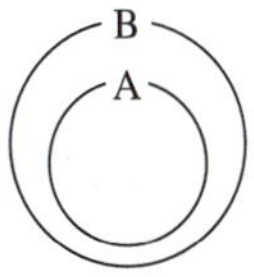

2) 전제2

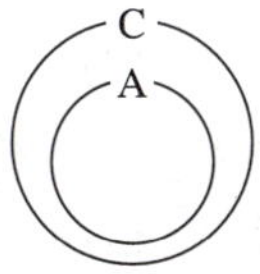

이를 정리하면 다음과 같은 벤다이어그램이 성립한다.

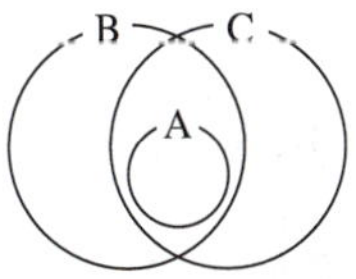

따라서 'Y분야의 업무를 하는 어떤 사람은 X분야의 업무를 한다.' 라는 결론이 도출된다.

04

정답 ①

삼단논법이 성립하기 위해서는 빈칸에 '호야는 노력하지 않았다.'라는 명제가 필요하다.

05

정답 ⑤

월요일부터 토요일까지 각 팀의 회의 진행 횟수가 같으므로 6일 동안 6개 팀은 각각 2번씩 회의를 진행해야 한다. 주어진 조건에 따라 A ~ F팀의 회의 진행 요일을 정리하면 다음과 같다.

<table>
<tr><th>월</th><th>화</th><th>수</th><th>목</th><th>금</th><th>토</th></tr>
<tr><td rowspan="2">C, B</td><td rowspan="2">D, B</td><td>C, E</td><td rowspan="2">A, F</td><td rowspan="2">A, F</td><td>D, E</td></tr>
<tr><td>D, E</td><td>C, E</td></tr>
</table>

오답분석

① E팀은 수요일과 토요일에 모두 회의를 진행한다.
② 화요일에 회의를 진행한 팀은 B팀과 D팀이다.
③ C팀과 E팀은 수요일과 토요일 중 하루는 함께 회의를 진행한다.
④ C팀은 월요일에 1번 회의를 진행하였고, 수요일 또는 토요일 중 하루만 회의를 진행한다.

06

정답 ④

두 번째 조건에 따라 둘째 날에는 2시간 또는 1시간 30분의 발 마사지 코스를 선택할 수 있다.

i) 둘째 날에 2시간의 발 마사지 코스를 선택하는 경우
첫째 날에는 2시간, 셋째 날에는 1시간, 넷째 날에는 1시간 30분이 소요되는 발 마사지를 받는다.

ii) 둘째 날에 1시간 30분의 발 마사지 코스를 선택하는 경우
첫째 날에는 2시간, 셋째 날에는 30분, 넷째 날에는 1시간 또는 1시간 30분 코스의 발 마사지를 받는다.

따라서 현수는 셋째 날에 가장 짧은 마사지 코스를 선택하였다.

07

정답 ③

을과 정은 상반된 이야기를 하고 있다. 만일 을이 참이고 정이 거짓이라면 합격자는 병, 정이 되는데 합격자는 한 명이어야 하므로 모순이다. 따라서 을은 거짓이고 합격자는 병이다.

08

정답 ③

먼저 A사원의 진술이 거짓이라면 A사원과 D사원 2명이 3층에서 근무하게 되고, 반대로 D사원의 진술이 거짓이라면 3층에는 아무도 근무하지 않게 되므로 조건에 어긋난다. 따라서 A사원과 D사원은 진실을 말하고 있음을 알 수 있다. 또한 C사원의 진술이 거짓이라면 아무도 홍보부에 속하지 않으므로 C사원도 진실을 말하고 있음을 알 수 있다. 결국 거짓말을 하고 있는 사람은 B사원이며, A～D사원의 소속 부서와 부서 위치를 정리하면 다음과 같다.

구분	소속 부서	부서 위치
A사원	영업부	4층
B사원	총무부	6층
C사원	홍보부	5층
D사원	기획부	3층

따라서 기획부는 3층에 위치한다.

09

정답 ②

가장 최근에 입사한 사람이 D이므로 D의 이름은 가장 마지막인 다섯 번째에 적혔다. C와 D의 이름은 연달아 적히지 않았으므로 C의 이름은 네 번째에 적힐 수 없다. 또한 E는 C보다 먼저 입사하였으므로 E의 이름은 C의 이름보다 앞에 적는다. 따라서 C의 이름은 첫 번째에 적히지 않았다. 이를 정리하면 다음과 같이 3가지 경우가 나온다.

구분	첫 번째	두 번째	세 번째	네 번째	다섯 번째
경우 1	E	C			D
경우 2	E		C		D
경우 3		E	C		D

여기서 경우 2와 경우 3은 A와 B의 이름이 연달아서 적혔다는 조건에 위배된다. 경우 1만 성립하므로 정리하면 다음과 같다.

구분	첫 번째	두 번째	세 번째	네 번째	다섯 번째
경우 1	E	C	A	B	D
경우 2	E	C	B	A	D

따라서 E의 이름은 첫 번째에 적혔으므로 E는 가장 먼저 입사한 것이며, B가 E보다 먼저 입사하였다는 ②는 항상 거짓이다.

오답분석

① C의 이름은 두 번째로 적혔고 A의 이름은 세 번째나 네 번째에 적혔으므로 항상 옳다.

③ E의 이름은 첫 번째에 적혔고 C의 이름은 두 번째로 적혔으므로 항상 옳다.

④ A의 이름은 세 번째에 적히면 B의 이름은 네 번째에 적혔고, A의 이름이 네 번째에 적히면 B의 이름은 세 번째에 적혔다. 따라서 참일 수도, 거짓일 수도 있다.

⑤ B의 이름은 세 번째 또는 네 번째에 적혔고, C는 두 번째에 적혔으므로 항상 옳다.

10

정답 ③

제시된 조건의 '비주얼 머천다이징팀과 광고그래픽팀에 둘 다 지원', '광고홍보팀과 경영지원팀에 둘 다 지원' 중 어느 하나를 만족시키면 된다. 세 번째 조건에서 'C아울렛 지원자 모두 인테리어팀이나 액세서리 디자인팀 가운데 적어도 한 팀에 지원하고 있다.'라고 했으므로 혜진이는 최소한 비주얼 머천다이징팀이나 광고홍보팀 중 한 팀에 지원했을 것이다. 만일, 혜진이가 광고그래픽팀이나 경영지원팀에 지원했다면 비주얼 머천다이징팀이나 광고그래픽팀 또는 광고홍보팀이나 경영지원팀에 지원했다는 정보를 만족시키기 때문에 패션디자인팀에 지원하고 있다는 결론을 내릴 수 있다.

11

정답 ⑤

제시된 내용을 정리하면 다음과 같은 두 가지 경우가 가능하다.

구분	경우 1	경우 2
6층	B	D
5층	C	B
4층	D	C
3층	E	A
2층	F	F
1층	A	E

- A : 경우 1이라면 D가 4층에 사는 것이 맞지만, 경우 2라면 아니므로 옳은지 틀린지 판단할 수 없다.
- B : 경우 2라면 E가 1층에 사는 것이 맞지만, 경우 1이라면 아니므로 옳은지 틀린지 판단할 수 없다.

12

정답 ①

제시된 내용을 정리하면 다음과 같다.

구분	준열	정환	수호	재하
데이터 선택 65.8	×	○	×	×
데이터 선택 54.8	×	×		
데이터 선택 49.3	○	×	×	×
데이터 선택 43.8	×	×		

- A : 제시된 내용에 따라 준열이는 데이터 선택 49.3을 사용한다.
- B : 수호는 데이터 선택 54.8과 데이터 선택 43.8 중 하나를 사용하지만 어떤 요금제를 사용하는지 정확히 알 수 없다.

13
정답 ②

명제를 정리하면 '여름은 겨울보다 비가 많이 내림 → 비가 많이 내리면 습도가 높음 → 습도가 높으면 먼지와 정전기가 잘 일어나지 않음'이다. 비가 많이 내리면 습도가 높고 습도가 높으면 먼지가 잘 나지 않으므로 비가 많이 오지 않는 겨울이 여름보다 먼지가 잘 난다.

오답분석

① 첫 번째 명제와 두 번째 명제로 추론할 수 있다.
③ 여름이 겨울보다 습도가 높기 때문에, 정전기가 잘 일어나지 않는다.
④ 첫 번째 명제와 네 번째 명제로 추론할 수 있다.
⑤ 네 번째 명제의 대우와 첫 번째 명제로 추론할 수 있다.

14
정답 ③

거짓을 말하는 사람이 1명이기 때문에 B와 C 둘 중 1명이 거짓을 말하고 있다.

i) B가 거짓말을 할 경우
B가 거짓말을 한다면 A는 진실을 말하고 있다. A는 C가 범인이라고 했고, E는 A가 범인이라고 했으므로 A와 C가 범인이다.

ii) C가 거짓말을 할 경우
C가 거짓말을 한다면 B는 진실을 말하므로 A도 거짓말을 하고 있다. 1명만 거짓을 말하고 있으므로 모순이다.

따라서 범인은 A와 C이다.

15
정답 ①

제시문은 창조 도시가 가져올 경제적인 효과를 언급하며 창조 도시의 동력을 무엇으로 볼 것이냐에 따라 창조 산업과 창조 계층에 대한 입장을 설명하고 있다. 따라서 창조 도시가 무조건적으로 경제적인 효과가 있지 않을 것이라는 논지의 반박을 제시할 수 있다.

오답분석

② 창조 도시에 대한 설명이다.
③·④ 창조 산업을 동력으로 삼는 입장이다.
⑤ 창조 계층을 동력으로 삼는 입장이다.

16
정답 ④

제시문에서는 청소년들의 과도한 불안이 집중을 방해하여 학업 수행에 부정적으로 작용한다고 주장한다. 따라서 이러한 주장에 대한 반박으로는 오히려 불안이 긍정적으로 작용할 수 있다는 내용의 ④가 가장 적절하다.

17
정답 ②

제시문의 쾌락주의자들은 최대의 쾌락을 산출하는 행위를 올바른 것으로 간주하고, 쾌락을 기준으로 가치를 평가하였다. 또한 이들은 장기적인 쾌락을 추구하였으며, 순간적이고 감각적인 쾌락만을 추구하는 삶은 쾌락주의적 삶으로 여기지 않았다. 따라서 ②는 이러한 쾌락주의자들의 주장에 대한 반박으로 적절하지 않다.

18
정답 ③

밑줄 친 부분을 반박하는 주장은 '인간에게 동물의 복제 기술을 적용해서는 안 된다.'이므로, 이를 뒷받침하는 근거이되 인터뷰의 내용과 부합하지 않는 것이 문제가 요구하는 답이다. 인터뷰에서 복제 기술을 인간에게 적용했을 때 발생할 수 있는 문제점으로 지적한 것은 '기존 인간관계의 근간을 파괴하는 사회 문제'와 '바이러스 등 통제 불가능한 생물체가 만들어질 가능성' 그리고 '어느 국가 또는 특정 집단이 복제 기술을 악용할 위험성' 등이다. 그러나 ③의 내용은 인간에게 복제 기술을 적용했을 때 나타날 수 있는 부작용인지를 판단할 자료가 인터뷰에 제시되지 않았다. 또한 상식적인 수준에서도 생산되는 복제 인간의 수는 통제할 수 있으므로 밑줄 친 부분을 반박할 근거로는 부적절하다.

19
정답 ④

각 조건을 정리하면 다음과 같다.

• 스페인 반드시 방문
• 프랑스 → ~영국
• 오스트리아 → ~스페인
• 벨기에 → 영국
• 오스트리아, 벨기에, 독일 중 2개 이상

세 번째 명제의 대우 명제는 '스페인 → ~오스트리아'이고, 스페인을 반드시 방문해야 되므로 오스트리아는 방문하지 않을 것이다. 그러면 마지막 조건에 따라 벨기에와 독일은 방문한다. 네 번째 조건에 따라 영국도 방문하고, 그러면 두 번째 조건에 따라 프랑스는 방문하지 않게 된다.
따라서 아름이가 방문할 국가는 벨기에, 영국, 독일, 스페인이며, 방문하지 않을 국가는 프랑스와 오스트리아임을 알 수 있다.

20
정답 ④

주어진 조건에 따라 좌석을 무대와 가까운 순서대로 나열하면 '현수 – 형호 – 재현 – 지연 – 주현'이므로 형호는 현수와 재현 사이의 좌석을 예매했음을 알 수 있다.

오답분석

②·⑤ 제시된 조건만으로 정확한 좌석의 위치를 알 수 없으므로 서로의 좌석이 바로 뒤 또는 바로 앞의 좌석인지는 추론할 수 없다.

제3영역 자료해석

01	02	03	04	05	06	07	08	09	10
③	①	③	⑤	⑤	③	①	②	②	⑤
11	12	13	14	15	16	17	18	19	20
②	③	③	②	④	②	④	④	①	③

01

정답 ③

경증 환자 수는 $8+14+10+18=50$명이므로 경증 환자 중 남성 환자의 비율은 $\frac{14+18}{50}\times100=\frac{32}{50}\times100=64\%$이고, 중증 환자 수는 $9+9+9+23=50$명이므로 중증 환자 중 남성 환자의 비율은 $\frac{9+23}{50}\times100=\frac{32}{50}\times100=64\%$로 같다.

오답분석

① 남성 환자 수는 $14+18+9+23=64$명, 여성 환자 수는 $8+10+9+9=36$명으로 차이는 $64-36=28$명이다.

② 여성 환자 중 중증 환자의 비율은 $\frac{9+9}{8+10+9+9}\times100=\frac{18}{36}\times100=50\%$이다.

④ 50세 이상 환자 수 $10+18+9+23=60$명은 50세 미만 환자 수 $8+14+9+9=40$명의 $\frac{60}{40}=1.5$배이다.

⑤ 전체 당뇨병 환자 수는 $8+14+9+9+10+18+9+23=100$명이고, 중증 여성 환자 수는 $9+9=18$명이므로 전체 당뇨병 환자 중 중증 여성 환자의 비율은 $\frac{18}{100}\times100=18\%$이다.

02

정답 ①

각 도시의 부동산 전세 가격지수 증가량은 다음과 같다.

구분	2024년 6월	2024년 12월	증감량
A시	90.2	95.4	5.2
B시	92.6	91.2	−1.4
C시	98.1	99.2	1.1
D시	94.7	92.0	−2.7
E시	95.1	98.7	3.6
F시	98.7	98.8	0.1
G시	100.3	99.7	−0.6
H시	92.5	97.2	4.7
I시	96.5	98.3	1.8
J시	99.8	101.5	1.7

증가량이 가장 적은 도시는 −2.7인 D시이므로, D시의 증감률은 $\frac{92.0-94.7}{94.7}\times100 \fallingdotseq -2.9\%$이다.

03

정답 ③

2019년의 차이는 $1,670-430=1,240$십만 장으로 가장 크다.

오답분석

① 2019년부터 2023년까지 우표 발행 수의 증감 추이는 보통우표가 '감소 – 감소 – 증가 – 감소'이고, 기념우표가 '증가 – 감소 – 감소 – 증가'로 같지 않다.

② 기념우표는 2022년에, 나만의 우표는 2023년에 발행 수가 가장 적다.

④ 2021년 전체 발행 수에서 나만의 우표가 차지하고 있는 비율은 $\frac{30}{1,200}\times100=2.5\%$로 3% 미만이다.

⑤ 2019년 대비 2023년 나만의 우표 발행 수의 감소율은 $\frac{50-10}{50}\times100=80\%$이다.

04

정답 ⑤

C안이 추가로 받을 표를 x표라고 하자.
총 50명의 직원 중 $21(=50-15-8-6)$명이 아직 투표를 하지 않았으므로 $x\le21$이다. C안에 추가로 투표할 인원을 제외한 $(21-x)$명이 개표 중간 결과에서 가장 많은 표를 받은 A안에 투표한 수보다 C안의 표가 더 많아야 한다.

$15+(21-x)<6+x$

$\rightarrow 30<2x$

$\therefore x>15$

따라서 A, B안의 득표수와 상관없이 C안이 선정되려면 최소 16표가 더 필요하다.

05

정답 ⑤

2023년 남성 공무원 비율은 70.3%, 여성 공무원 비율은 29.7%로 차이는 $70.3-29.7=40.6\%$p로, 40%p 이상이다.

오답분석

① 제시된 자료에 따르면 여성 공무원 수는 매년 증가하고 있다.

② 2021년 전체 공무원 수는 2,755백 명으로, 2020년 전체 공무원 수 2,750백 명에서 증가하였다.

③ 2022년 남성 공무원 수는 $2,780-820=1,960$백 명이다.

④ 2023년 여성 공무원 비율은 2018년 비율보다 $29.7-26.5=3.2\%$p 증가했다.

06 정답 ③

우편물을 가장 적게 보냈던 2024년의 1인당 우편 이용 물량은 96통 정도이므로 $365 \div 96 \fallingdotseq 3.80$일이다. 즉, 3.80일에 1통은 보냈다는 뜻이므로 4일에 1통 이상은 보냈다고 볼 수 있다.

오답분석

① 1인당 우편 이용 물량은 증가와 감소를 반복한다.
② 1인당 우편 이용 물량이 2016년에 가장 높았던 것은 맞으나, 2024년에 가장 낮았다.
④ 접수 우편 물량은 2023 ~ 2024년 사이에 증가했다.
⑤ 접수 우편 물량이 가장 많은 해는 약 5,500백만 통인 2016년이고, 가장 적은 해는 약 4,750백만 통인 2019년이다. 따라서 그 차이는 약 750백만 통 정도이다.

07 정답 ①

• 네 번째 조건을 이용하기 위해 6개 수종의 인장강도와 압축강도의 차를 구하면 다음과 같다.
- A : $52-50=2\text{N/mm}^2$
- B : $125-60=65\text{N/mm}^2$
- C : $69-63=6\text{N/mm}^2$
- 삼나무 : $45-42=3\text{N/mm}^2$
- D : $27-24=3\text{N/mm}^2$
- E : $59-49=10\text{N/mm}^2$

즉, 인장강도와 압축강도의 차가 두 번째로 큰 수종은 E이므로 E는 전나무이다.

• 첫 번째 조건을 이용하기 위해 6개 수종의 전단강도 대비 압축강도 비를 구하면 다음과 같다.
- A : $\frac{50}{10}=5$
- B : $\frac{60}{12}=5$
- C : $\frac{63}{9}=7$
- 삼나무 : $\frac{42}{7}=6$
- D : $\frac{24}{6}=4$
- E : $\frac{49}{7}=7$

즉, 전단강도 대비 압축강도 비가 큰 상위 2개 수종은 C와 E이다. E가 전나무이므로 C는 낙엽송이다.

• 두 번째 조건을 이용하기 위해 6개 수종의 휨강도와 압축강도의 차를 구하면 다음과 같다.
- A : $88-50=38\text{N/mm}^2$
- B : $118-60=58\text{N/mm}^2$
- C : $82-63=19\text{N/mm}^2$
- 삼나무 : $72-42=30\text{N/mm}^2$
- D : $39-24=15\text{N/mm}^2$
- E : $80-49=31\text{N/mm}^2$

휨강도와 압축강도의 차가 큰 상위 2개 수종은 A와 B이므로 소나무와 참나무는 각각 A와 B 중 하나이다. 따라서 D는 오동나무이다.

• 오동나무 기건비중의 2배는 $0.31 \times 2 = 0.62$이다. 세 번째 조건에 의하여 참나무의 기건비중은 오동나무 기건비중의 2배 이상이므로 B는 참나무이고, A는 소나무이다.

따라서 A는 소나무, C는 낙엽송이다.

08 정답 ②

카르보나라, 알리오올리오, 마르게리타피자, 아라비아타, 고르곤졸라피자의 할인 후 금액을 각각 a원, b원, c원, d원, e원이라 하자.

• $a+b=24,000$ … ㉠
• $c+d=31,000$ … ㉡
• $a+e=31,000$ … ㉢
• $c+b=28,000$ … ㉣
• $e+d=32,000$ … ㉤

㉠ ~ ㉤식의 좌변과 우변을 모두 더하면
$2(a+b+c+d+e)=146,000$
$\rightarrow a+b+c+d+e=73,000$ … ㉥
㉥식에 ㉢식과 ㉣식을 대입하면
$a+b+c+d+e=(a+e)+(c+b)+d$
$=31,000+28,000+d=73,000$
$\therefore d=14,000$
따라서 아라비아타의 할인 전 금액은 $14,000+500=14,500$원이다.

09 정답 ②

반월시화공단은 $\frac{195,635}{12,548} \fallingdotseq 15.6$명, 울산공단은 $\frac{101,677}{1,116} \fallingdotseq 91.1$명이므로 그 차이는 75.5명이다.

10 정답 ⑤

쓰레기 1kg당 처리비용은 400원으로 동결상태이다. 오히려 쓰레기 종량제 봉투 가격이 인상될수록 C신도시의 쓰레기 발생량과 쓰레기 관련 예산 적자가 급격히 감소하는 것을 볼 수 있다.

11

정답 ②

존속성 기술을 개발하는 기업의 총수는 24개, 와해성 기술을 개발하는 기업의 총수는 23개로 옳다.

오답분석

① 와해성 기술을 개발하는 전체 기업은 23개이고, 이 중 벤처기업은 12개, 대기업은 11개이므로, 벤처기업이 $\frac{12}{23}\times100≒$ 52.2%, 대기업이 $\frac{11}{23}\times100≒47.8\%$으로, 벤처기업이 대기업보다 높다.

③ 10 : 10의 동일한 비율이므로 옳지 않다.

④ 17 : 10으로 시장견인전략을 취하는 비율이 월등히 높다.

⑤ 존속성 기술은 12개, 와해성 기술은 8개로 옳지 않다.

12

정답 ③

ㄴ. 기계장비 부문의 상대수준은 일본이다.

ㄷ. 한국의 전자 부문 투자액은 301.6억 달러, 전자 외 부문 투자액의 총합은 3.4+4.9+32.4+16.4=57.1억 달러이다. 57.1×6=342.6>301.6이므로 옳지 않다.

오답분석

ㄱ. 제시된 자료를 통해 한국의 IT서비스 부문 투자액은 최대 투자국인 미국 대비 상대수준이 1.7%임을 알 수 있다.

ㄹ. 일본은 '전자 – 바이오 · 의료 – 기계장비 – 통신 서비스 – IT 서비스' 순이고, 프랑스는 '전자 – IT서비스 – 바이오 · 의료 – 기계장비 – 통신 서비스' 순이다.

13

정답 ③

사무실 바닥의 크기에 맞게 타일별로 필요 개수 및 그에 따른 가격을 산정하면 다음과 같다.

구분	필요한 타일 개수(개)	가격(원)
A타일	(8m÷20cm)×(10m÷20cm)=2,000	2,000×1,000+50,000=2,050,000
B타일	(8m÷250mm)×(10m÷250mm)=1,280	1,280×1,500+30,000=1,950,000
C타일	(8m÷25cm)×(10m÷20cm)=1,600	1,600×1,250+75,000=2,075,000

따라서 가장 저렴한 타일은 B타일이고, 가격은 1,950,000원이다.

14

정답 ②

가입상품별 총요금을 구하면 다음과 같다.

- 인터넷 : 22,000원
- 인터넷+일반전화 : 20,000+1,100=21,100원
- 인터넷+인터넷전화 : 20,000+1,100+2,400+1,650=25,150원
- 인터넷+TV(베이직) : 19,800+12,100=31,900원
- 인터넷+TV(스마트) : 19,800+17,600=37,400원
- 인터넷+TV(프라임) : 19,800+19,800=39,600원
- 인터넷+일반전화+TV(베이직) : 19,800+1,100+12,100=33,000원
- 인터넷+일반전화+TV(스마트) : 19,800+1,100+17,600=38,500원
- 인터넷+일반전화+TV(프라임) : 19,800+1,100+19,800=40,700원
- 인터넷+인터넷전화+TV(베이직) : 19,800+1,100+2,400+1,650+12,100=37,050원
- 인터넷+인터넷전화+TV(스마트) : 19,800+1,100+2,400+1,100+17,600=42,000원
- 인터넷+인터넷전화+TV(프라임) : 19,800+1,100+2,400+19,800=43,100원

따라서 가장 비싼 가입상품 요금에서 가장 싼 가입상품 요금을 빼면 43,100−21,100=22,000원이다.

실제로 문제를 풀 경우, 모든 상품의 요금을 구할 필요 없이 더해야 하는 요금 종류가 적은 인터넷, 인터넷+일반전화 상품과 요금 종류가 많은 인터넷 결합 상품 중 프라임 상품만 골라 계산하도록 한다.

15

정답 ④

전년 대비 하락한 항목은 2017년 종합청렴도, 2017년 외부청렴도, 2018년 내부청렴도, 2019년 내부청렴도, 2017년 정책고객평가, 2019년 정책고객평가이다. 항목별 하락률을 구하면 다음과 같다.

- 2017년
  - 종합청렴도 : $\frac{8.21-8.24}{8.24}\times100≒-0.4\%$
  - 외부청렴도 : $\frac{8.35-8.56}{8.56}\times100≒-2.5\%$
  - 정책고객평가 : $\frac{6.90-7.00}{7.00}\times100≒-1.4\%$
- 2018년
  - 내부청렴도 : $\frac{8.46-8.67}{8.67}\times100≒-2.4\%$
- 2019년
  - 내부청렴도 : $\frac{8.12-8.46}{8.46}\times100≒-4.0\%$
  - 정책고객평가 : $\frac{7.78-7.92}{7.92}\times100≒-1.8\%$

따라서 전년 대비 가장 크게 하락한 항목은 2019년 내부청렴도이다.

오답분석

① • 최근 4년간 내부청렴도 평균

: $\frac{8.29+8.67+8.46+8.12}{4} \fallingdotseq 8.4$

• 최근 4년간 외부청렴도 평균

: $\frac{8.56+8.35+8.46+8.64}{4} \fallingdotseq 8.5$

따라서 최근 4년간 내부청렴도의 평균이 외부청렴도의 평균보다 낮다.

② 2017 ~ 2019년 외부청렴도와 종합청렴도의 증감 추이는 '감소 – 증가 – 증가'로 같다.

③ · ⑤ 그래프를 통해 알 수 있다.

16

정답 ②

최초 투입한 원유의 양을 aL라 하자.

• LPG를 생산하고 남은 원유의 양 : $(1-0.05a)=0.95a$L
• 휘발유를 생산하고 남은 원유의 양 : $0.95a(1-0.2)=0.76a$L
• 등유를 생산하고 남은 원유의 양 : $0.76a(1-0.5)=0.38a$L
• 경유를 생산하고 남은 원유의 양 : $0.38a(1-0.1)=0.342a$L

따라서 아스팔트의 생산량은 $0.342a\times0.04=0.01368a$L이고, 아스팔트는 최초 투입한 원유량의 $0.01368\times100=1.368\%$가 생산된다.

17

정답 ④

• 대학교 졸업 이상인 인구 구성비의 2020년 대비 2024년 증가율

: $\frac{48-41}{41}\times100 \fallingdotseq 17.1\%$

• 중학교 졸업 이하인 인구 구성비의 2020년 대비 2023년 감소율

: $\frac{13-18}{18}\times100 \fallingdotseq -27.8\%$

따라서 답은 ④이다.

18

정답 ④

ㄱ. 영어 관광통역 안내사 자격증 취득자는 2022년에 344명으로 전년 대비 감소하였으며, 스페인어 관광통역 안내사 자격증 취득자는 2022년에 전년 대비 동일하였고, 2023년에 3명으로 전년 대비 감소하였다.

ㄷ. 태국어 관광통역 안내사 자격증 취득자 수 대비 베트남어 관광통역 안내사 자격증 취득자 수의 비율은 2020년에 $\frac{4}{8}\times100=50\%$, 2021년에 $\frac{15}{35}\times100 \fallingdotseq 42.9\%$이므로 2021년에 전년 대비 감소하였다.

ㄹ. 2021년에 불어 관광통역 안내사 자격증 취득자 수는 전년 대비 동일한 반면, 스페인어 관광통역 안내사 자격증 취득자 수는 전년 대비 증가하였다.

오답분석

ㄴ. 2021 ~ 2023년의 일어 관광통역 안내사 자격증 취득자 수의 8배는 각각 2,128명, 1,096명, 1,224명인데, 중국어 관광통역 안내사 자격증 취득자 수는 2,468명, 1,963명, 1,418명이므로 각각 8배 이상이다.

19

정답 ①

전체 질문 중 '보통이다' 비율이 가장 높은 질문은 37%인 네 번째 질문이며, '매우 그렇다' 비율이 가장 높은 질문은 21%인 두 번째 질문이다.

오답분석

② 두 번째 질문에 '매우 그렇다'를 선택한 직원 수는 $1,600\times0.21=336$명이고, '보통이다'를 선택한 직원 수는 $1,600\times0.35=560$명이다. 따라서 '매우 그렇다'를 선택한 직원 수는 '보통이다'를 선택한 직원 수보다 $560-336=224$명 적다.

③ 전체 질문에서 '그렇다'를 선택한 평균 비율은 $\frac{75}{5}=15\%$이고, '매우 그렇지 않다'를 선택한 평균 비율은 $\frac{95}{5}=19\%$이므로 '매우 그렇지 않다'를 선택한 평균 비율이 $19\%-15\%=4\%$p 높다.

④ 다섯 번째 질문에서 '매우 그렇지 않다'를 선택한 직원 수는 $1,600\times0.19=304$명이고, '그렇지 않다'를 선택한 직원 수는 $1,600\times0.09=144$명이다. 따라서 직원 수의 차이는 $304-144=160$명으로 150명 이상이다.

⑤ 전체 질문 중 세 번째 '지방이전 후 출·퇴근 교통에 만족합니까?' 질문에 '그렇지 않다'와 '매우 그렇지 않다'의 비율 합이 가장 높다.

20

정답 ③

오답분석

① 2013 ~ 2014년 개업점 수가 자료보다 높고, 2015 ~ 2016년 개업점 수는 낮다.

② 2020년 폐업점 수는 자료보다 낮고, 2021년의 폐업점 수는 높다.

④ 2022 ~ 2023년 개업점 수와 폐업점 수가 자료보다 낮다.

⑤ 2013 ~ 2024년까지 개업점 수와 폐업점 수가 바뀌었다.

제4영역 창의수리

01	02	03	04	05	06	07	08	09	10
②	③	①	④	③	⑤	⑤	⑤	③	②
11	12	13	14	15	16	17	18	19	20
④	②	③	⑤	④	④	④	③	①	③

01

정답 ②

(앞의 항)×3−1=(다음 항)인 수열이다.
따라서 ( )=527×3−1=1,580이다.

02

정답 ③

{(앞의 항)+8}÷2=(다음 항)인 수열이다.
따라서 ( )=(9.25+8)÷2=8.625이다.

03

정답 ①

앞의 항에 -2^1, $+2^2$, -2^3, $+2^4$, -2^5, … 인 수열이다.
따라서 ( )$=(-18)+2^6=(-18)+64=46$이다.

04

정답 ④

분모는 +11, +22, +33, … 이고, 분자는 −5, −6, −7, … 인 수열이다.

따라서 ( )$=\frac{(-19)-9}{121+55}=-\frac{28}{176}$이다.

05

정답 ③

나열된 수를 각각 A, B, C라고 하면 다음과 같은 관계가 성립한다.

$\underline{A\ \ B\ \ C} \rightarrow C=(A-B)\times 2$

따라서 ( )$=19-\frac{10}{5}=14$이다.

06

정답 ⑤

$2\left(x+\frac{3}{2}\right)-\frac{1}{2}(6x-12)=7$

$\rightarrow 2x+3-3x+6=7$

$\rightarrow -x+9=7$

$\rightarrow -x=-2$

$\therefore x=2$

따라서 미지수 x의 값은 2이다.

07

정답 ⑤

$16+(3x-12)\times\frac{2}{3}x=106$

$\rightarrow 16+2x^2-8x-106=0$

$\rightarrow 2x^2-8x-90=0$

$\rightarrow x^2-4x-45=0$

위의 식을 인수분해하면 다음과 같다.

$(x+5)(x-9)=0$

($\because a+b=-4,\ ab=-45 \rightarrow a=5,\ b=-9$)

$\therefore x=-5$ 또는 9

따라서 x의 해 2개의 곱은 $(-5)\times 9=-45$이다.

08

정답 ⑤

농도 10%의 소금물 500g의 소금의 양은 $\frac{10}{100}\times 500=50$g이다.

이 소금물을 끓여 기화시킨 물의 양을 xg이라고 하면, 기화시킨 후 소금물의 양은 $(500-x)$g이고 소금의 양은 변하지 않으므로 50g이다. 더 넣은 소금물의 양이 250g이고 농도가 2%이므로 더 넣은 소금의 양은 $\frac{2}{100}\times 250=5$g이다.

이에 따라 소금물의 양이 $(750-x)$g이고 소금의 양이 50+5=55g일 때, 농도가 8%이므로 다음 식이 성립한다.

$\frac{55}{750-x}\times 100=8$

$\rightarrow 5{,}500=6{,}000-8x$

$\therefore x=\frac{500}{8}=62.5$

따라서 기화시킨 물의 양은 62.5g이다.

09

정답 ③

작년 연수회에 참가한 여성의 수를 x명, 남성의 수를 y명이라고 하자.

$x=0.65(x+y)$ … ㉠

$x-2{,}500=0.45(x-2{,}500+y+500) \rightarrow 0.45(x+y-2{,}000)$

$\rightarrow 0.45(x+y)-900$ … ㉡

㉠과 ㉡을 연립하면

$x-2{,}500=0.45(x+y)-900$

$\rightarrow x-2{,}500=\frac{45}{65}(x)-900$

$\rightarrow \frac{20}{65}x=1{,}600$

$\therefore x=5{,}200$

따라서 올해 연수회에 참가한 여성의 수는 5,200−2,500=2,700명이다.

10

정답 ②

x분 후 A기계의 마스크 필터 생산량은 $(90+8x)$개, B기계의 마스크 필터 생산량은 $(10+4x)$개이다.

$90+8x=3(10+4x)$

$\rightarrow 4x=60$

$\therefore x=15$

따라서 15분 후 A기계의 마스크 필터 생산량은 B기계의 3배이다.

11

정답 ④

한 신호등은 $6+4=10$초마다 다시 점등되고 다른 신호등은 $8+6=14$초마다 다시 점등된다.

따라서 두 신호등은 10과 14의 최소공배수인 70초마다 동시에 점등된다.

12

정답 ②

- 흰 공이 나오고 앞면이 3번 나올 확률 : $\frac{3}{5}\times\left(\frac{1}{2}\right)^3=\frac{3}{40}$
- 검은 공이 나오고 앞면이 3번 나올 확률 : $\frac{2}{5}\times4\times\left(\frac{1}{2}\right)^4=\frac{1}{10}$

$\therefore \frac{3}{40}+\frac{1}{10}=\frac{7}{40}$

따라서 앞면이 3번 나올 확률은 $\frac{7}{40}$이다.

13

정답 ③

C야구팀의 작년 경기 횟수를 x회, 작년 승리 횟수를 $0.4x$회라고 하자.

작년과 올해를 합산한 승률이 45%이므로 다음 식이 성립한다.

$\frac{0.4x+65}{x+120}=0.45 \rightarrow 5x=1,100$

$\therefore x=220$

작년 총 경기 횟수는 220회이고, 승률이 40%이므로 이긴 경기는 $220\times0.4=88$회이다.

따라서 작년과 올해의 승리한 횟수의 합은 $88+65=153$회이다.

14

정답 ⑤

아르바이트생 1명이 하루에 설문조사를 실시할 수 있는 고객의 수는 $400\div3=133.33\cdots$으로 133명이다. 3,200명을 3일 안에 끝내기 위해서는 하루에 최소 $3,200\div3=1,066.66\cdots$, 즉 1,067명을 설문해야 한다. 하루에 설문조사를 해야 할 1,067명을 하루에 1명이 최대로 실시할 수 있는 고객의 수 133명으로 나누면 $1,067\div133\fallingdotseq8.02$이므로 아르바이트생은 최소 9명이 필요하다.

15

정답 ④

- 의자 6개에 5명이 앉는 경우 : ${}_6P_5=6\times5\times4\times3\times2=720$가지
- 여학생이 이웃하여 앉는 경우 : $5!\times2=(5\times4\times3\times2\times1)\times(2\times1)=240$가지

전체 경우의 수에서 여학생이 이웃하여 앉는 경우를 빼면 되므로 여학생이 이웃하지 않게 앉는 경우의 수는 $720-240=480$가지이다.

16

정답 ④

(열차가 이동한 거리)=(열차의 길이)+(터널의 길이)

열차의 길이와 속력을 각각 xm, ym/s라고 하면

$x+50=10y \cdots$ ㉠

$x+200=25y \cdots$ ㉡

㉠과 ㉡을 연립하면

$\therefore x=50,\ y=10$

따라서 열차의 길이는 50m이다.

17

정답 ④

1학년, 2학년, 3학년의 학생 수를 각각 $4x$명, $2x$명, x명이라고 하자.

$\frac{4x\times20+2x\times13+x\times20}{4x+2x+x}=\frac{(80+26+20)x}{7x}=18$

따라서 전체 평균 점수는 18점이다.

18

정답 ③

x년 후의 아버지와 아들의 나이는 각각 $35+x$세, $10+x$세이다.

$35+x=2(10+x)$

$\rightarrow 35+x=20+2x$

$\therefore x=15$

따라서 아버지의 나이가 아들 나이의 2배가 되는 것은 15년 후이다.

19

정답 ①

물건의 정가를 x원이라고 하자.

$0.8x-3,000=0.5x$

$\rightarrow 0.3x=3,000$

$\therefore x=10,000$

따라서 물가의 정가는 10,000원이다.

20

정답 ③

빨간 구슬의 개수를 x개, 흰 구슬의 개수를 $(15-x)$개라고 하자. 이때, 두 개의 구슬을 꺼내는 모든 경우의 수는 15×14가지이고, 두 개의 구슬이 모두 빨간색일 경우의 수는 $x(x-1)$가지이다. 5회에 1번꼴로 모두 빨간 구슬이었다면 확률은 $\frac{1}{5}$이다.

$$\frac{x(x-1)}{15\times14}=\frac{1}{5}$$

$\therefore\ x=7$

따라서 구슬을 하나 뽑을 때 빨간 구슬일 확률은 $\frac{7}{15}$이다.

CJ그룹 CAT 온라인 적성검사

2일 차 기출응용 모의고사 정답 및 해설

제 1 영역 언어이해

01	02	03	04	05	06	07	08	09	10
④	④	④	③	①	③	④	③	①	②
11	12	13	14	15	16	17	18	19	20
②	⑤	⑤	①	⑤	①	⑤	①	④	①

01

정답 ④

제시문에 따르면 박쥐가 많은 바이러스를 보유하고 있는 것은 밀도 높은 군집 생활을 하기 때문이며, 그에 대항하는 면역도 갖추었기 때문에 긴 수명을 가질 수 있었다.

오답분석

① 박쥐의 수명이 대다수의 포유동물보다 길다는 것은 맞지만, 평균적인 포유류 수명보다 짧은지는 알 수 없다.
② 박쥐는 뛰어난 비행 능력으로 긴 거리를 비행해 다닐 수 있다.
③ 박쥐는 현재 강력한 바이러스 대항 능력을 갖추었다.
⑤ 박쥐의 면역력을 연구하여 치료제를 개발할 수 있다.

02

정답 ④

첫 번째와 두 번째 문단에서 EU가 철제 다리 덫 사용을 금지하는 나라의 모피만 수입하기로 결정한 내용과 동물실험을 거친 화장품의 판매 금지 조치 법령이 WTO의 영향을 받아 실행되지 못한 예가 제시되고 있다. 따라서 ④의 추론은 적절하다.

03

정답 ④

(라)의 빈칸에는 글의 내용상 보편화된 언어 사용은 적절하지 않다.

오답분석

① 표준어를 사용하는 이유에 대한 상세한 설명이 들어가야 하므로 적절하다.
②·③ 제시문에서 개정안에 대한 부정적인 입장을 취하고 있으므로 적절하다.
⑤ '다만' 이후로 언론이 지양해야 할 방향을 제시하는 것이 자연스러우므로 적절하다.

04

정답 ③

보기의 문장은 미첼이 찾아낸 '탈출 속도'의 계산법과 공식에 대한 것이다. 따라서 탈출 속도에 대한 언급이 제시문의 어디서 시작되는지 살펴봐야 한다. 제시문은 (가) 영국의 자연철학자 존 미첼이 제시한 이론에 대한 소개 – (나) 해당 이론에 대한 가정과 '탈출 속도'의 소개 – (다) '임계 둘레'에 대한 소개와 사고 실험 – (라) 앞선 임계 둘레 사고 실험의 결과 – (마) 사고 실험을 통한 미첼의 추측의 순으로 쓰여 있으므로 보기의 문장은 탈출 속도가 언급된 (나)의 다음이자 탈출 속도를 바탕으로 임계 둘레를 추론해낸 (다)의 앞에 위치하는 것이 적절하다.

05

정답 ①

(가) 친환경 농업은 건강과 직결되어 있기 때문에 주목받고 있음 – (나) 병충해를 막기 위해 사용된 농약은 완전히 제거하기 어렵고 신체에 각종 손상을 입힘 – (다) 생산량 증가를 위해 사용한 농약과 제초제가 오히려 인체에 해를 입힐 수 있음 순으로 나열하는 것이 적절하다.

06

정답 ③

제시문은 헤겔이 생각한 시민사회의 한계점과 문제 해결 방안에 대하여 설명하고 있다. 따라서 (가) 헤겔이 활동하던 19세기 초 프로이센의 시대적 과제 – (라) 공리주의를 통해 해결할 수 없는 사회문제 – (나) 문제를 해결하기 위해 헤겔이 제시한 시민사회에 대한 정의 – (다) 빈곤과 계급갈등을 근원적으로 해결하기 위한 시민사회의 역할 순으로 나열하는 것이 적절하다.

07

정답 ④

조바꿈을 할 때는 2도 음정 사이의 진동수의 비가 일정하지 않는 순정률의 특성이 큰 문제가 된다. 이를 보완한 것이 평균율이다.

오답분석

① 2도 음정 사이의 진동수의 비가 일정하지 않은 순정률의 단점을 보완하기 위해 진동수의 비가 일정하도록 정한 것이 평균율이다.
②·⑤ 평균율은 기존에 존재하던 순정률의 단점을 보완하기 위해 만들어낸 것이다.
③ 두 번째 문단을 통해 알 수 있다.

08

정답 ③

제시문을 요약하면 다음과 같다.

• 얼굴을 맞대고 하는 접촉이 매체를 통한 접촉보다 결정적인 영향력을 미친다.
• 새 어형이 전파되는 것은 매체를 통해서보다 사람과의 직접적인 접촉에 의해서라는 것이 더 일반적인 견해이다.
• 매체를 통한 것보다 자주 접촉하는 사람들을 통해 언어 변화가 진전된다는 사실은 언어 변화의 여러 면을 바로 이해하는 핵심적인 내용이라 해도 좋을 것이다.

따라서 빈칸에는 직접 접촉과 간접 접촉에 따라 영향력에 차이가 있다는 내용이 오는 것이 적절하다.

09

정답 ①

제시문은 프루시너가 발견한 프리온 단백질을 소개하는 글로, 프루시너의 이론이 발표되기 전 분자 생물학계의 중심 이론을 함께 설명하고 있다. 따라서 프루시너의 이론과 이와 대립하는 기존 분자 생물학계의 주장을 제시하면서 글을 전개하고 있다.

10

정답 ②

제시문은 재산권 제도의 발달에 따른 경제 성장을 예로 들어 제도의 발달과 경제 성장의 상관관계에 대해 설명하고 있다. 더불어 제도가 경제 성장에 영향을 줄 수는 있지만 동시에 경제 성장으로부터 영향을 받을 수도 있다는 점에서 그 인과관계를 판단하기 어렵다는 한계점을 제시하고 있다. 따라서 제목으로 가장 적절한 것은 '경제 성장과 제도 발달'이다.

11

정답 ②

제시문은 검무의 정의와 기원, 검무의 변천 과정과 구성, 검무의 문화적 가치를 설명하는 글이다. 따라서 표제와 부제로 ②가 가장 적절하다.

12

정답 ⑤

(마) 문단은 ASMR 콘텐츠들이 공감각적인 콘텐츠로 대체될 것이라는 내용을 담고 있으므로 옳은 설명이다.

오답분석

① 자주 접하는 사람들에 대한 내용은 찾을 수 없다.
② 트리거로 작용하는 소리는 사람에 따라 다를 수 있다.
③ 청각적 혹은 인지적 자극에 반응한 뇌가 신체 뒷부분에 분포하는 자율 신경계에 신경 전달 물질을 촉진하며 심리적 안정감을 느끼게 된다.
④ 연예인이 일반인보다 ASMR을 많이 하는지는 제시문에서 알 수 없다.

13

정답 ⑤

표준시가 도입된 원인인 필요성(지역에 따른 시간 차이에 따른 문제)의 배경과 도입과정을 설명하고, 그에 따른 의의를 설명하고 있다.

오답분석

① 장점과 단점은 글에서 찾을 수 없다.
② 과학적 원리는 글에서 찾을 수 없다.
③ 도입 이후의 문제점과 대안은 글에서 찾을 수 없다.
④ 한국에 적용된 시기는 나와 있지만 다른 나라들의 사례와 비교하고 있는 부분은 글에서 찾을 수 없다.

14

정답 ①

다리뼈는 연골세포의 세포분열로 인해 뼈대의 성장이 일어난다.

오답분석

② 뼈끝판의 세포층 중 뼈대의 경계면에 있는 세포층이 아닌 뼈끝과 경계면이 있는 세포층에서만 세포분열이 일어난다.
③ 사춘기 이후 호르몬에 의한 뼈의 길이 성장은 일어나지 않는다.
④ 남성호르몬인 안드로겐은 사춘기 여자에게서도 분비된다.
⑤ 뇌에서 분비하는 성장호르몬은 뼈에 직접적으로 도움을 준다.

15

정답 ⑤

신부와 달리 대리인을 통하지 않고 직접 결혼 동의 의사를 공표할 수 있는 신랑은 결혼이 성립되기 위한 필수조건으로 '마흐르'라고 불리는 혼납금을 신부에게 지급해야 한다.

16

정답 ①

제시문은 싱가포르가 어떻게 자동차를 규제하고 관리하는지를 설명하고 있다.

17

정답 ⑤

제시된 문단의 마지막 문장에서 언급한 '적잖은 논란거리'가 (바) 문단을 통해 구체적으로 서술되고 있으며, (다) 문단에서 (바) 문단의 '신문이 특정 후보를 지지하는 것이 실제로 영향력이 있는지'에 대한 학계의 일반적인 의견과 함께 이와 관련한 두 이론을 언급한다. 선별 효과 이론을 설명하는 (마) 문단은 선택적 노출과 인지, 기억의 사례인 (가) 문단과 보강 효과 이론을 설명하는 (나) 문단은 정치적 메시지가 기존의 태도를 보강하는 정도에 그침을 보여주는 사례인 (라) 문단과 연결되는데, (나) 문단의 앞에 전환 기능의 접속어 '한편'이 있으므로 (마) – (가) – (나) – (라) 순서가 된다. 따라서 (바) – (다) – (마) – (가) – (나) – (라) 순으로 나열하는 것이 적절하다.

18

정답 ①

마지막 문단의 설명처럼 선거 기간 중 여론조사 결과의 공표 금지 기간이 과거에 비해 대폭 줄어든 것은 국민들의 알 권리를 보장하기 위한 것이다. 그러므로 공표 금지 기간이 길어질수록 알 권리는 약화된다.

19

정답 ④

쇤베르크의 「달에 홀린 피에로」는 무조적 짜임새를 기본으로 한 작품으로, 무조 음악은 12개의 음을 자유롭게 사용한다. 따라서 쇤베르크는 기존의 조성 음악과 달리 12개의 음을 자유롭게 사용하여 작곡하였음을 알 수 있다.

오답분석

① 한슬리크는 음악 내적인 요소에서 음악의 아름다움을 찾으려 했지만, 쇤베르크는 전통적 아름다움의 개념을 거부하고 인간 내면의 주관적 감성을 충실하게 표현하고자 했다.
② 한슬리크는 음악의 아름다움은 외부의 어떤 것에도 의존하지 않는다고 주장하였으므로 음악 외적인 요소에 해당하는 가사는 한슬리크가 음악적 가치를 평가하는 요소에 해당하지 않을 것이다.
③ 한슬리크는 음악의 아름다움은 오로지 음과 음의 결합에 의해 이루어진다고 주장하였으므로 「달에 홀린 피에로」에 드러난 인간의 주관적 감성은 한슬리크가 주장하는 음악적 아름다움과 거리가 멀다.
⑤ 표현주의 음악은 기존의 조성 음악으로부터의 탈피를 보여주는 대표적인 음악으로, 조성 음악의 체계는 17세기 이후 지속된 서양 음악의 구조적 기본 틀이었다. 따라서 표현주의 음악으로 무조적 짜임새의 「달에 홀린 피에로」는 서양 음악의 구조적 기본 틀에서 벗어난 작품으로 볼 수 있다.

20

정답 ①

제시문에서는 금융의 디지털 전환이 가속화됨에 따라 디지털금융의 중요성이 커지고 있음을 이야기한다. 마지막 문단에서는 디지털금융의 중요성을 인식하여 법과 제도를 정비하고 있는 해외 국가들에 비해 국내의 전자금융거래법은 이렇다 할 변화가 없음을 지적한다. 따라서 다음에 이어질 내용으로는 디지털금융의 발전을 위해서 전자금융거래법의 개정이 필요하다는 내용의 ①이 가장 적절하다.

제2영역 언어추리

01	02	03	04	05	06	07	08	09	10
④	①	④	①	①	④	⑤	④	③	②
11	12	13	14	15	16	17	18	19	20
⑤	②	③	③	①	④	②	②	④	①

01

정답 ④

첫 번째 명제의 대우와 세 번째 명제를 이용하면 탕수육을 좋아하지 않는 사람은 군만두도 좋아하지 않고, 군만두를 좋아하지 않는 사람은 짬뽕도 좋아하지 않는다. 따라서 '탕수육을 좋아하지 않는 사람은 짬뽕도 좋아하지 않는다.'는 항상 참이 된다.

오답분석

① 첫 번째 명제의 역으로, 역은 항상 참인지 알 수 없다.
② 세 번째 명제의 이로, 이는 항상 참인지 알 수 없다.
③ 첫 번째 명제의 이로, 이는 항상 참인지 알 수 없다.
⑤ 세 번째 명제의 역으로, 역은 항상 참인지 알 수 없다.

02

정답 ①

현명한 사람은 거짓말을 하지 않고, 거짓말을 하지 않으면 다른 사람의 신뢰를 얻는다. 즉, 현명한 사람은 다른 사람의 신뢰를 얻는다.

03

정답 ④

제시된 조건을 정리했을 때, 집과의 거리는 꽃집 – 슈퍼 – 카페 – 학교 순이다. 따라서 '학교는 집에서 가장 멀다.'는 항상 참이 된다.

04

정답 ①

'날씨가 좋다.'를 A, '야외활동을 한다.'를 B, '행복하다.'를 C라고 하면 전제1은 $A \rightarrow B$, 전제2는 $\sim A \rightarrow \sim C$이다. 전제2의 대우는 $C \rightarrow A$이고 삼단논법에 의해 $C \rightarrow A \rightarrow B$가 성립하므로 결론은 $C \rightarrow B$나 $\sim B \rightarrow \sim C$이다. 따라서 빈칸에 들어갈 내용으로 적절한 것은 '야외활동을 하지 않으면 행복하지 않다.'이다.

05

정답 ①

'승우가 도서관에 간다'를 A, '민우가 도서관에 간다'를 B, '견우가 도서관에 간다'를 C, '연우가 도서관에 간다'를 D, '정우가 도서관에 간다'를 E라고 하면 $\sim D \rightarrow E \rightarrow \sim A \rightarrow B \rightarrow C$가 되므로 정우가 금요일에 도서관에 가면 민우와 견우도 도서관에 간다.

06

정답 ④

일남이와 삼남이의 발언에 모순이 있으므로, 일남이와 삼남이 중 적어도 1명은 거짓을 말한다. 만약 일남이와 삼남이가 모두 거짓말을 하고 있다면 일남이는 경찰이고(시민, 마피아 ×), 자신이 경찰이라고 말한 이남이의 말이 거짓이 되면서 거짓말을 한 사람이 3명 이상이 되므로 조건에 부합하지 않는다. 따라서 일남이는 경찰이 아니며, 일남이나 삼남이 중에 1명만 거짓을 말한다.

i) 일남이가 거짓, 삼남이가 진실을 말한 경우
일남이는 마피아이고, 오남이가 마피아라고 말한 이남이의 말은 거짓이므로, 이남이는 거짓을 말하고 있고 이남이는 경찰이 아니다. 즉, 남은 사남이와 오남이는 모두 진실을 말해야 한다. 두 사람의 말을 종합하면 사남이는 경찰도 아니고 시민도 아니게 되므로 마피아여야 한다. 그러나 이미 일남이가 마피아이고 마피아는 1명이라고 했으므로 모순이다.

ii) 일남이가 진실, 삼남이가 거짓을 말한 경우
일남이는 시민이고, 이남·사남·오남 중 한 명은 거짓, 다른 두 명은 진실을 말한다. 만약 오남이가 거짓을 말하고 이남이와 사남이가 진실을 말한다면 이남이는 경찰, 오남이는 마피아이고 사남이는 시민이어야 하는데, 오남이의 말이 거짓이 되려면 오남이가 경찰이 되므로 모순이다. 또한, 만약 사남이가 거짓을 말하고 이남이와 오남이가 진실을 말한다면 이남이와 사남이가 모두 경찰이므로 역시 모순된다. 즉, 이남이가 거짓, 사남이와 오남이가 진실을 말한다.

따라서 사남이는 경찰도 시민도 아니므로 마피아이고, 이남이와 오남이가 모두 경찰이 아니므로 삼남이가 경찰이다.

07

정답 ⑤

A와 B는 하나가 참이면 하나가 거짓인 명제이다. 문제에서 1명이 거짓말을 한다고 하였으므로, A와 B 2명 중 1명이 거짓말을 하였다.

i) A가 거짓말을 했을 경우

1층	2층	3층	4층	5층
C	D	B	A	E

ii) B가 거짓말을 했을 경우

1층	2층	3층	4층	5층
B	D	C	A	E

따라서 두 경우를 고려했을 때, A는 항상 D보다 높은 층에서 내린다.

08

정답 ④

지원자 4의 진술이 거짓이면 지원자 5의 진술도 거짓이고, 지원자 4의 진술이 참이면 지원자 5의 진술도 참이다. 즉, 1명의 진술만 거짓이므로 지원자 4, 5의 진술은 참이다. 그러면 지원자 1과 지원자 2의 진술이 모순이 된다.

i) 지원자 1의 진술이 참인 경우
지원자 2는 A부서에 선발이 되었고, 지원자 3은 B 또는 C부서에 선발되었다. 이때, 지원자 3의 진술에 따라 지원자 4가 B부서, 지원자 3이 C부서에 선발되었다.
∴ A – 지원자 2, B – 지원자 4, C – 지원자 3, D – 지원자 5

ii) 지원자 2의 진술이 참인 경우
지원자 3은 A부서에 선발이 되었고, 지원자 3의 진술에 따라 지원자 4가 B부서, 지원자 2가 C부서에 선발되었다.
∴ A – 지원자 3, B – 지원자 4, C – 지원자 2, D – 지원자 5

따라서 지원자 4가 B부서에 선발된 것은 항상 옳다.

09

정답 ③

첫 번째, 세 번째 조건에 의해 광수는 가운데 집에 산다.
두 번째, 네 번째, 다섯 번째 조건에 의해 광수는 노란 지붕 집에 살고, 원숭이를 키운다.
다섯 번째, 여섯 번째 조건에 의해 원태는 빨간 지붕 집에 살고, 개를 키운다.
따라서 수덕이는 파란 지붕 집에 살고, 고양이를 키운다.

ㄷ. 둘 중에 하나만 참이면 되는데, 수덕이가 파란 지붕 집에 사므로 옳다.
ㄹ. 수덕이는 고양이를 키우므로 옳다.

오답분석

ㄱ. 수덕이가 빨간 지붕 집에 살지 않지만, 원태는 개를 키우므로 옳지 않다.
ㄴ. 광수가 노란 지붕 집에 살고, 원숭이를 키우므로 옳지 않다.
ㅁ. 원태는 농부일 수도 있고, 의사일 수도 있다.

10

정답 ②

열차 2와 열차 3이 지나는 지역은 대전을 제외하고 중복되지 않는다고 했으므로, E의 고향은 대전이고, 열차 1은 대전을 경유한다. B가 탈 수 있는 열차는 열차 2뿐인데, 대전, 부산은 각각 E, A의 고향이므로, B의 고향은 춘천이다.
열차 1에는 D를 포함해 3명이 타는데, B는 열차 2를 이용하고, C는 D와 같이 탈 수 없다. 따라서 A, D, E가 열차 1을 이용하고, C는 열차 3을 이용한다.

구분	경유지	탑승자
열차 1	대전, 대구, 부산 또는 대전, 광주, 부산	A, D, E
열차 2	대전, 춘천, 부산	B
열차 3	대전, 대구 또는 대전, 광주	C

따라서 열차 1은 대전, 대구, 부산 또는 대전, 광주, 부산을 경유하므로 옳지 않다.

11

정답 ⑤

제시된 내용을 정리하면 다음과 같다.

구분	12시	1시	2시	3시	4시
갑					
을					
병					

- A : 을이 2시에 나간다면 을과 병은 점심시간이 겹치겠지만 1시에 나간다면 그렇지 않다. 따라서 A는 옳은지 틀린지 판단할 수 없다.
- B : 을이 2시에 나간다면 갑은 혼자 점심을 먹겠지만 1시에 나간다면 그렇지 않다. 따라서 B는 옳은지 틀린지 판단할 수 없다.

12

정답 ②

제시된 내용을 정리하면 다음과 같다.

구분	빨간색	주황색	노란색	초록색	파란색	남색	보라색
현수	×	×	×		×	×	
인환		○					
종훈	×	×		×			×
윤재		×	×				

- A : 현수가 가져올 수 있는 물감은 초록색과 보라색 물감이 맞지만, 현수가 둘 중 하나만 가져오고 윤재와 인환이가 나머지 하나를 가져올 수도 있으므로 옳은지 틀린지 판단할 수 없다.
- B : 인환이가 주황색 물감 1개만 가져온다면, 노란색 물감을 가져올 수 있는 사람은 종훈이뿐이므로 옳은 판단이다.

따라서 B만 옳다.

13

정답 ③

세 번째 조건에 따라 D는 6명 중 두 번째로 키가 크므로 1팀에 배치되는 것을 알 수 있다. 또한 두 번째 조건에 따라 B는 2팀에 배치되므로 한 팀에 배치되어야 하는 E와 F는 아무도 배치되지 않은 3팀에 배치되는 것을 알 수 있다. 마지막으로 네 번째 조건에 따라 B보다 키가 큰 A는 2팀에 배치되므로 결국 다음과 같이 배치된다.

1팀	2팀	3팀
C > D	A > B	E, F

따라서 키가 가장 큰 사람은 C이다.

14

정답 ③

1행과 2행에 빈자리가 한 곳씩 있고 a자동차는 대각선을 제외하고 주변에 주차된 차가 없다고 하였으므로 a자동차는 1열이나 3열에 주차되어 있다. b자동차와 c자동차는 바로 옆에 주차되어 있다고 하였으므로 같은 행에 주차되어 있다. 1행과 2행에 빈자리가 한 곳씩 있다고 하였으므로 b자동차와 c자동차가 주차된 행에는 a자동차와 d자동차가 주차되어 있을 수 없다. 따라서 a자동차와 d자동차는 같은 행에 주차되어 있다. 이를 정리하면 다음과 같다.

- 경우 1

a		d
	b	c

- 경우 2

a		d
	c	b

- 경우 3

d		a
b	c	

- 경우 4

d		a
c	b	

오답분석

① 경우 1, 4에서는 b자동차의 앞 주차공간이 비어있지만, 경우 2, 3에서는 b자동차의 앞 주차공간에 d자동차가 주차되어 있으므로 항상 거짓은 아니다.

② 경우 1, 4에서는 c자동차의 옆 주차공간에 빈자리가 없지만, 경우 2, 3에서는 c자동차의 옆 주차공간에 빈자리가 있으므로 항상 거짓은 아니다.

④ 경우 1, 2, 3, 4에서 모두 a자동차와 d자동차는 1행에 주차되어 있으므로 항상 참이다.

⑤ 경우 1, 4에서는 d자동차와 c자동차가 같은 열에 주차되어 있지만, 경우 2, 3에서는 d자동차와 c자동차가 같은 열에 주차되어 있지 않으므로 항상 거짓은 아니다.

15

정답 ①

제시문에서 정보화 사회의 문제점으로 다루고 있는 것은 '정보 격차'로, 지식과 정보에 접근할 수 없는 사람들이 소득을 얻는 데 불리할 수밖에 없다고 주장한다. 또한 정보가 상품화됨에 따라 정보를 둘러싼 불평등은 더욱 늘어날 것이라고 전망하고 있다.

따라서 인터넷이나 컴퓨터 유지비 측면에서의 격차 발생은 글의 주장을 강화시키는 것으로, 이 문제에 대한 반대 입장이 될 수 없다.

16

정답 ④

제시문에서는 드론이 개인의 정보 수집과 활용에 대한 사전 동의 없이도 개인정보를 저장할 수 있어 사생활 침해 위험이 높으므로 '사전 규제' 방식을 적용해야 한다고 주장한다. 따라서 이러한 주장에 대한 반박으로는 개인정보의 복제, 유포, 위조에 대해 엄격한 책임을 묻는다면 사전 규제 없이도 개인정보를 보호할 수 있다는 ④가 가장 적절하다.

17

정답 ②

기계화·정보화의 긍정적인 측면보다는 부정적인 측면을 부각시키고 있는 본문을 통해 기계화·정보화가 인간의 삶의 질 개선에 기여하고 있음을 경시한다고 지적할 수 있다.

18

정답 ②

『일리아스』는 객관적 서술 태도와는 거리가 멀다고 할 수 있다.

19

정답 ④

2명은 나쁜 사람이므로 서로 충돌되는 두섭과 동래를 먼저 살펴보아야 한다. 두섭이를 착한 사람이라고 가정하면 '두섭(T) – 성한(F) – 형준(F) – 기철(F) – 동래(F)'로 나쁜 사람이 4명이 되므로 모순이다.

즉, 두섭이는 나쁜 사람이고, 성한과 기철은 서로 대우이므로 두 사람은 착한 사람이다(두 사람이 나쁜 사람이라면 나쁜 사람은 '두섭, 성한, 기철' 3명이 된다). 따라서 '성한, 기철, 동래'가 착한 사람이고, '두섭, 형준'이 나쁜 사람이다.

20

정답 ①

B, C의 진술이 모두 참이거나 거짓일 때 영업팀과 홍보팀이 같은 층에서 회의를 할 수 있다. 그러나 B, C의 진술이 동시에 참이 되면 A의 진술도 참이 되므로 3명이 참을 말하게 되어, A, B, C 진술 모두 거짓이 되어야 한다. 따라서 기획팀은 5층, 영업팀과 홍보팀은 3층에서 회의를 진행하고, E는 5층에서 회의를 하는 기획팀에 속하게 되므로 ㄱ은 항상 참이 된다.

오답분석

ㄴ. 기획팀이 3층에서 회의를 한다면 A의 진술은 항상 참이 되어야 한다. 이때 B와 C의 진술은 동시에 거짓이 될 수 없으므로, 둘 중 하나는 반드시 참이어야 한다. 또한 2명만 진실을 말하므로 D와 E의 진술은 거짓이 된다. 따라서 D와 E는 같은 팀이 될 수 없으므로 ㄴ은 참이 될 수 없다.

ㄷ. i) 두 팀이 5층에서 회의를 하는 경우
(A·B 거짓, C 참), (A·C 거짓, B 참)
ii) 두 팀이 3층에서 회의를 하는 경우
(A·B 참, C 거짓), (A·C 참, B 거짓), (A·B·C 거짓)
두 팀이 5층보다 3층에서 회의를 하는 경우가 더 많으므로 ㄷ은 참이 될 수 없다.

제3영역 자료해석

01	02	03	04	05	06	07	08	09	10
④	④	②	③	⑤	④	④	②	③	⑤
11	12	13	14	15	16	17	18	19	20
④	①	③	①	②	④	⑤	⑤	⑤	②

01

정답 ④

은행별 감축률을 구하면 다음과 같다.

- A은행 : $\frac{1,170-1,009}{1,170}\times100 ≒ 13.8\%$
- B은행 : $\frac{1,695-1,332}{1,695}\times100 ≒ 21.4\%$
- C은행 : $\frac{980-950}{980}\times100 ≒ 3.1\%$
- D은행 : $\frac{1,530-1,078}{1,530}\times100 ≒ 29.5\%$

따라서 D–B–A–C 순으로 우수하다.

오답분석

① 제시된 자료에서 2023년 대비 2024년에 모든 은행의 민원 건수가 감소한 것을 확인할 수 있다.
② C은행의 2024년 금융민원 건수는 950건으로 가장 적지만, 감축률은 3.1%로 다른 은행과 비교해 미비한 수준이다.
③ 각 은행의 고객 수는 '(전체 민원 건수)÷(고객 십만 명당 민원 건수)×(십만 명)'으로 구할 수 있다. B은행이 약 29,865,471명으로 가장 많으며, 2024년 금융민원 건수도 1,332건으로 가장 많다.
⑤ D은행은 총 민원 건수가 452건 감소하였으므로 적절하다.

02

정답 ④

합격자 중 남자의 비율은 $\frac{1,699}{1,699+624}\times100 ≒ 73.1\%$이므로 옳지 않은 설명이다.

오답분석

① 총 입사지원자 중 합격률은 $\frac{2,323}{10,891+3,984}\times100 ≒ 15.6\%$이므로 15% 이상이다.
② 여자 입사지원자 대비 여자의 합격률은 $\frac{624}{3,984}\times100 ≒ 15.7\%$이므로 20% 미만이다.
③ 총 입사지원자 중 여자는 $\frac{3,984}{14,875}\times100 ≒ 26.8\%$이므로 30% 미만이다.
⑤ 남자의 합격률은 $\frac{1,699}{10,891}\times100 ≒ 15.6\%$이고, 여자의 합격률은 $\frac{624}{3,984}\times100 ≒ 15.7\%$이므로 옳은 설명이다.

03

정답 ②

곡류의 수입 물량은 2021 ~ 2023년 동안 지속적으로 증가하였고, 수입 금액은 2022년 ~ 2023년 동안 감소하였다.

오답분석

① 2018년 대비 2023년의 농산물 전체 수입 물량은 $\frac{3,430-2,450}{2,450}\times100=40\%$ 증가하였다.

③ 2018년 대비 2023년의 과실류 수입 금액은 $\frac{175-50}{50}\times100=250\%$ 급증하였다.

④ 곡류, 과실류, 채소류의 2018년과 2023년의 수입 물량 차이를 구하면 다음과 같다.

- 곡류 : 1,520−1,350=170만 톤
- 과실류 : 130−65=65만 톤
- 채소류 : 110−40=70만 톤

따라서 곡류가 가장 많이 증가했다.

⑤ 2019 ~ 2023년 동안 과실류와 채소류 수입 금액의 전년 대비 증감 추이는 '증가 – 감소 – 증가 – 감소 – 증가'로 같다.

04

정답 ③

ㄴ. (교원 1인당 원아 수)$=\frac{(\text{원아 수})}{(\text{교원 수})}$이다. 따라서 교원 1인당 원아 수가 적어지는 것은 원아 수 대비 교원 수가 늘어나기 때문이다.

ㄹ. 제시된 자료만으로는 알 수 없다.

오답분석

ㄱ. 유치원 원아 수는 감소, 증가가 뒤섞여 나타나므로 옳은 설명이다.

ㄷ. 취원율은 2018년 26.2%를 시작으로 매년 증가하고 있다.

05

정답 ⑤

2021년 인구성장률은 0.63%, 2024년 인구성장률 0.39%이다. 2024년 인구성장률은 2021년 인구성장률에서 40% 감소한 값인 $0.63\times(1-0.4)=0.378\%$보다 값이 크므로 40% 미만으로 감소하였다.

오답분석

① 표를 보면 2021년 이후 인구성장률이 매년 감소하고 있으므로 옳은 설명이다.

② 2019년부터 2024년까지 인구성장률이 가장 낮았던 해는 2024년이며, 합계출산율도 2024년에 가장 낮았다.

③ 인구성장률과 합계출산율은 모두 2020년에는 전년 대비 감소하고, 2021년에는 전년 대비 증가하였으므로 옳은 설명이다.

④ 인구성장률이 높은 순서로 나열하면 2021년 – 2019년 – 2022년 – 2020년 – 2023년 – 2024년이다. 합계출산율이 높은 순서로 나열하면 2019년 – 2022년 – 2021년 – 2020년 – 2023년 – 2024년이다. 따라서 인구성장률과 합계출산율이 두 번째로 높은 해는 2022년이다.

06

정답 ④

부서	인원(명)	개인별 투입시간(시간)	총 투입시간(시간)
A	2	41+3×1=44	44×2=88
B	3	30+2×2=34	34×3=102
C	4	22+1×4=26	26×4=104
D	3	27+2×1=29	29×3=87
E	5	17+3×2=23	23×5=115

따라서 업무효율이 가장 높은 부서는 총 투입시간이 가장 적은 D이다.

07

정답 ④

- 올리브 통조림 주문량 : 15÷3=5캔
  → 올리브 통조림 구입 비용 : 5,200×5=26,000원
- 메추리알 주문량 : 7÷1=7봉지
  → 메추리알 구입 비용 : 4,400×7=30,800원
- 방울토마토 주문량 : 25÷5=5박스
  → 방울토마토 구입 비용 : 21,800×5=109,000원
- 옥수수 통조림 주문량 : 18÷3=6캔
  → 옥수수 통조림 구입 비용 : 6,300×6=37,800원
- 베이비 채소 주문량 : 4÷0.5=8박스
  → 베이비 채소 구입 비용 : 8,000×8=64,000원

따라서 B지점의 재료 구입 비용의 총합은 26,000+30,800+109,000+37,800+64,000=267,600원이다.

08

정답 ②

2040년의 고령화율이 2010년 대비 2배 이상 증가하는 나라는 한국(3.0배), 브라질(2.5배), 인도(2.0배)이다.

- 한국 : $\frac{33.0}{11.0}=3.0$배
- 브라질 : $\frac{17.6}{7.0}\fallingdotseq2.5$배
- 인도 : $\frac{10.2}{5.1}=2.0$배

오답분석

- 미국 : $\frac{21.2}{13.1}\fallingdotseq1.6$배
- 일본 : $\frac{34.5}{23.0}=1.5$배

09

정답 ③

매년 상반기와 하반기를 합한 오렌지 수입량이 많은 국가 순서는 '필리핀 – 미국 – 뉴질랜드 – 태국'으로 일정하다.
따라서 ㉠, ㉡에 들어갈 가장 알맞은 수치는 ③이다.

10

정답 ⑤

A팀은 C팀의 평균보다 3초 짧고, B팀은 D팀의 평균보다 2초 길다. 각 팀의 평균을 구하면 다음과 같다.

- A팀 : $45-3=42$초
- B팀 : $44+2=46$초
- C팀 : $\frac{51+30+46+45+53}{5}=45$초
- D팀 : $\frac{36+50+40+52+42}{5}=44$초

A팀의 4번 선수의 기록을 a초, B팀의 2번 선수의 기록을 b초로 가정한다.

A팀의 4번 선수의 기록은 $\frac{32+46+42+a+42}{5}=42$

→ $a+162=210$

→ $a=48$초이고,

B팀의 2번 선수의 기록은 $\frac{48+b+36+53+55}{5}=46$

→ $b+192=230$

→ $b=38$초이다.

따라서 두 선수의 평균 기록은 $\frac{48+38}{2}=43$초이다.

11

정답 ④

사망자가 30명 이상인 사고를 제외한 나머지 사고는 A, C, D, F이다. 사고 A, C, D, F를 화재 규모와 복구 비용이 큰 순서로 각각 나열하면 다음과 같다.

- 화재 규모 : A – D – C – F
- 복구 비용 : A – D – C – F

따라서 옳은 설명이다.

오답분석

① 터널 길이가 긴 순서로, 사망자가 많은 순서로 사고를 각각 나열하면 다음과 같다.
- 터널 길이 : A – D – B – C – F – E
- 사망자 수 : E – B – C – D – A – F

따라서 터널 길이와 사망자 수는 관계가 없다.

② 화재 규모가 큰 순서로, 복구 기간이 긴 순서로 사고를 각각 나열하면 다음과 같다.
- 화재 규모 : A – D – C – E – B – F
- 복구 기간 : B – E – F – A – C – D

따라서 화재 규모와 복구 기간의 길이는 관계가 없다.

③ 사고 A를 제외하고 복구 기간이 긴 순서로, 복구 비용이 큰 순서로 사고를 나열하면 다음과 같다.
- 복구 기간 : B – E – F – C – D
- 복구 비용 : B – E – D – C – F

따라서 옳지 않은 설명이다.

⑤ 복구 비용이 큰 순서로, 사망자가 많은 순서로 사고를 각각 나열하면 다음과 같다.
- 복구 비용 : A – B – E – D – C – F
- 사망자 수 : E – B – C – D – A – F

따라서 복구 비용과 사망자 수는 관계가 없다.

12

정답 ①

ㄱ. 해외연수 경험이 있는 지원자의 합격률은 $\frac{53}{53+414+16}\times100≒11\%$로, 해외연수 경험이 없는 지원자의 합격률인 $\frac{11+4}{11+37+4+139}\times100≒7.9\%$보다 높다.

ㄴ. 인턴 경험이 있는 지원자의 합격률은 $\frac{53+11}{53+414+11+37}\times100=\frac{64}{515}\times100≒12.4\%$로 인턴 경험이 없는 지원자의 합격률인 $\frac{4}{16+4+139}\times100=\frac{4}{159}\times100≒2.5\%$보다 높다.

오답분석

ㄷ. 인턴 경험과 해외연수 경험이 모두 있는 지원자 합격률(11.3%)은 인턴 경험만 있는 지원자 합격률(22.9%)보다 낮다.

ㄹ. 인턴 경험과 해외연수 경험이 모두 없는 지원자와 인턴 경험만 있는 지원자 간 합격률 차이는 22.9−2.8=20.1%p이다.

13

정답 ③

1990년과 2024년의 업종별 종사자 수를 정리하면 다음과 같다.

(단위 : 만 명)

구분	농업	광공업	서비스업	합계
1990년	150	y		1,550
2024년	x	300		2,380

- 1990년 대비 2024년 농업 종사자 수의 증감률
  : $\frac{x-150}{150}\times100=-20$ → $x=120$
- 1990년 대비 2024년 광공업 종사자 수의 증감률
  : $\frac{300-y}{y}\times100=20$ → $y=250$
- 1990년 서비스업 종사자 수
  : 1,550−(150+250)=1,150만 명
- 2024년 서비스업 종사자 수
  : 2,380−(120+300)=1,960만 명

따라서 2024년 서비스업 종사자는 1990년에 비해 1,960−1,150=810만 명이 더 증가했다.

14 정답 ①

E모델은 데이터가 없는 휴대폰이므로 E모델을 제외한 각 모델의 휴대폰 결정 계수를 구하면 다음과 같다.

- A모델 : 24×10,000+300,000×0.5+34,000×0.5=407,000
- B모델 : 24×10,000+350,000×0.5+38,000×0.5=434,000
- C모델 : 36×10,000+250,000×0.5+25,000×0.5=497,500
- D모델 : 36×10,000+200,000×0.5+23,000×0.5=471,500

따라서 A씨는 결정 계수가 가장 낮은 A모델을 구입한다.

15 정답 ②

ㄱ. 습도가 70%일 때 연간소비전력량이 가장 적은 제습기는 A(790kWh)이다.

ㄷ. 습도가 40%일 때 제습기 E의 연간소비전력량(660kWh)은 습도가 50%일 때 제습기 B의 연간소비전력량(640kWh)보다 많다.

오답분석

ㄴ. 습도가 60%일 때의 연간소비전력량이 가장 많은 제습기는 D이며, 습도가 70%일 때에는 E이다.

ㄹ. E의 경우 40%일 때 연간소비전력량의 1.5배는 660×1.5=990kWh이고, 80%일 때는 970kWh이므로 1.5배 미만이다.

16 정답 ④

제시된 자료의 원자력 소비량 수치를 보면 증감을 반복하고 있는 것을 확인할 수 있다.

오답분석

① 2012년 석유 소비량을 제외한 나머지 에너지 소비량의 합을 구하면 54.8+30.4+36.7+5.3=127.2백만 TOE이다. 즉, 석유 소비량인 101.5백만 TOE보다 크다. 2013 ~ 2021년 역시 석유 소비량을 제외한 나머지 에너지 소비량의 합을 구해 석유 소비량과 비교하면, 석유 소비량이 나머지 에너지 소비량의 합보다 적음을 알 수 있다.

② 석탄 소비량은 2012 ~ 2018년까지 지속적으로 상승하다가 2019년 감소한 뒤 2020년부터 다시 상승세를 보이고 있다.

③ 제시된 자료를 보면 기타 에너지 소비량은 지속적으로 증가하고 있다.

⑤ 2016년에는 LNG 소비량이 감소했으므로 증가 추세가 심화되었다고 볼 수 없다.

17 정답 ⑤

2023년 2분기부터 2024년 1분기까지 차이가 줄어들다가, 2024년 2분기에 차이가 다시 늘어났다.

오답분석

② 2023년 4분기의 한국과 일본, 일본과 중국의 점유율 차이는 각각 10.2%p이다.

③ 한국과 중국의 점유율 차이가 가장 적었던 시기는 2024년 3분기로, 이때 점유율의 차이는 15.6%p이다.

④ 2021년 2분기 중국과 일본의 차이는 25.3%p, 2024년 3분기의 차이는 2.3%p이다.

18 정답 ⑤

선택지에 해당되는 연도의 고용률과 실업률의 차이는 다음과 같다.

- 2017년 : 40.4−7.6=32.8%p
- 2018년 : 40.3−7.5=32.8%p
- 2021년 : 41.2−9.1=32.1%p
- 2023년 : 42.1−9.8=32.3%p
- 2024년 : 42.7−9.5=33.2%p

따라서 2024년 고용률과 실업률의 차이가 가장 크다.

19 정답 ⑤

ㄱ. 2022년 대비 2024년 의사 수의 증가율은 $\frac{11.40-10.02}{10.02}\times100 ≒ 13.77$%이며, 간호사 수의 증가율은 $\frac{19.70-18.60}{18.60}\times100 ≒ 5.91$%이다. 따라서 의사 수의 증가율은 간호사 수의 증가율보다 13.77−5.91=7.86%p 높다.

ㄷ. 2015 ~ 2019년 동안 의사 한 명당 간호사 수를 구하면 다음과 같다.

- 2015년 : $\frac{11.06}{7.83} ≒ 1.41$명
- 2016년 : $\frac{11.88}{8.45} ≒ 1.40$명
- 2017년 : $\frac{12.05}{8.68} ≒ 1.38$명
- 2018년 : $\frac{13.47}{9.07} ≒ 1.48$명
- 2019년 : $\frac{14.70}{9.26} ≒ 1.58$명

따라서 2019년도의 의사 한 명당 간호사 수가 약 1.58명으로 가장 많다.

ㄹ. 2018 ~ 2021년 간호사 수 평균은 $\frac{13.47+14.70+15.80+18.00}{4} ≒ 15.49$만 명이다.

오답분석

ㄴ. 2016～2024년 동안 전년 대비 의사 수 증가량이 2천 명 이하인 해는 2019년이다. 2019년의 의사와 간호사 수의 차이는 14.7−9.26=5.44만 명이다.

20

정답 ②

중국의 의료 빅데이터 예상 시장 규모의 전년 대비 성장률을 구하면 다음과 같다.

구분	2015년	2016년	2017년	2018년	2019년
성장률(%)	–	56.3	90.0	60.7	93.2
구분	2020년	2021년	2022년	2023년	2024년
성장률(%)	64.9	45.0	35.0	30.0	30.0

따라서 옳은 그래프는 ②이다.

제4영역 창의수리

01	02	03	04	05	06	07	08	09	10
②	①	⑤	⑤	③	③	③	⑤	③	①
11	12	13	14	15	16	17	18	19	20
②	①	④	③	⑤	③	②	①	⑤	②

01

정답 ②

n을 자연수라고 하면 n항$\times 3-(n+1)$항이 $(n+2)$항인 수열이다.

따라서 ( )$=-23\times 3-74=-143$이다.

02

정답 ①

각 항을 세 개씩 묶고 각각을 A B C라고 하면 다음과 같은 규칙을 갖는다.

$\underline{A\ \ B\ \ C} \rightarrow A\quad A-1\quad A+1$

$\underline{26\ \ 25\ \ (\quad)} \rightarrow 26\quad 25\quad 27$

따라서 ( )$=27$이다.

03

정답 ⑤

분자는 $+3$, $+2$, $+1$, 0, $\cdots$ 이고, 분모는 -7, -6, -5, -4, $\cdots$ 인 수열이다.

따라서 ( )$=\dfrac{33+0}{340-4}=\dfrac{33}{336}$이다.

04

정답 ⑤

나열된 숫자를 각각 A, B, C라고 하면 다음과 같은 관계가 성립한다.

$\underline{A\ \ B\ \ C} \rightarrow (A\times B)+1=C$

따라서 ( )$=5\times 6+1=31$이다.

05

정답 ③

나열된 숫자를 각각 A, B, C라고 하면 다음과 같은 관계가 성립한다.

$\underline{A\ \ B\ \ C} \rightarrow B^A=C$

따라서 ( )$=81=3^4=4$이다.

06 정답 ③

$\frac{2x+3}{4}-\frac{x-1}{3}=\frac{5x+2}{6}-\frac{1}{2}$

$\rightarrow \frac{3(2x+3)}{12}-\frac{4(x-1)}{12}=\frac{2(5x+2)}{12}-\frac{6}{12}$

$\rightarrow 3(2x+3)-4(x-1)=2(5x+2)-6$

$\rightarrow 6x+9-4x+4=10x+4-6$

$\rightarrow 2x+13=10x-2$

$\rightarrow 2x-10x=-2-13$

$\rightarrow -8x=-15$

$\therefore x=\frac{15}{8}$

따라서 미지수 x는 $\frac{15}{8}$이다.

07 정답 ③

물의 양을 xg이라고 하면 다음과 같은 식이 성립한다.

$\frac{30}{30+x}\times 100=20$

$\rightarrow 3,000=20(30+x)$

$\rightarrow 3,000=20x+600$

$\rightarrow 20x=2,400$

$\therefore x=120$

따라서 소금 30g을 120g의 물에 넣어야 농도 20%의 소금물이 된다.

08 정답 ⑤

작년 사원 수에서 줄어든 인원은 올해 진급한 사원(12%)과 퇴사한 사원(20%)을 합하면 $400\times(0.12+0.2)=128$명이며, 작년 사원에서 올해도 사원인 사람은 $400-128=272$명이다. 올해 사원 수는 작년 사원 수에서 6% 증가했으므로 $400\times 1.06=424$명이 된다. 따라서 새로 채용한 신입사원은 $424-272=152$명임을 알 수 있다.

09 정답 ③

집에서 서점까지의 거리를 $x$km라 하면 집에서 서점까지 갈 때 걸리는 시간은 $\frac{x}{12}$시간, 서점에서 집으로 되돌아올 때 걸리는 시간은 $\frac{x}{10}$시간이다.

$\rightarrow \frac{x}{12}+\frac{x}{10}=\frac{44}{60}$

$\rightarrow \frac{5x+6x}{60}=\frac{44}{60}$

$\rightarrow 11x=44$

$\therefore x=4$

따라서 집에서 서점까지의 거리는 4km이다.

10 정답 ①

국어, 영어, 수학 점수를 각각 a점, b점, c점이라고 하면 다음과 같은 식이 성립한다.

$\frac{b+c}{2}=85 \rightarrow b+c=170 \cdots$ ㉠

$\frac{a+c}{2}=91 \rightarrow a+c=182 \cdots$ ㉡

㉡−㉠을 하면 $182-170=12$이다.

따라서 영어와 국어 점수의 차이는 12점이다.

11 정답 ②

- 내일 비가 왔을 때 이길 확률 : $\frac{2}{5}\times\frac{1}{3}=\frac{2}{15}$
- 내일 비가 오지 않았을 때 이길 확률 : $\frac{3}{5}\times\frac{1}{4}=\frac{3}{20}$

$\therefore \frac{2}{15}+\frac{3}{20}=\frac{17}{60}$

12 정답 ①

십의 자리 숫자를 a, 일의 자리 숫자를 b라고 하자.

$a+b=4 \rightarrow b=4-a \cdots$ ㉠

$10b+a=2(10a+b)+5 \cdots$ ㉡

㉠과 ㉡을 연립하면

$\therefore a=1,\ b=3$

따라서 두 자리 자연수 A는 $10+3=13$이다.

13 정답 ④

i) 2명 다 호텔 방을 선택하는 경우 : ${}_3P_2=3\times 2=6$가지

ii) 2명 중 1명만 호텔 방을 선택하는 경우 : 호텔 방을 선택하는 사람은 A, B 2명 중 1명이고, 1명이 호텔 방을 선택할 수 있는 경우의 수는 3가지이므로 $2\times 3=6$가지

따라서 2명이 호텔 방을 선택하는 경우의 수는 2명 다 선택 안 하는 경우까지 $6+6+1=13$가지이다.

14 정답 ③

주사위의 눈의 합이 7이 나오는 경우는 (1, 6), (2, 5), (3, 4), (4, 3), (5, 2), (6, 1)이다. 즉, 6가지이므로 확률은 $\frac{6}{36}=\frac{1}{6}$이고, 동전이 둘 다 앞면이 나올 확률은 $\frac{1}{2}\times\frac{1}{2}=\frac{1}{4}$이다.

$\frac{1}{6}\times\frac{1}{4}=\frac{1}{24}$

따라서 주사위의 눈의 합이 7이 나오면서 동전이 둘 다 앞면이 나올 확률은 $\frac{1}{24}$이다.

15

정답 ⑤

- 휴대전화 한 달 요금제 : 45,000원
- 휴대전화 한 달 할부금액 : 360,000÷24=15,000원
- 휴대전화 할부 월 이자 : 360,000×0.005=1,800원

따라서 소희가 매달 납부해야 하는 금액은 61,800원이다.

16

정답 ③

A는 월요일부터 시작하여 2일 간격으로 산책하고, B는 그 다음 날인 화요일부터 3일마다 산책을 하므로 요일로 정리하면 다음과 같다.

월	화	수	목	금	토	일
A		A		A		A
	B			B		

따라서 A와 B가 만나는 날은 같은 주 금요일이다.

17

정답 ②

x일 후 정산을 했다면 다음과 같은 방정식이 성립한다.

$1,000x=2\times800\times(x-3)$

→ $1,000x=1,600x-4,800$

$\therefore\ x=8$

따라서 정산은 8일 후에 했다.

18

정답 ①

스낵을 가장 많이 구매하기 위해서는 가격이 낮은 스낵을 가장 많이 구매하면 된다. 제시된 a, b, c스낵을 1개씩 구매한 금액은 $1,000+1,500+2,000=4,500$원이고, 나머지 금액은 $50,000-4,500=45,500$원이다. 이때 a, c스낵은 천 원 단위이므로 b스낵을 하나 더 사야 하고, 남은 금액으로 a스낵을 $44,000\div1,000=44$개 구매한다. 따라서 a스낵 $44+1=45$개, b스낵 2개, c스낵 1개를 구매하여 최대 $45+2+1=48$개의 스낵을 구매할 수 있다.

19

정답 ⑤

로봇청소기에 쓰인 필터의 투과율을 x%라 하자.

$$30\times\frac{x}{100}\times\frac{x}{100}=2.7$$

→ $3x^2=2,700$

→ $x^2=900$

$\therefore\ x=30$

따라서 필터의 투과율은 30%이다.

20

정답 ②

5명 중에서 3명을 순서와 관계없이 뽑을 수 있는 경우의 수는 다음과 같다.

$${}_5C_3=\frac{5\times4\times3}{3\times2\times1}=10$$

따라서 5명 중 3명을 순서와 상관없이 뽑을 수 있는 경우의 수는 10가지이다.

3일 차 기출응용 모의고사 정답 및 해설

제1영역 언어이해

01	02	03	04	05	06	07	08	09	10
③	③	④	③	④	①	①	①	②	⑤
11	12	13	14	15	16	17	18	19	20
⑤	⑤	③	③	④	③	④	⑤	②	①

01 정답 ③

마지막 문단의 '과거에는 잦은 야근과 과중한 업무로 대형 로펌이 남성 중심의 조직으로 인식되었다.'는 내용을 통해 업무 특성상 남성 중심으로 채용되었음을 유추할 수 있다.

오답분석

① 첫 번째 문단을 통해 10대 대형 로펌에 입사한 여성 변호사의 인원수와 그 비율이 증가하고 있음을 알 수 있지만, 이것이 전체 여성 변호사에 대한 수치라는 것은 제시문을 통해 알 수 없다.
② 세 번째 문단에서 '변호사의 성별을 의식하지 않고 객관적인 성과 지표에 따라 채용이 이루어진다.'는 내용을 통해 변호사 채용 과정에서 남녀 고용 평등 문화를 의식하고 있다고 보기 어렵다.
④ 마지막 문단을 통해 과거 대형 로펌은 남성 중심의 조직으로 인식되었으나, 최근 육아 정책 등이 강화되면서 그러한 현상이 완화되고 있음을 알 수 있다. 이는 남성 변호사 수와 여성 변호사 수의 격차가 줄어드는 것을 의미할 뿐 여성 중심의 조직으로 선환되고 있다는 것을 의미하는 것은 아니다.
⑤ 두 번째 문단을 통해 올해 10대 대형 로펌에 입사한 신입 변호사 중 절반 이하가 여성 변호사라는 것을 알 수 있다.

02 정답 ③

헤르만 헤세가 한 말인 "자기에게 자연스러운 면에서 읽고, 알고, 사랑해야 할 것이다."라는 문구를 통해 남의 기준에 맞추기보다 자신의 감정에 충실하게 책을 선택하여 읽으라고 하였음을 알 수 있다.

03 정답 ④

오답분석

① 팔은 눈에 띄지 않을 만큼 작다.
② 빌렌도르프 지역에서 발견되었다.
③ 모델에 대해서는 밝혀진 것이 없다.
⑤ 출산, 다산의 상징이라는 의견이 지배적이다.

04 정답 ③

두 번째 문단에 따르면 농업경제의 역사에서 정원이 갖는 의미는 시대와 지역에 따라 매우 달랐으나, 여성들의 입장은 지역적인 편차가 없었으므로 ③은 적절하지 않다.

05 정답 ④

제시문에 따르면 '현재 갑골문자는 4천여 자가 확인되었고, 그중 절반 정도가 해독되었다.'고 하였으므로 ④는 적절하다.

오답분석

① 은 왕조의 옛 도읍지는 허난성이다.
② 용골에는 은 왕조의 기록이 있었다.
③·⑤ 제시문을 통해 알 수 없는 내용이다.

06 정답 ①

첫 번째 문단에서의 "특히 해당 건물은 조립식 샌드위치 패널로 지어져 있어 이번 화재는 자칫 대형 산불로 이어져"라는 내용과 빈칸 앞뒤의 "빠르게 진화되었지만", "불이 삽시간에 번져"라는 내용을 미루어 볼 때, 해당 건물의 화재가 빠르게 진화되었지만 사상자가 발생한 것은 조립식 샌드위치 패널로 이루어진 화재에 취약한 구조이기 때문으로 볼 수 있다. 따라서 빈칸에 들어갈 내용으로 가장 적절한 것은 ①이다.

오답분석

② 건조한 기후와 관련한 내용은 제시문에서 찾을 수 없다.
③ 해당 건물이 불법 가건물에 해당되지만 해당 건물의 안정성과 관련한 내용은 제시문에서 찾을 수 없다.

④ 소방 시설과 관련한 내용은 위 글에서 찾을 수 없으며, 두 번째 문단에서의 "화재는 30여 분 만에 빠르게 진화되었지만,"이라는 내용으로 보아 소방 대처가 화재에 영향을 줬다고 보기는 어렵다.
⑤ 인적이 드문 지역에 있어 해당 건물의 존재를 파악하기는 어려웠지만, 화재로 인한 피해를 더 크게 했다고 보기는 어렵다.

07

정답 ①

제시문은 CCTV가 인공지능(AI)과 융합되면 기대할 수 있는 효과들(범인 추적, 자연재해 예측)에 대해 설명하고 있다. 따라서 'AI와 융합한 CCTV의 진화'가 제목으로 가장 적절하다.

08

정답 ①

제시문에 따르면 우리는 작품을 감상할 때 작품이 지닌 의미보다 작품의 맥락과 내용에 대한 지식에 의존한다. 따라서 빈칸에는 '의미가 중요하다'는 내용이 들어가야 한다.

09

정답 ②

체내의 활성산소 농도와 생물체의 생명 연장이 비례한다는 내용은 제시문에서 확인할 수 없다. 오히려 활성산소인 과산화수소는 체내에 쌓이면 독소가 된다는 점이 제시되어 있다.

10

정답 ⑤

제시문에서 외래어가 국어에 들어오면 국어의 음운적 특징에 따라 외국어 원래의 발음이나 운율적 자질을 잃어버린다고 하였으나, 우리말의 로마자 표기를 실제 우리말 발음과 다르게 읽어야 함을 암시하는 대목은 없으므로 ⑤는 적절하지 않다.

11

정답 ⑤

ㄴ. 추상표현주의 작가들은 이성에 대한 회의를 바탕으로 했다.
ㄷ. 추상표현주의 작가들은 화가 개인의 감정을 나타내고자 했다.
ㄹ. 의도된 계획에 따라 그림을 그려나가는 것은 추상표현주의가 추구하는 예술과 반대되는 것이다.

오답분석

ㄱ. 첫 번째 문장을 통해 알 수 있다.

12

정답 ⑤

네 번째 문단에 따르면 공장식 축산의 문제를 개선하기 위한 동물 복지 운동은 1960년대 영국을 중심으로 시작되었으며, 한국에서도 2012년부터 '동물 복지 축산농장 인증제'를 시행하고 있다고 하였다. 따라서 동물 복지 축산농장 인증제는 영국이 아닌 한국에서 시행하고 있는 제도이다.

13

정답 ③

제시문은 인간의 질병 구조가 변화하고 있고 우리나라는 고령화 시대를 맞이함에 따라 만성질환이 증가하였으며 이에 따라 간호사가 많이 필요해진 상황에 대해 말하고 있다. 하지만 간호사를 많이 채용하지 않고 있으며 뒤처진 제도에 대한 아쉬움에 대해 설명하고 있는 글이다. 따라서 (나) 변화한 인간의 질병 구조 – (가) 고령화 시대를 맞아 증가한 만성질환 – (다) 간호사가 필요한 현실과는 맞지 않는 고용 상황 – (라) 간호사의 필요성과 뒤처진 의료 제도에 대한 안타까움 순으로 나열하는 것이 적절하다.

14

정답 ③

제시문은 효율적 제품 생산을 위한 방법 중 하나인 제품별 배치 방법의 장단점에 대한 글이다. 따라서 (다) 효율적 제품 생산을 위해 필요한 생산 설비의 효율적 배치 – (라) 효율적 배치의 한 방법인 제품별 배치 방식 – (가) 제품별 배치 방식의 장점 – (나) 제품별 배치 방식의 단점 순으로 나열하는 것이 적절하다.

15

정답 ④

제시문은 각 코스의 특징을 설명하면서 코스 주행 시 습득할 수 있는 운전 요령을 언급하고 있다.

16

정답 ③

첫 번째 문단에서 기존의 인터넷과 사물인터넷을 대조하여 설명하였고, 세 번째 문단에서 사물인터넷이 침대와 실내등에 연결되는 것 등의 예시를 들어 설명하였다.

17

정답 ④

제시문에서 대상 그 자체의 성질은 감각될 수 없고, 대상의 현상을 감각하는 방식은 우리에게 달려 있다고 설명하고 있다.

18
정답 ⑤

제시문에 따르면 저맥락 문화는 구성원 간에 공유하고 있는 맥락의 비율이 낮고 개인주의와 다양성이 발달했다. 미국은 이러한 저맥락 문화의 대표국가로 선악의 확실한 구분, 수많은 말풍선을 사용한 스토리 전개 등이 특징이다. 다채로운 성격의 캐릭터 등장은 일본 만화의 특징이다.

19
정답 ②

제시문의 글쓴이는 마지막 부분에서 자신의 경험을 '백성을 좀먹는 무리'에 적용하고 있는데, 백성들을 괴롭히는 이들은 미리 제거해야 나중에 큰일을 당하지 않게 된다고 하였다. 따라서 하늘의 뜻을 따르는 임금의 통치에 대한 평가는 임금이 죽은 후에 해야 한다는 보기의 글쓴이에 대해 가렴주구(苛斂誅求, 가혹한 정치로 백성을 못살게 들볶음)를 내버려 두었다가 맞게 될 결과를 비판할 것이다.

20
정답 ①

ㄱ・ㄴ. 제시문을 통해 알 수 있다.

오답분석

ㄷ. 세계는 감각으로 인식될 때만 존재한다. 따라서 책상은 인식 이전에 그 자체로 존재할 수 없다.

ㄹ. 사과의 단맛은 주관적인 속성으로, 둥근 모양은 객관적으로 성립한다고 여겨지는 형태에 해당하지만, 버클리는 주관적 속성으로 인식했다.

제2영역 언어추리

01	02	03	04	05	06	07	08	09	10
③	⑤	②	④	②	④	⑤	②	④	⑤
11	12	13	14	15	16	17	18	19	20
②	②	②	⑤	⑤	④	④	③	④	④

01
정답 ③

'대한민국에 산다.'를 '대', '국내 여행을 간다.'를 '국', '김치찌개를 먹는다.'를 '김'이라고 하자.

구분	명제	대우
전제1	**대 → 국**	국× → 대×
전제2	김× → 국×	**국 → 김**

전제1과 전제2의 대우에 의해 대 → 국 → 김이다. 따라서 대 → 김이므로 결론은 '대한민국에 사는 사람은 김치찌개를 먹는다.'인 ③이다.

02
정답 ⑤

'커피를 많이 마시다.'를 A, '카페인을 많이 섭취한다.'를 B, '불면증이 생긴다.'를 C라고 하면, 전제1은 A → B, 전제2는 ~A → ~C이다. 전제2의 대우는 C → A이므로 C → A → B가 성립한다. 따라서 빈칸에는 C → B인 '불면증이 생기면 카페인을 많이 섭취한 것이다.'가 적절하다.

03
정답 ②

'무거운 물건을 들 수 있다.'를 A, '근력이 좋다.'를 B, '근육을 키운다.'를 C라고 하면, 전제1은 A → B, 결론은 ~C → ~A이다. 결론의 대우가 A → C이므로 A → B → C가 성립하기 위해서 필요한 전제2는 B → C이다. 따라서 빈칸에는 '근력이 좋으려면 근육을 키워야 한다.'가 적절하다.

04
정답 ④

주어진 조건에 따라 수진, 지은, 혜진, 정은의 수면 시간을 정리하면 다음과 같다.

- 수진 : 22:00 ~ 07:00 → 9시간
- 지은 : 22:30 ~ 06:50 → 8시간 20분
- 혜진 : 21:00 ~ 05:00 → 8시간
- 정은 : 22:10 ~ 05:30 → 7시간 20분

따라서 수진이의 수면 시간이 가장 긴 것을 알 수 있다.

05

정답 ②

강대리와 이사원의 진술이 서로 모순이므로, 둘 중 1명은 거짓을 말하고 있다.

i) 강대리의 말이 거짓일 경우
워크숍 불참 인원이 2명이므로 조건이 성립하지 않는다.

ii) 강대리의 말이 참일 경우
박사원의 말은 참이 된다. 이때, 박사원의 말이 참이라면 유사원이 워크숍에 참석했다. 이사원의 말은 거짓이고, 누가 워크숍에 참석하지 않았는지 모른다는 진술에 의해 김대리의 말 역시 거짓이 된다. 강대리, 박사원, 이사원의 진술에 따라 워크숍에 참석한 사람은 강대리, 김대리, 유사원, 이사원이므로 워크숍에 참석하지 않은 사람은 박사원이 된다.

따라서 거짓말을 하는 사람은 이사원과 김대리이며, 워크숍에 참석하지 않은 사람은 박사원이다.

06

정답 ④

한나는 장미를 좋아하고, 장미를 좋아하면 사과를 좋아한다. 즉, 한나는 사과를 좋아한다. 두 번째 대우 명제는 '사과를 좋아하면 노란색을 좋아하지 않는다.'이다. 따라서 '한나는 노란색을 좋아하지 않는다'를 추론할 수 있다.

오답분석

① 세 번째 문장의 대우 명제는 '사과를 좋아하지 않는 사람은 장미를 좋아하지 않는다.'이다.
② 주어진 문장은 두 번째 문장의 '이' 명제이다. 따라서 옳은지 판단할 수 없다.
③ 두 번째 문장과 세 번째 문장의 대우 명제를 결합하면 '노란색을 좋아하는 사람은 장미를 좋아하지 않는다.'를 유추할 수 있다.
⑤ 주어진 문장을 통해 추론할 수 없다.

07

정답 ⑤

'축산산업이 발전' p, '소득이 늘어남' q, '해외수입이 줄어듦' r라고 하면 첫 번째 명제는 $p \rightarrow q$, 두 번째 명제는 $r \rightarrow p$이므로 $r \rightarrow p \rightarrow q$의 관계가 된다. 따라서 $r \rightarrow q$인 ⑤를 추론할 수 있다.

08

정답 ②

첫 번째와 두 번째 명제를 통해 '어떤 인형은 유리로 되어 있다.'는 결론을 도출할 수 있다. 따라서 유리로 되어 있는 것 중 인형이 있다고 할 수 있다.

09

정답 ④

명제들을 통해서 적극적인 사람은 활동량이 많으며 활동량이 많을수록 잘 다치고 면역력이 강화된다는 것을 알 수 있다. 활동량이 많지 않은 사람은 적극적이지 않은 사람이며, 적극적이지 않은 사람은 영양제를 챙겨먹는다는 것을 알 수 있다. 즉, 영양제를 챙겨 먹으면 면역력이 강화되는지는 알 수 없다.

오답분석

① 첫 번째 명제, 두 번째 명제 대우를 통해 추론할 수 있다.
② 첫 번째 명제, 세 번째 명제를 통해 추론할 수 있다.
③ 두 번째 명제, 첫 번째 명제 대우, 네 번째 명제를 통해 추론할 수 있다.
⑤ 첫 번째 명제 대우, 두 번째 명제를 통해 추론할 수 있다.

10

정답 ⑤

- 깔끔한 사람 → 정리정돈을 잘함 → 집중력이 좋음 → 성과 효율이 높음
- 주변이 조용함 → 집중력이 좋음 → 성과 효율이 높음

오답분석

① 세 번째 명제와 첫 번째 명제로 추론할 수 있다.
② 두 번째 명제와 네 번째 명제로 추론할 수 있다.
③ 세 번째 명제, 첫 번째 명제, 네 번째 명제로 추론할 수 있다.
④ 네 번째 명제의 대우와 두 번째 명제의 대우로 추론할 수 있다.

11

정답 ②

제시된 내용에 따르면 미정은 거북이, 현아는 강아지, 강희는 고양이, 예원은 햄스터를 좋아한다.

- A : 예원은 햄스터를 좋아하므로 틀리다.
- B : 현아는 강아지를 좋아하므로 거북이를 좋아하지 않는다.

따라서 B만 옳다.

12

정답 ②

제시된 내용을 정리하면 다음과 같다.

구분	월	화	수	목	금	토	일
1반	○	○					
2반				○	○		
3반							
4반							
5반						○	○

- A : 3반 선생님이나 4반 선생님 중 한 분은 수요일에 감독을 해야 한다. 그러나 화요일과 수요일에 감독을 할 수도 있으므로 옳은지 틀린지 알 수 없다.
- B : 5반 선생님은 가장 늦게 감독을 할 예정이고, 1박 2일씩 의무적으로 출근해야 하므로 토요일과 일요일에 감독을 해야 한다.

따라서 B만 옳다.

13 정답 ②

A ~ E의 진술에 따르면 C와 E는 반드시 동시에 참 또는 거짓이 되어야 하며, B와 C는 동시에 참이나 거짓이 될 수 없다.

i) A와 B가 거짓일 경우
B의 진술이 거짓이 되므로 이번 주 수요일 당직은 B이다. 그러나 D의 진술에 따르면 B는 목요일 당직이므로 이는 성립하지 않는다.

ii) B와 D가 거짓인 경우
B의 진술이 거짓이 되므로 이번 주 수요일 당직은 B이다. 또한 A, E의 진술에 따르면 E는 월요일, A는 화요일에 각각 당직을 선다. 이때 C는 수요일과 금요일에 당직을 서지 않으므로 목요일 당직이 되며, 남은 금요일 당직은 자연스럽게 D가 된다.

iii) C와 E가 거짓인 경우
A, B, D의 진술에 따르면 A는 화요일, D는 수요일, B는 목요일, C는 금요일 당직이 되어 남은 월요일 당직은 E가 된다. 이때 E의 진술이 참이 되므로 이는 성립하지 않는다.

따라서 수요일에 당직을 서는 사람은 B이다.

14 정답 ⑤

세 번째 조건에 따라 확진자가 C를 만난 경우와 E를 만난 경우를 나누어 볼 수 있다.

i) C를 만난 경우
A와 B를 만났으며, F도 만났음을 알 수 있다.

ii) E를 만난 경우
F를 만났음을 알 수 있다.

따라서 확진자는 두 경우 모두 F를 만났으므로 항상 참이 되는 것은 ⑤이다.

15 정답 ⑤

조건의 주요 명제들을 순서대로 논리 기호화하여 표현하면 다음과 같다.

- 두 번째 명제 : 머그컵 → ~노트
- 세 번째 명제 : 노트
- 네 번째 명제 : 태블릿PC → 머그컵
- 다섯 번째 명제 : ~태블릿PC → (가습기 ∧ ~컵받침)

세 번째 명제에 따라 노트는 반드시 선정되며, 두 번째 명제의 대우(노트 → ~머그컵)에 따라 머그컵은 선정되지 않는다. 그리고 네 번째 명제의 대우(~머그컵 → ~태블릿PC)에 따라 태블릿PC도 선정되지 않으며, 다섯 번째 명제에 따라 가습기는 선정되고 컵받침은 선정되지 않는다. 총 3개의 경품을 선정한다고 하였으므로, 노트, 가습기와 함께 펜이 경품으로 선정된다.

16 정답 ④

B는 8장의 응모권을 받은 A보다 2장 적게 받으므로 6장의 응모권을 받는다. 이때, C는 응모권을 A의 8장보다는 적게, B의 6장보다는 많이 받으므로 7장의 응모권을 받은 것을 알 수 있다.

17 정답 ④

제시문은 인간에게 사회성과 반사회성이 공존하고 있다고 설명하고 있으며, 이 중 반사회성이 없다면 재능을 꽃피울 수 없다고 하였다. 따라서 사회성만으로도 자신의 재능을 키울 수 있다는 주장인 ④가 반론이 될 수 있다.

오답분석

② 반사회성이 재능을 계발한다는 주장을 포함하는 동시에 반사회성을 포함한 다른 어떤 요소가 있어야 한다는 주장인 ②는 제시문에 대한 직접적인 반론은 될 수 없다.

18 정답 ③

제시문은 사회복지의 역할을 긍정하며 사회복지 찬성론자의 입장을 설명하고 있다. 따라서 사회 발전을 위해 사회복지가 오히려 장애가 될 수 있다는 점을 주장하며 반론할 수 있다.

오답분석

① 사회복지는 소외 문제를 해결하고 예방하기 위하여, 사회 구성원들이 각자의 사회적 기능을 원활하게 수행하게 한다.
② 사회복지는 삶의 질을 향상시키는 데 필요한 제반 서비스를 제공하는 행위와 그 과정을 의미한다.
④ 현대 사회가 발전함에 따라 생기는 문제의 기저에는 경제 성장과 사회 분화 과정에서 나타나는 불평등과 불균형이 있다.
⑤ 찬성론자들은 병리 현상을 통해 생겨난 희생자들을 방치하게 되면 사회 통합은 물론 지속적 경제 성장에 막대한 지장을 초래할 것이라고 주장한다.

19 정답 ④

제시문은 사유 재산에 대한 개인의 권리 추구로 다수가 피해를 입게 된다면 사익보다 공익을 우선시하여 개인의 권리가 제한되어야 한다고 주장한다. 따라서 이러한 주장에 대한 반박으로 개인인 땅 주인이 권리를 행사함에 따라 다수인 마을 사람들에게 발생하는 피해가 법적으로 증명되어야만 권리를 제한할 수 있다는 ④가 가장 적절하다.

20 정답 ④

㉠ 파울은 언어가 변화하고 진화한다고 보았으므로 언어를 연구하려면 언어가 역사적으로 발달해 온 방식을 고찰해야 한다고 주장한다.
㉡ 소쉬르는 언어가 역사적인 산물이라고 해도 변화 이전과 변화 이후를 구별해서 보아야 한다고 주장하고, 언어는 구성 요소의 순간 상태 이외에는 어떤 것에 의해서도 규정될 수 없다고 보았다.

따라서 화자가 발화한 당시의 언어 상태를 연구 대상으로 해야 하며, 그 상태에 이르기까지의 모든 과정을 무시해야 한다는 내용의 ④가 가장 적절하다.

제3영역 자료해석

01	02	03	04	05	06	07	08	09	10
①	④	②	②	①	⑤	③	①	①	④
11	12	13	14	15	16	17	18	19	20
①	③	④	④	②	①	⑤	③	②	②

01

정답 ①

화재피해액은 매년 증가하지만, 화재발생건수는 감소도하고 증가도 한다.

오답분석

② 화재피해액은 매년 증가한다.
③ 화재발생건수는 2023년이 4.9만 건으로 가장 높다.
④ 화재피해액은 2022년까지는 2.8천억 원이었지만, 2023년에 4.3천억 원으로 처음 4천억 원을 넘어섰다.
⑤ 화재발생건수는 2023년이 가장 높지만, 화재피해액은 2024년이 가장 높다.

02

정답 ④

2024년에 세 번째로 많은 생산을 했던 분야는 일반기계 분야이다. 일반기계 분야의 2022년 대비 2023년의 변화율은 다음과 같다.

$\frac{4,020-4,370}{4,370} \times 100 \fallingdotseq -8\%$

따라서 약 8% 감소하였다.

03

정답 ②

전년 대비 소각 증가율은 다음과 같다.

2016년 : $\frac{11,604-10,609}{10,609} \times 100 \fallingdotseq 9.4\%$

2017년 : $\frac{12,331-11,604}{11,604} \times 100 \fallingdotseq 6.3\%$

전년 대비 2016년도 소각 증가율은 2017년 소각 증가율의 2배인 약 12.6%보다 작으므로 옳지 않다.

오답분석

① 매년 재활용량은 전체 생활 폐기물 처리량 중 50% 이상을 차지한다.
③ 5년간 소각량 대비 매립량 비율은 다음과 같다.
- 2014년 : $\frac{9,471}{10,309} \times 100 \fallingdotseq 91.9\%$
- 2015년 : $\frac{8,797}{10,609} \times 100 \fallingdotseq 82.9\%$
- 2016년 : $\frac{8,391}{11,604} \times 100 \fallingdotseq 72.3\%$
- 2017년 : $\frac{7,613}{12,331} \times 100 \fallingdotseq 61.7\%$
- 2018년 : $\frac{7,813}{12,648} \times 100 \fallingdotseq 61.8\%$

따라서 매년 소각량 대비 매립량 비율은 60% 이상임을 알 수 있다.

④ 2014년부터 2017년까지 매립량은 감소하고 있다.
⑤ 2018년 재활용된 폐기물량 비율은 $\frac{30,454}{50,915} \times 100 \fallingdotseq 59.8\%$로 2014년 소각량 비율 $\frac{10,309}{50,906} \times 100 \fallingdotseq 20.3\%$의 3배인 60.9%보다 작으므로 옳다.

04

정답 ②

금형 업종의 경우 사무소 형태로 진출한 현지 자회사 법인의 비율이 44.4%로 가장 높다.

오답분석

① 단독법인 형태의 소성가공 업체의 수는 $30 \times 0.381 = 11.43$개로 10개 이상이다.
③ 표면처리 업체의 해외 현지 자회사 법인 중 유한회사의 형태인 업체는 $133 \times 0.024 = 3.192$곳으로, 2곳 이상이다.
④ 전체 업체 중 용접 업체의 해외 현지 자회사 법인의 비율은 $\frac{128}{387} \times 100 \fallingdotseq 33\%$로 30% 이상이다.
⑤ 소성가공 업체의 해외 현지 자회사 법인 중 단독법인 형태의 업체 비율은 38.1%로, 합작법인 형태의 업체 수의 비율인 15.2%의 2배 이상이므로 그 수도 2배 이상임을 알 수 있다.

05

정답 ①

자료는 비율을 나타내기 때문에 실업자의 수는 알 수 없다.

오답분석

② 실업자 비율은 2%p 증가하였다.
③ 경제활동인구 비율은 80%에서 70%로 감소하였다.
④ 취업자 비율은 12%p 감소한 반면, 실업자 비율은 2%p 증가하였기 때문에 취업자 비율의 증감폭이 더 크다.
⑤ 비경제활동인구의 비율은 20%에서 30%로 10%p 증가하였다.

06

정답 ⑤

사고 전·후 이용 가구 수의 차이가 가장 큰 것은 생수이며, 가구 수의 차이는 $140-70=70$가구이다.

오답분석

① 수돗물을 이용하는 가구 수가 120가구로 가장 많다.
② 수돗물과 약수를 이용하는 가구 수가 감소했다.
③ $\frac{230}{370} \times 100 \fallingdotseq 62\%$로 전체 가구 수의 60% 이상이다.

④ 사고 전에 정수를 이용하던 가구 수는 100가구이며, 사고 후에도 정수를 이용하는 가구 수는 50가구이다. 나머지 50가구는 사고 후 다른 식수 조달원을 이용한다.

07

정답 ③

총 전입자 수는 서울이 가장 높지만, 총 전입률은 인천이 가장 높다.

오답분석

① $\frac{132,012}{650,197}\times100 \fallingdotseq 20.3\%$이므로 옳다.

② 대구의 총 전입률이 1.14%로 가장 낮다.

④ 부산의 총 전입자 수는 42,243명으로 광주의 총 전입자 수 17,962명의 $\frac{42,243}{17,962}\fallingdotseq 2.35$, 약 2.35배이다.

⑤ 광주의 총 전입자 수는 17,962명으로 제시된 지역 중 가장 적다.

08

정답 ①

제시된 자료로 이윤을 계산하면 다음과 같다.

(단위 : 만 원)

생산량(개)	0	1	2	3	4	5
총판매수입	0	7	14	21	28	35
총생산비용	5	9	12	17	24	33
이윤	−5	−2	+2	+4	+4	+2

ㄱ. 2개와 5개를 생산할 때의 이윤은 2만 원으로 동일하다.

ㄴ. 이윤은 생산량 3개와 4개에서 4만 원으로 가장 크지만, 최대 생산량을 묻고 있으므로, 극대화할 수 있는 최대 생산량은 4개이다.

오답분석

ㄷ. 생산량을 4개에서 5개로 늘리면 이윤은 4만 원에서 2만 원으로 감소한다.

ㄹ. 1개를 생산하면 −2만 원이지만, 생산하지 않을 때는 −5만 원이다.

09

정답 ①

2019년 재범률은 $\frac{5,396}{24,151}\times100 \fallingdotseq 22.3\%$이다.

오답분석

② $\frac{x}{25,802}\times100=22.2\%$이므로 $x=\frac{22.2\times25,802}{100}\fallingdotseq 5,728$명이다.

③ $\frac{x}{25,725}\times100=22.2\%$이므로 $x=\frac{22.2\times25,725}{100}\fallingdotseq 5,711$명이다.

④ $\frac{5,547}{x}\times100=22.1\%$이므로 $x=\frac{5,547\times100}{22.1}\fallingdotseq 25,100$명이다.

⑤ $\frac{4,936}{23,045}\times100 \fallingdotseq 21.4\%$이다.

10

정답 ④

그래프에 나타난 프로그램 수입을 모두 합하면 380만 불이며, 영국에서 수입하는 액수는 150만 불이므로 그 비중은 $\frac{150}{380}\times100 \fallingdotseq 39.5\%$이다.

11

정답 ①

50대 해외·국내여행 평균횟수는 매년 1.2회씩 증가한다.
따라서 빈칸에 들어갈 수는 31.2+1.2=32.4이다.

12

정답 ③

주말 평균 공부시간이 3시간 이상 6시간 미만인 학생은 전체의 20%, 6시간 이상 8시간 미만인 학생은 전체의 10%, 8시간 이상인 학생은 전체의 5%이므로 주말 평균 3시간 이상 공부하는 학생은 전체의 20+10+5=35%로 절반 미만이다.

오답분석

① 주말 평균 공부시간이 8시간 이상인 학생의 비율은 전체의 5%로 가장 작다.

② 주말 평균 공부시간이 1시간 미만인 학생의 비율은 전체의 10%이고, 6시간 이상 8시간 미만인 학생의 비율 또한 전체의 10%이다.

④ 주말 평균 공부시간이 1시간 미만인 학생의 비율은 전체의 10%이고, 1시간 이상 2시간 미만인 학생은 전체의 30%이므로 주말 평균 공부시간이 2시간 미만인 학생의 비율은 10+30=40%로 절반 미만이다.

⑤ 주말 평균 공부시간이 2시간 이상 3시간 미만인 학생의 비율은 전체의 25%로, 8시간 이상인 학생의 비율(5%)의 $\frac{25}{5}=5$배이다.

13

정답 ④

제조업용 로봇 생산액의 2021년 대비 2023년의 성장률은 $\frac{7,016-6,272}{6,272}\times100 \fallingdotseq 11.9\%$이다.

14

정답 ④

매년 A, B, C동의 벚꽃나무 수 총합은 205그루로 일정하다. 따라서 빈칸에 들어갈 수는 205−112−50=43그루이다.

15

정답 ②

경현이의 평균점수는 $\frac{315+320+335+390+400+370}{6}$

$=\frac{2,130}{6}=355$점이다.

따라서 355점보다 높았던 달은 9월, 10월, 11월에 봤던 시험으로 총 3번임을 알 수 있다.

16

정답 ①

메달 개수 및 상별 점수를 정리하면 다음과 같다.

구분	금메달	은메달	동메달
총 개수(개)	40	31	15
개당 점수(점)	3,200÷40 =80	2,170÷31 =70	900÷15=60
구분	최우수상	우수상	장려상
총 개수(개)	41	26	56
개당 점수(점)	1,640÷41 =40	780÷26=30	1,120÷56 =20

따라서 금메달은 80점, 은메달은 70점, 동메달은 60점임을 알 수 있다.

오답분석

② 경상도가 획득한 메달 및 상의 총 개수는 4+8+12=24개이며, 가장 많은 지역은 13+1+22=36개인 경기도이다.
③ 표를 참고하면 전국기능경기대회 결과표에서 동메달이 아닌 장려상이 56개로 가장 많다.
④ 울산에서 획득한 메달 및 상의 총점은 (3×80)+(7×30)+(18×20)=810점이다.
⑤ 장려상을 획득한 지역은 대구, 울산, 경기도이며 세 지역 중 금・은・동메달 총 개수가 가장 적은 지역은 금메달만 2개인 대구이다.

17

정답 ⑤

2017년 대비 2018년 지진발생 횟수의 증가율이 가장 큰 지역은 6배 증가한 광주・전남이다. 지진발생 횟수가 전년 대비 증가한 지역만 보면, 전북은 2배, 북한은 $\frac{25}{23}≒1.09$배, 서해는 $\frac{19}{6}≒3.17$배, 남해는 $\frac{18}{11}≒1.64$배, 동해는 $\frac{20}{16}=1.25$배 증가하였다. 따라서 2018년 전년 대비 지진발생 횟수의 증가율이 광주・전남 다음으로 두 번째로 높은 지역은 서해이다.

오답분석

① 각 연도별로 전체 지진발생 횟수 중 가장 많은 비중을 차지하는 지역은 해당연도에 지진발생 횟수가 가장 많은 지역이다. 지진발생 횟수가 가장 많은 지역은 2016년은 남해, 2017년과 2018년은 대구・경북으로 서로 다르다.
② 전체 지진발생 횟수 중 북한의 지진횟수가 차지하는 비중은 2017년에 $\frac{23}{252}\times100=9.1\%$, 2018년에 $\frac{25}{223}\times100≒11.2\%$이다. 따라서 11.2−9.1=2.1%p로 5%p 미만 증가하였다.
③ 2016년 전체 지진발생 횟수 중 대전・충남・세종이 차지하는 비중은 $\frac{2}{44}\times100≒4.5\%$로, 2017년 전체 지진발생 횟수 중 동해가 차지하는 비중인 $\frac{16}{252}\times100≒6.3\%$보다 작다.
④ 전체 지진발생 횟수 중 수도권에서의 지진발생 횟수가 차지하는 비중을 분수로 나타내면 2016년에 $\frac{1}{44}$, 2017년에 $\frac{1}{252}$, 2018년에 $\frac{1}{223}$으로 분자는 1로 동일하면서 분모는 2017년에 전년 대비 커졌다가 2018년에는 전년 대비 감소하였다. 따라서 2017년에는 비중이 전년 대비 감소하고, 2018년에는 비중이 전년 대비 증가했다.

18

정답 ③

삶의 만족도가 한국보다 낮은 국가는 에스토니아, 포르투갈, 헝가리이다. 세 국가의 장시간 근로자 비율 산술평균은 $\frac{3.6+9.3+2.7}{3}=5.2\%$이다. 이탈리아의 장시간 근로자 비율은 5.4%이므로 옳지 않다.

오답분석

① 삶의 만족도가 가장 높은 국가는 덴마크이며, 덴마크의 장시간 근로자 비율이 가장 낮음을 자료에서 확인할 수 있다.
② 삶의 만족도가 가장 낮은 국가는 헝가리이며, 헝가리의 장시간 근로자 비율은 2.7%이다.
  2.7×10=27<28.1이므로 한국의 장시간 근로자 비율은 헝가리의 장시간 근로자 비율의 10배 이상이다.
④ • 여가・개인 돌봄시간이 가장 긴 국가 : 덴마크
  • 여가・개인 돌봄시간이 가장 짧은 국가 : 멕시코
  ∴ 두 국가의 삶의 만족도 차이 : 7.6−7.4=0.2점
⑤ 장시간 근로자 비율이 미국보다 낮은 국가는 덴마크, 프랑스, 이탈리아, 에스토니아, 포르투갈, 헝가리이며, 이들 국가의 여가・개인 돌봄시간은 모두 미국의 여가・개인 돌봄시간보다 길다.

19

정답 ②

수도권은 서울과 인천 · 경기를 합한 지역이다. 따라서 전체 마약류 단속 건수 중 수도권의 마약류 단속 건수의 비중은 22.1+35.8=57.9%로 50% 이상이다.

오답분석

① • 대마 단속 전체 건수 : 167건
  • 코카인 단속 전체 건수 : 65건
  따라서 65×3=195>167이므로 옳지 않다.
③ 코카인 단속 건수가 없는 지역은 강원, 충북, 제주로 3곳이다.
④ • 대구 · 경북 지역의 향정신성의약품 단속 건수 : 138건
  • 광주 · 전남 지역의 향정신성의약품 단속 건수 : 38건
  따라서 38×4=152>138이므로 옳지 않다.
⑤ • 강원 지역의 향정신성의약품 단속 건수 : 35건
  • 강원 지역의 대마 단속 건수 : 13건
  따라서 13×3=39>35이므로 옳지 않다.

20

정답 ②

남녀 국회의원의 여야별 SNS 이용자 구성비 중 여자의 경우 여당이 (22÷38)×100≒57.9%이고, 야당은 (16÷38)×100≒42.1%이므로 옳지 않은 그래프이다.

오답분석

① 국회의원의 여야별 SNS 이용자 수는 각각 145명, 85명이다.
③ 야당 국회의원의 당선 횟수별 SNS 이용자 구성비는 85명 중 초선 36명, 2선 28명, 3선 14명, 4선 이상 7명이므로 각각 계산해 보면 42.4%, 32.9%, 16.5%, 8.2%이다.
④ 2선 이상 국회의원의 정당별 SNS 이용자는 A당 29+22+12=63명, B당 25+13+6=44명, C당 3+1+1=5명이다.
⑤ 여당 국회의원의 당선 유형별 SNS 이용자 구성비는 145명 중 지역구가 126명이고, 비례대표가 19명이므로 각각 86.9%와 13.1%이다.

제4영역 창의수리

01	02	03	04	05	06	07	08	09	10
②	②	①	③	③	①	④	⑤	⑤	③
11	12	13	14	15	16	17	18	19	20
②	③	④	③	②	②	③	③	③	②

01

정답 ②

홀수 항은 −4, 짝수 항은 −7인 수열이다.

따라서 ( )=27−4=23이다.

02

정답 ②

+1.2와 ÷2를 번갈아 가면서 적용하는 수열이다.

따라서 ( )=1.1+1.2=2.3이다.

03

정답 ①

n을 자연수라고 하면, n항은 $\frac{n\times6}{n+7}$의 규칙을 갖는 수열이다.

따라서 ( )$=\frac{4\times6}{4+7}=\frac{24}{11}$이다.

04

정답 ③

나열된 수를 각각 A, B, C라고 하면 다음과 같은 관계가 성립한다.

$\underline{A\ B\ C} \to A+B=C$

따라서 ( )=4+7=11이다.

05

정답 ③

나열된 수를 각각 A, B, C, D라고 하면 다음과 같은 관계가 성립한다.

$\underline{A\ B\ C\ D} \to A+B+C=D$

따라서 ( )=7−2−4=1이다.

06

정답 ①

두 번째 방정식을 통해 y값을 구하면 다음과 같다.

$10x-y=65$

$\to -y=65-10x$

$\therefore y=10x-65$

첫 번째 방정식에 y값을 대입하면 다음과 같다.

$3x+2y=54$

$\rightarrow 3x+2(10x-65)=54$

$\rightarrow 3x+20x-130=54$

$\rightarrow 23x=184$

$\therefore x=8,\ y=15(\because 10\times 8-65=15)$

따라서 $x+y=8+15=23$이다.

07

정답 ④

$21+2x\left(\frac{1}{4}x+7\right)=261$

$\rightarrow \frac{1}{2}x^2+14x-240=0$

$\rightarrow x^2+28x-480=0$

인수분해가 어려우므로 근의 공식$\left(x=\frac{-b\pm\sqrt{b^2-4ac}}{2a}\right)$을 사용한다($a=1,\ b=28,\ c=-480$).

$x=\frac{-28\pm\sqrt{784+1,920}}{2}$

$\rightarrow \frac{-28\pm\sqrt{2,704}}{2}$

$\rightarrow \frac{-28\pm 52}{2}$

$\therefore x=12$ 또는 -40

따라서 x의 해 2개의 차는 $|12-(-40)|=52$이다($\because$ 절댓값으로 계산).

08

정답 ⑤

작년에 입사한 남자 신입사원 수를 x명, 여자 신입사원 수를 y명이라고 하자.

$x+y=55 \cdots$ ㉠

$1.5x+0.6y=60 \cdots$ ㉡

㉠과 ㉡을 연립하면

$\therefore x=30,\ y=25$

따라서 올해 여자 신입사원 수는 $25\times 0.6=15$명이다.

09

정답 ⑤

농도 2% 소금물의 양을 xg이라고 하자.

$\frac{20\times\frac{5}{100}+x\times\frac{2}{100}}{20+x}\times 100=3 \rightarrow \frac{100+2x}{20+x}=3$

$\rightarrow 100+2x=3(20+x)$

$\rightarrow 100+2x=60+3x$

$\therefore x=40$

따라서 농도 2%의 소금물 40g을 넣으면 농도 3%의 소금물이 된다.

10

정답 ③

지하철로 이동한 거리를 $x$km라고 하자.

지하철에 이상이 생겼을 때 속력은 20km/h이고, 평소 60km/h의 속력으로 달렸을 때보다 1시간이 더 걸렸으므로 다음 식이 성립한다.

$\frac{x}{20}-\frac{x}{60}=1$

$\rightarrow 3x-x=60 \rightarrow 2x=60$

$\therefore x=30$

따라서 출발하는 역부터 도착하는 역까지 지하철의 이동거리는 30km이다.

11

정답 ②

팀원 수를 x명이라고 하자.

$\frac{30\times x+25}{x+1}=29$

$\rightarrow 30\times x+25=29\times x+29$

$\therefore x=4$

따라서 신입이 들어오기 전 팀원 수는 4명이다.

12

정답 ③

- 첫 번째 문제를 맞힐 확률 : $\frac{1}{5}$
- 첫 번째 문제를 틀릴 확률 : $1-\frac{1}{5}=\frac{4}{5}$
- 두 번째 문제를 맞힐 확률 : $\frac{2}{5}\times\frac{1}{4}=\frac{1}{10}$
- 두 번째 문제를 틀릴 확률 : $1-\frac{1}{10}=\frac{9}{10}$

$\therefore$ 두 문제 중 하나만 맞힐 확률 : $\frac{1}{5}\times\frac{9}{10}+\frac{4}{5}\times\frac{1}{10}=\frac{13}{50}$

따라서 두 문제 중 하나만 맞힐 확률은 26%이다.

13

정답 ④

4과목의 평균이 85점 이상을 받아야 하므로 총점은 340점 이상이 된다.

따라서 갑돌이는 $340-(70+85+90)=95$점 이상을 받아야 한다.

14

정답 ③

반장과 부반장을 서로 다른 팀에 배치하는 경우는 2가지이다.

2명을 제외한 인원을 2명, 4명으로 나누는 경우는 먼저 6명 중 2명을 뽑는 방법과 같으므로 ${}_6C_2=\frac{6\times 5}{2}=15$가지이다.

따라서 래프팅을 두 팀으로 나눠 타는 경우의 수는 $2\times 15=30$가지이다.

15

정답 ②

바이러스에 감염된 사람은 전체 중 95%이고, 그중 항체가 있는 사람의 비율은 15.2%p이므로 항체가 없는 사람은 95.0−15.2=79.8%이다. 다음으로 바이러스에 감염되지 않은 사람은 100−95=5%이므로 감염되지 않았으면서 항체가 있는 사람의 비율은 5−4.2=0.8%이다. 이를 정리하면 다음과 같다.

구분	항체 ×	항체 ○	합계
감염됨	79.8%	15.2%	95%
감염되지 않음	4.2%	0.8%	5%
합계	84%	16%	100%

따라서 조사 참여자 중 항체가 있는 사람의 비율은 16%이다.

16

정답 ②

라임이의 나이를 x세라고 하면, 아버지의 나이는 $(x+28)$세이다.

$x+28=3x$

$\therefore x=14$

따라서 아버지의 나이는 $3\times14=42$세이다.

17

정답 ③

A와 B는 이번 주 토요일 이후에 각각 15일, 20일마다 미용실에 간다. 15와 20의 최소공배수를 구하면 60이므로 60일마다 두 사람은 미용실에 함께 가게 된다. 두 사람이 다시 미용실에 같이 가는 요일은 $60\div7=7\times8\cdots4$이므로, 토요일로부터 4일 뒤인 수요일이다.

18

정답 ③

수도 A, B가 1분 동안 채울 수 있는 물의 양은 각각 $\frac{1}{15}$L, $\frac{1}{20}$L이다. 수도 A, B를 동시에 틀어 놓을 경우 1분 동안 채울 수 있는 물의 양은 $\frac{1}{15}+\frac{1}{20}=\frac{7}{60}$L이다.

따라서 30분 동안 $\frac{7}{60}\times30=3.5$L의 물을 받을 수 있고, 물통은 3개를 채울 수 있다.

19

정답 ③

i) 첫 번째, 두 번째, 세 번째에 모두 앞면이 나올 확률

: $\frac{1}{2}\times\frac{1}{2}\times\frac{1}{2}=\frac{1}{8}$

ii) 첫 번째에 뒷면, 두 번째와 세 번째에 앞면이 나올 확률

: $\frac{1}{2}\times\frac{1}{2}\times\frac{1}{2}=\frac{1}{8}$

따라서 두 번째와 세 번째에 모두 앞면이 나올 확률은 $\frac{1}{8}+\frac{1}{8}=\frac{1}{4}$이다.

20

정답 ②

C씨가 준비한 박스의 수를 x개라고 하자.

$4(x-1)+2=10(x-2)$

$\rightarrow 4x-2=10x-20$

$\rightarrow 6x=18$

$\therefore x=3$

따라서 C씨가 준비한 박스는 3개이다.

CJ그룹 CAT 온라인 적성검사

4일 차 기출응용 모의고사 정답 및 해설

제1영역 언어이해

01	02	03	04	05	06	07	08	09	10
③	③	②	④	②	②	③	③	③	③
11	12	13	14	15	16	17	18	19	20
④	②	①	⑤	⑤	③	①	⑤	⑤	①

01

정답 ③

제시문에 따르면 16세기 말 그레고리력이 도입되기 전 프랑스 사람들은 3월 25일부터 4월 1일까지 일주일 동안 축제를 벌였다.

오답분석

① 만우절이 프랑스에서 기원했다는 이야기는 많은 기원설 중의 하나일 뿐, 정확한 기원은 알려지지 않았다.
② 프랑스는 16세기 말 그레고리력을 받아들이면서 달력을 새롭게 개정하였다.
④ 프랑스에서는 만우절에 놀림감이 된 사람들을 '4월의 물고기'라고 불렀다.
⑤ 프랑스의 관습이 18세기에 이르러 영국으로 전해지면서 영국의 만우절이 생겨났다.

02

정답 ③

오답분석

① 두 번째 문장에서 확인할 수 있다.
②·⑤ 마지막 문장에서 확인할 수 있다.
④ 세 번째와 네 번째 문장에서 확인할 수 있다.

03

정답 ②

제시문에서 한국인들은 달항아리가 일그러졌다고 해서 깨뜨리거나 대들보가 구부러졌다고 해서 고쳐 쓰지는 않았다고 나와 있을 뿐, 곧은 대들보와 완벽한 모양의 달항아리를 좋아하지 않았다는 내용은 없다.

04

정답 ④

알려지지 않은 것에서는 불안정, 걱정, 공포감이 뒤따라 나오기 때문에 우리 마음의 불안한 상태를 없애고자 한다면, 알려지지 않은 것을 알려진 것으로 바꿔야 한다. 이러한 환원은 우리의 마음을 편하게 해주고 만족하게 한다. 이 때문에 우리는 이미 알려진 것·체험한 것·기억에 각인된 것을 원인으로 설정하게 되고, 낯설고 체험하지 않았다는 느낌을 빠르게 제거해 버려, 특정 유형의 설명만이 남아 우리의 사고방식을 지배하게 만든다. 따라서 빈칸에는 '낯설고 체험하지 않았다는 느낌을 제거해 버린다.'는 내용이 가장 적절하다.

05

정답 ②

마지막 문장의 '표준화된 언어와 방언 둘 다의 가치를 인정'하고, '잘 가려서 사용할 줄 아는 능력을 길러야 한다.'는 내용을 바탕으로 ②와 같은 주제를 이끌어낼 수 있다.

06

정답 ②

제시문을 정리해 보면 '사회 계층 간의 방언 차이는 지역 방언만큼의 주목을 받지는 못하였다.', '방언차는 사회에 따라서는 상당히 현격한 차이를 보여 일찍부터 논의의 대상이 되었다.', '사회 계층 간의 방언 분화는 최근 사회 언어학의 대두에 따라 점차 큰 관심의 대상이 되어 가고 있다.'로 요약할 수 있다. 이 내용을 토대로 주제를 찾는다면 ②가 전체 내용의 핵심이라는 것을 알 수 있다.

07

정답 ③

제시문은 테레민이라는 악기를 두 손을 이용해 어떻게 연주하는가에 대한 내용이다. 두 번째 문단에서 '오른손으로는 수직 안테나와의 거리에 따라 음고를 조절하고, 왼손으로는 수평 안테나와의 거리에 따라 음량을 조절한다.'고 하였고, 마지막 문단에서는 이에 따라 오른손으로 음고를 조절하는 방법에 대해 설명하고 있다. 따라서 뒤에 이어질 내용으로 왼손으로 음량을 조절하는 방법이 나오는 것이 적절하다.

08
정답 ③

오답분석

① 정상 과학의 시기에는 이미 이론의 핵심 부분들은 정립되어 있으며 이 시기에는 새로움을 좇기보다는 기존 연구의 세부 내용이 깊어진다. 따라서 다양한 학설과 이론의 등장은 적절하지 않다.

② 어떤 현상의 결과가 충분히 예측된다 할지라도 그 세세한 과정은 의문 속에 있기 마련이다. 정상 과학의 시기에 과학자들의 열정과 헌신성은 예측 결과와 실제의 현상을 일치시키기 위한 연구로 유지될 수 있다.

④ 과학적 사고방식과 관습, 기법 등이 하나의 기반으로 통일되어 있을 뿐이지 해결해야 할 과제가 없는 것은 아니다. 따라서 완성된 과학이라고 부를 수 없다.

⑤ 이론의 핵심 부분들은 정립된 상태이므로 과학자들은 심오한 작은 영역에 집중하게 되고 그에 따라 각종 실험 장치들의 다양화, 정밀화와 더불어 문제를 해결해 가는 특정 기법과 규칙들이 만들어진다. 따라서 문제를 해결해 가는 과정이 주가 된다.

09
정답 ③

(다) 인권에 대한 화제 도입 및 인권 보호의 범위 – (나) 사생활 침해와 인권 보호 – (가) 사생활 침해와 인권 보호에 대한 예시 – (라) 결론 순서로 연결해야 한다.

10
정답 ③

다문화정책의 두 가지 핵심을 밝히고 있는 (다) 문단이 가장 처음에 온 뒤 이를 뒷받침하기 위해 프랑스를 사례로 든 (가) 문단을 두 번째에 배치하는 것이 자연스럽다. 그 다음으로는 이민자에 대한 지원 촉구 및 다문화정책의 개선 등에 관한 내용이 이어지는 것이 흐름상 적절하므로, 이민자에 대한 배려의 필요성을 주장하는 (라) 문단과 다문화정책의 패러다임 전환을 주장하는 (나) 문단 순서로 연결되어야 한다. 따라서 (다) – (가) – (라) – (나) 순으로 나열하는 것이 적절하다.

11
정답 ④

참여예산제는 인기 영합적 예산 편성으로 예산 수요가 증가하여 재정 상태를 악화시킬 가능성이 있지만, 참여예산제 자체가 재정 상태를 악화시키지는 않는다.

12
정답 ②

제시문의 밑줄 친 부분에서 전달하고자 하는 바는 우리가 의도하는 바와 그 결과가 반드시 일치하지는 않는다는 것이다.

13
정답 ①

태초의 자연은 인간과 균형적인 관계로, 서로 소통하고 공생할 수 있었다. 그러나 기술의 발달로 인간은 자연을 정복하고 폭력을 행사했다. 이는 인간과 자연 양쪽에게 해가 되는 일이므로 힘의 균형을 통해 대칭적인 관계를 회복해야 한다는 것이 이 글의 중심 내용이다. 따라서 뒤에 올 내용으로는 그 대칭적인 관계를 회복하기 위한 방법이 적절하다.

14
정답 ⑤

제시문의 첫 번째 문단에서 비만을 질병으로 분류하고 각종 암을 유발하는 주요 요인을 제시하여 비만의 문제점을 환기하고 있으며, 이어서 이에 대한 해결방안으로 고열량·저열량·고카페인 함유 식품의 판매 제한 모니터링 강화, 과음과 폭식 등 비만을 조장·유발하는 문화와 환경 개선, 운동의 권장과 같은 방안들을 제시하고 있음을 알 수 있다.

15
정답 ⑤

현대는 텔레비전이나 만화책을 보는 문화가 신문이나 두꺼운 책을 읽는 문화를 대체하고 있다. 이처럼 휴식이 따라오는 보는 놀이는 사람들의 머리를 비게 하여 생각 없는 사회로 치닫게 한다. 즉, 사람들은 텔레비전을 보는 동안 휴식을 취하며 생각을 하지 않으므로 텔레비전을 많이 볼수록 생각하는 시간이 적어짐을 추론할 수 있다.

16
정답 ③

긍정편향에 따르면 자신의 수명이나 동료에 비해 성공할 확률을 매우 높게 예측하는 경향이 있다. 따라서 자신의 미래를 타인의 미래보다 긍정적으로 바라본다는 것을 추론할 수 있다.

17

정답 ①

첫 번째 문단에서 주시경이 늣씨 개념을 도입한 것은 서양의 블룸필드보다 훨씬 이전이라고 하였으므로 적절하지 않다.

오답분석

② 첫 번째 문단의 '과학적 연구 방법이 전무하다시피 했던 국어학 연구에서, 그는 단어의 원형을 밝혀 적는 형태주의적 입장을 가지고 독자적으로 문법 현상을 분석하고 이론으로 체계화하는 데 힘을 쏟았다.'는 내용을 통해 알 수 있다.
③ 세 번째 문단의 '그는 맞춤법을 확립하는 정책에도 자신의 학문적 성과를 반영하고자 했다.'는 내용을 통해 알 수 있다.
④ 두 번째 문단의 '그는 언어를 민족의 정체성을 나타내는 징표로 보았으며, 국가와 민족의 발전이 말과 글에 달려 있다고 생각하여 국어 교육에 온 힘을 다하였다.'는 내용을 통해 알 수 있다.
⑤ 세 번째 문단의 '1907년에 설치된 국문 연구소의 위원으로 국어 정책을 수립하는 일에도 적극 참여하였다.'는 내용을 통해 알 수 있다.

18

정답 ⑤

제시문은 집단을 중심으로 절차의 정당성을 근거로 한 과도한 권력, 즉 무제한적 민주주의에 대한 비판적인 글이다. 또한 민주주의에 의해 훼손될 수 있는 자유와 권리의 옹호라는 주제에 도달해야 한다. 따라서 빈칸에 들어갈 내용으로 이를 언급한 ⑤가 적절하다.

19

정답 ⑤

ㄷ. 공기가 따뜻하고 습할수록 구름이 많이 생성된다.
ㄹ. 아래쪽부터 연직으로 차곡차곡 쌓이게 되어 두터운 구름층을 형성하는 형태의 구름이 적란운이다.

오답분석

ㄱ. 공기가 충분한 수분을 포함하고 있다면 공기 중의 수증기가 냉각되어 작은 물방울이나 얼음 알갱이로 응결되면서 구름이 형성된다.
ㄴ. 구름이 생성되는 과정에서 열이 외부로 방출되고 이것이 공기의 온도를 높인다.

20

정답 ①

허용형 어머니는 오로지 아이의 욕망에만 관심을 가지는 반면, 방임형 어머니는 아이의 욕망에 무관심하다.

오답분석

ㄴ. 허용형 어머니의 아이는 도덕적 책임 의식이 결여된 경우가 많다고 나와 있으며, 독재형 어머니의 자녀와 비교할 때 상대적으로 도덕적 의식이 높은지에 대해서는 정확히 알 수 없다.
ㄷ. 방임형 어머니의 아이는 어머니의 욕망을 전혀 파악하지 못한다고 나와 있으며, 독재형 어머니의 아이와 비교했을 때 어떠한지 정확히 알 수 없다.

제2영역 언어추리

01	02	03	04	05	06	07	08	09	10
③	②	②	④	⑤	④	④	①	⑤	④
11	12	13	14	15	16	17	18	19	20
③	③	③	④	①	①	④	②	②	②

01

정답 ③

'자차가 있다.'를 A, '대중교통을 이용한다.'를 B, '출퇴근 비용을 줄인다.'를 C라고 하면, 첫 번째 명제는 $\sim A \rightarrow B$, 세 번째 명제는 $\sim A \rightarrow C$이다. 따라서 $\sim A \rightarrow B \rightarrow C$가 성립하기 위해서 필요한 두 번째 명제는 $B \rightarrow C$이므로 빈칸에는 '대중교통을 이용하면 출퇴근 비용이 줄어든다.'가 적절하다.

02

정답 ②

고양이는 포유류이고, 포유류는 새끼를 낳아 키운다. 따라서 고양이는 새끼를 낳아 키운다.

03

정답 ②

국어를 싫어하는 학생은 수학을 좋아하고, 수학을 좋아하면 영어를 싫어한다. 따라서 국어를 싫어하는 학생은 영어도 싫어한다고 할 수 있다.

04

정답 ④

첫 번째 명제의 대우와 두 번째 명제를 정리하면 '모든 학생 → 국어 수업 → 수학 수업'이 되어 '모든 학생은 국어 수업과 수학 수업을 듣는다.'가 성립한다. 세 번째 명제에서 수학 수업을 듣는 '어떤' 학생들이 영어 수업을 듣는다고 했으므로, '어떤 학생들은 국어, 수학, 영어 수업을 듣는다.'가 성립한다.

05

정답 ⑤

명제들이 모두 참이므로 '상어>코끼리>악어>사슴, 토끼'가 성립한다. 사슴과 토끼 중 어느 동물이 더 큰지 알 수 없기 때문에 사슴보다 큰 동물이 몇 마리인지 알 수 없다.

06

정답 ④

A와 C의 진술은 서로 모순되므로 동시에 거짓이거나 참일 경우 성립하지 않는다. 또한 A가 거짓인 경우 불참한 스터디원이 2명 이상이 되므로 A는 반드시 참이어야 한다. 따라서 성립 가능한 경우는 다음과 같다.

i) B와 C가 거짓인 경우
A와 C, E는 스터디에 참석했으며 B와 D가 불참하였으므로 B와 D가 벌금을 내야 한다.

ii) C와 D가 거짓인 경우
A와 D, E는 스터디에 참석했으며 B와 C가 불참하였으므로 B와 C가 벌금을 내야 한다.

iii) C와 E가 거짓인 경우
불참한 스터디원이 C, D, E 3명이 되므로 성립하지 않는다.

따라서 B와 D 또는 B와 C가 함께 벌금을 내야 하므로 보기 중 옳은 것은 ④이다.

07

정답 ④

제시된 진술을 정리하면 다음과 같다.

구분	A의 진술	B의 진술	C의 진술	D의 진술
A가 범인일 때	거짓	참	거짓	참
B가 범인일 때	거짓	거짓	거짓	참
C가 범인일 때	참	참	거짓	참
D가 범인일 때	거짓	참	참	거짓

따라서 한 사람의 진술만이 참일 경우의 범인은 B, 한 사람의 진술만이 거짓일 경우의 범인은 C이다.

08

정답 ①

마지막 규칙에 따라 C대리가 가장 먼저 출근하며, 두 번째 규칙에 따라 그 다음에 B과장이 출근한다. 팀원이 총 5명이므로 세 번째 규칙에 따라 D주임이 세 번째로 출근하며, 나머지 팀원인 E사원과 A팀장 중 첫 번째 규칙에 따라 E사원이 먼저 출근한다. 따라서 출근 순서는 C대리 – B과장 – D주임 – E사원 – A팀장이다.

09

정답 ⑤

직원 A ~ E 중 직원 C는 직원 E의 성과급이 올랐다고 하였고, 직원 D는 직원 E의 성과급이 깎였다고 하였으므로 직원 C와 D 중 한 명은 거짓말을 하고 있다.

i) 직원 C가 거짓말을 하고 있는 경우
직원 B – A – D 순으로 성과급이 올랐고, 직원 E와 C는 성과급이 깎였지만, 순위는 알 수 없다.

ii) 직원 D가 거짓말을 하고 있는 경우
직원 B – A – D 순으로 성과급이 올랐고, 직원 C와 E도 성과급이 올랐지만, 순위는 알 수 없다.

따라서 어떤 경우이든 직원 E의 성과급 순위는 알 수 없다.

10

정답 ④

D는 102동 또는 104동에 살며, A와 B가 서로 인접한 동에 살고 있으므로 E는 101동 또는 105동에 산다. 이를 통해 101동부터 (A, B, C, D, E), (B, A, C, D, E), (E, D, C, A, B), (E, D, C, B, A) 네 가지 경우를 추론할 수 있다.
따라서 'A가 102동에 산다면 E는 105동에 산다.'는 반드시 참이 된다.

11

정답 ③

연경, 효진, 다솜, 지민, 현지의 증언을 차례대로 검토하면서 모순 여부를 찾아내면 쉽게 문제를 해결할 수 있다.

i) 먼저 연경이의 증언이 참이라면, 효진이의 증언도 참이다. 그런데 효진이의 증언이 참이라면 현지의 증언은 거짓이 된다.

ii) 현지의 증언이 거짓이라면, '나와 연경이는 꽃을 꽂아두지 않았다.'는 말 역시 거짓이 되어 연경이와 현지 중 적어도 한 명은 꽃을 꽂아두었다고 봐야 한다. 그런데 효진이의 증언은 지민이를 지적하고 있으므로 역시 모순이다. 결국 연경이와 효진이의 증언은 거짓이다.

그러므로 다솜, 지민, 현지의 증언이 참이 되며, 이들이 언급하지 않은 다솜이가 꽃을 꽂아두었다.

12

정답 ③

이동 시간이 긴 순서대로 나열하면 'D – B – C – A'이다. 이때 이동 시간은 거리가 멀수록 많이 소요된다고 하였으므로 서울과의 거리가 먼 순서에 따라 D는 강릉, B는 대전, C는 세종, A는 인천에서 근무하는 것을 알 수 있다. 따라서 바르게 추론한 것은 ③이다.

13

정답 ③

- (가), (나), (라), (마), (바), (아)에 의해 E, F, G가 3층, C, D, I는 2층, A, B, H는 1층에 있다.
- (라)에 의해 2층이 '빈방 – C – D – I' 또는 'I – 빈방 – C – D'임을 알 수 있다.
- (나), (다)에 의해 1층이 'B – A – 빈방 – H' 또는 'H – B – A – 빈방'임을 알 수 있다.
- (마), (사)에 의해 3층이 'G – 빈방 – E – F' 또는 'G – 빈방 – F – E'임을 알 수 있다.

따라서 F는 반드시 3층에 투숙해 있다.

14

정답 ④

먼저 첫 번째 조건과 두 번째 조건에 따라 6명의 신입 사원을 각 부서에 1명, 2명, 3명으로 나누어 배치한다. 이때, 세 번째 조건에 따라 기획부에 3명, 구매부에 1명이 배치되므로 인사부에는 2명의 신입 사원이 배치된다. 또한 1명이 배치되는 구매부에는 마지막 조건에 따라 여자 신입 사원이 배치될 수 없으므로 반드시 1명의 남자 신입 사원이 배치된다. 남은 5명의 신입 사원을 기획부와 인사부에 배치하는 방법은 다음과 같다.

구분	기획부(3명)	인사부(2명)	구매부(1명)
경우 1	남자 1명, 여자 2명	남자 2명	남자 1명
경우 2	남자 2명, 여자 1명	남자 1명, 여자 1명	

경우 1에서는 인사부에 남자 신입 사원만 배치되므로 '인사부에는 반드시 여자 신입 사원이 배치된다.'의 ④는 옳지 않다.

15

정답 ①

제시된 내용을 정리하면 다음과 같다.

구분	월	화	수
주간(2명)	승원, 누리	연호, 승원	연호, 윤수
야간(1명)	윤수	누리	승원
휴식	연호	윤수	누리

- A : 승원이의 스케줄은 월요일부터 순서대로 주간 – 주간 – 야간이다.
- B : 수요일에는 연호와 윤수가 주간 근무를 하게 된다.

따라서 A만 옳다.

16

정답 ①

이번주 월요일이 홀수일이므로 다음 주 월요일은 짝수일이다.

구분	제1상영관	제2상영관
월(짝)	외국영화	외국영화
화(홀)	한국영화	한국영화
수(짝)	외국독립영화	휴관
목(홀)	한국영화	한국영화
금(짝)	외국영화	외국영화
토(홀)	휴관	한국영화
일(짝)	휴관	외국영화 무료상영회

- A : 계획 중인 무료상영회는 외국영화가 상영될 것이다.
- B : 두 상영관이 같이 외국영화를 상영하는 날과 같이 한국영화를 상영하는 날이 이틀로 같다.

따라서 A만 옳다.

17

정답 ④

제시문에서 전선업계는 구릿값이 상승할 경우 기존 계약금액을 동결한 상태에서 결제를 진행하고, 반대로 구릿값이 떨어지면 그만큼의 차액을 계약금에서 차감해줄 것을 요구하는 불공정거래 행태를 보여주고 있다. 이는 자신의 이익만을 꾀하는 행위로 ④가 적절하다.

오답분석

① 지난 일은 생각지 못하고 처음부터 그랬던 것처럼 잘난 체한다는 뜻이다.
② 일이 이미 잘못된 뒤에는 손을 써도 소용이 없다는 뜻이다.
③ 가까이에 있는 것을 도리어 알아보지 못한다는 뜻이다.
⑤ 상대방은 생각지도 않는데 미리부터 다 된 줄로 알고 행동한다는 뜻이다.

18

정답 ②

고대 중국인들은 하늘을 인간의 개별적 또는 공통적 운명을 지배하는 신비하고 절대적인 존재로 보았다. 따라서 이러한 고대 중국인들의 주장에 대한 반박으로는 사람이 받게 되는 재앙과 복의 원인은 모두 자신에게 있다는 내용의 ②가 가장 적절하다.

19

정답 ②

A는 경제 성장에 많은 전력이 필요하다는 것을 전제로 경제 성장을 위해서 발전소를 증설해야 한다고 주장한다. 이러한 A의 주장을 반박하기 위해서는 근거로 제시하고 있는 전제를 부정하는 것이 효과적이므로 경제 성장에 많은 전력이 필요하지 않음을 입증하는 ②를 통해 반박하는 것이 효과적이다.

20

정답 ②

제시문은 인간의 문제를 자연의 힘이 아니라 인간의 힘으로 해결해야 한다는 생각으로 정나라의 재상인 자산(子産)이 펼쳤던 개혁 정책의 특징을 설명하고 있다. 보기는 통치자들의 무위(無爲)를 강조하고 인위적인 규정의 해체를 주장하는 노자의 사상을 설명하고 있다. 따라서 노자의 입장에서는 인간의 힘으로 문제를 해결하려는 자산의 개혁 정책은 인위적이라고 반박할 수 있다. 즉, 이러한 자산의 정책의 인위적 성격은 사회를 해체해야 할 허위로 가득차게 한다고 비판할 수 있는 것이다.

오답분석

① 자산의 입장에서 주장할 수 있는 내용이며, 보기의 노자는 오히려 인위적 사회 제도의 해체를 주장했다.
③·④·⑤ 자산을 비판하는 입장이 아니라 자산의 입장에서 주장할 수 있는 내용이다.

제3영역 자료해석

01	02	03	04	05	06	07	08	09	10
⑤	④	④	④	④	②	④	②	④	④
11	12	13	14	15	16	17	18	19	20
⑤	②	①	④	③	⑤	①	⑤	③	④

01

정답 ⑤

영업부서와 마케팅부서에서 S등급과 C등급에 배정되는 인원은 같고, A등급과 B등급의 인원이 영업부서가 마케팅부서보다 2명씩 적다. 따라서 두 부서의 총성과급 차이는 $(420\times2)+(330\times2)=1{,}500$만 원이므로 옳지 않다.

오답분석

①·③ 마케팅부서와 영업부서의 등급별 배정인원은 다음과 같다.

구분	S	A	B	C
마케팅부서	2명	5명	6명	2명
영업부서	2명	3명	4명	2명

② A등급 성과급은 B등급 성과급보다 $\frac{420-330}{330}\times100≒27.3\%$ 많다.

④ 마케팅부서 15명에게 지급되는 총성과급은 $(500\times2)+(420\times5)+(330\times6)+(290\times2)=5{,}660$만 원이다.

02

정답 ④

최소 인구인 도시의 인구수 대비 최대 인구인 도시의 인구수 비는 지속적으로 감소해 2013년에 약 3.56배까지 감소했으나, 2023년에 약 3.85배로 다시 증가하였다.

오답분석

① B와 C도시는 조사기간 동안 인구가 지속적으로 증가하였으나, A도시의 경우 2003년 이후 지속적으로 인구가 줄고 있다.
② 2013년을 기점으로 A도시와 B도시의 인구수 순위가 뒤바뀐다.
③ B도시는 조사기간 동안 약 38%, 54%, 59%의 인구 성장률을 보이며 세 도시 중 가장 큰 성장률을 기록했다.
⑤ 최대 인구와 최소 인구의 차는 1993년 24,287명에서 2023년 28,241명으로 지속적으로 증가했다.

03

정답 ④

ㄱ. 2024년 2월에 가장 많이 낮아졌다.
ㄴ. 제시된 수치는 전년 동월, 즉 2023년 6월보다 325건 높아졌다는 뜻이므로 실제 심사건수는 알 수 없다.
ㄷ. 2023년 5월에 비해 3.3% 증가했다는 뜻이므로, 실제 등록률은 알 수 없다.

오답분석

ㄹ. 전년 동월 대비 125건이 증가했으므로 $100+125=225$건이다.

04

정답 ④

이뇨제의 1인 투여량은 60mL/일이고 진통제의 1인 투여량은 60mg/일이므로 이뇨제를 투여한 환자 수와 진통제를 투여한 환자 수의 비는 이뇨제 사용량과 진통제 사용량의 비와 같다.

- 2018년 : $3{,}000\times2<6{,}720$
- 2019년 : $3{,}480\times2=6{,}960$
- 2020년 : $3{,}360\times2<6{,}840$
- 2021년 : $4{,}200\times2>7{,}200$
- 2022년 : $3{,}720\times2>7{,}080$

따라서 2018년과 2020년에 진통제를 투여한 환자 수는 이뇨제를 투여한 환자 수의 2배보다 많다.

오답분석

① 2022년에 사용량이 감소한 의약품은 이뇨제와 진통제로 이뇨제의 사용량 감소율은 $\frac{3{,}720-4{,}200}{4{,}200}\times100≒-11.43\%$이고, 진통제의 사용량 감소율은 $\frac{7{,}080-7{,}200}{7{,}200}\times100≒-1.67\%$이다. 따라서 전년 대비 2022년 사용량 감소율이 가장 큰 의약품은 이뇨제이다.
② 5년 동안 지사제 사용량의 평균은 $\frac{30+42+48+40+44}{5}=40.8$정이고, 지사제의 1인 1일 투여량은 2정이다. 따라서 지사제를 투여한 환자 수의 평균은 $\frac{40.8}{2}=20.4$이므로 약 20명이다.
③ 이뇨제 사용량은 매년 '증가 – 감소 – 증가 – 감소'를 반복하였다.
⑤ 진통제 사용량은 매년 '증가 – 감소 – 증가 – 감소'를 반복하였다.

05

정답 ④

녹지의 면적은 2022년부터 유원지 면적을 추월하였다.

06

정답 ②

2014 ~ 2018년 전통사찰로 지정 등록된 수의 평균을 구하면 다음과 같다.

$(17+15+12+7+4)\div5=11$

따라서 평균은 11개소이다.

오답분석

① 2022년 전통사찰 지정 등록 수는 2021년보다 증가했다.
③ 2016년 전년 대비 지정 등록 감소폭은 3개소, 2020년은 2개소이다.
④ 해당 자료만으로는 전통사찰 총등록현황을 알 수 없다.
⑤ 2016년에는 2015년보다 오히려 감소했다.

07

정답 ④

ㄴ. 2020년 대비 2023년 분야별 침해사고 건수 감소율은 다음과 같다.

- 홈페이지 변조 : $\frac{390-650}{650}\times 100=-40\%$
- 스팸릴레이 : $\frac{40-100}{100}\times 100=-60\%$
- 기타 해킹 : $\frac{165-300}{300}\times 100=-45\%$
- 단순 침입시도 : $\frac{175-250}{250}\times 100=-30\%$
- 피싱 경유지 : $\frac{130-200}{200}\times 100=-35\%$

따라서 50% 이상 감소한 분야는 스팸릴레이 한 분야이다.

ㄹ. 기타 해킹 분야의 2023년 침해사고 건수는 2021년 대비 증가했다.

오답분석

ㄱ. 단순 침입시도 분야의 침해사고는 매년 스팸릴레이 분야의 침해사고 건수의 2배 이상인 것을 확인할 수 있다.

ㄷ. 2022년 홈페이지 변조 분야의 침해사고 건수가 차지하는 비중은 $\frac{600}{1,500}\times 100=40\%$로, 35% 이상이다.

08

정답 ②

논 면적이 가장 많이 감소한 해는 213－193=20ha로 2014년이지만, 20kg당 쌀값이 가장 비싼 해는 2021년이다.

오답분석

① 논 면적은 매년 감소하고 있다.

③ 2013 ~ 2022년 사이에 20kg당 쌀값이 상승한 연도는 2017 ~ 2021년으로 5년 연속 상승하였다.

④ 2013년과 2018년의 전체 쌀값이 A원으로 같다면 논 1ha당 수확한 쌀의 무게는 $\frac{20A}{(\text{논의 면적})\times(20\text{kg당 쌀값})}$이다.

- 2013년 : $\frac{20A}{213\times 44,000}=\frac{A}{468,600}$ kg/ha
- 2018년 : $\frac{20A}{173\times 45,000}=\frac{A}{389,250}$ kg/ha

따라서 1ha당 수확한 쌀의 양은 2018년이 더 많다.

⑤ 논 1ha당 수확 가능한 쌀의 무게를 $a$kg이라 하면, 2015년의 전체 쌀값은 $\frac{187\times a\times 37,500}{20}=350,625a$원이고 2020년의 전체 쌀값은 $\frac{166\times a\times 50,000}{20}=415,000a$원이다. 따라서 2020년의 전체 쌀값은 2015년의 전체 쌀값보다 비싸다.

09

정답 ④

전체 가입자 중 여성 가입자 수의 비율은 $\frac{9,804,482}{21,942,806}\times 100 \fallingdotseq 44.7\%$이다.

오답분석

① 남성 사업장 가입자 수는 8,059,994명으로 남성 지역 가입자 수의 2배인 3,861,478×2=7,722,956명보다 많다.

② 여성 가입자 전체 수인 9,804,482명에서 여성 사업장 가입자 수인 5,775,011명을 빼면 4,029,471명이므로 여성 사업장 가입자 수가 나머지 여성 가입자 수를 모두 합친 것보다 많다.

③ 전체 지역 가입자 수는 전체 사업장 가입자 수의 $\frac{7,310,178}{13,835,005}\times 100 \fallingdotseq 52.8\%$이다.

⑤ 가입자 수가 많은 집단 순서는 '사업장 가입자 – 지역 가입자 – 임의계속 가입자 – 임의 가입자' 순서이다.

10

정답 ④

2022년 하반기 대출·금융 이메일 스팸 비율은 전년 동기 대비 $7.9\div 1.9 \fallingdotseq 4.16$배 증가하였다.

오답분석

①·③ 제시된 자료를 통해 옳지 않음을 확인할 수 있다.

② 2021년 상반기와 2023년 하반기의 전체 이메일 스팸 수신량이 제시되지 않았으므로 비율을 통해 비교할 수 없다.

⑤ 2021년 상반기 대비 2023년 상반기 성인 이메일 스팸 비율의 증가율은 $\frac{19.2-14.8}{14.8}\times 100 \fallingdotseq 29.7\%$이다.

11

정답 ⑤

각 연령대를 기준으로 남성과 여성의 인구비율을 계산하면 다음과 같다.

구분	남성	여성
0 ~ 14세	$\frac{323}{627}\times 100 \fallingdotseq 51.5\%$	$\frac{304}{627}\times 100 \fallingdotseq 48.5\%$
15 ~ 29세	$\frac{453}{905}\times 100 \fallingdotseq 50.1\%$	$\frac{452}{905}\times 100 \fallingdotseq 49.9\%$
30 ~ 44세	$\frac{565}{1,110}\times 100 \fallingdotseq 50.9\%$	$\frac{545}{1,110}\times 100 \fallingdotseq 49.1\%$
45 ~ 59세	$\frac{630}{1,257}\times 100 \fallingdotseq 50.1\%$	$\frac{627}{1,257}\times 100 \fallingdotseq 49.9\%$
60 ~ 74세	$\frac{345}{720}\times 100 \fallingdotseq 47.9\%$	$\frac{375}{720}\times 100 \fallingdotseq 52.1\%$
75세 이상	$\frac{113}{309}\times 100 \fallingdotseq 36.6\%$	$\frac{196}{309}\times 100 \fallingdotseq 63.4\%$

남성 인구가 40% 이하인 연령대는 75세 이상(36.6%)이며, 여성 인구가 50% 초과 60% 이하인 연령대는 60 ~ 74세(52.1%)이다. 따라서 ⑤가 옳다.

12

정답 ②

A국 GDP는 18,562십억 달러로 나머지 다섯 국가의 GDP값의 합인 4,730+3,495+2,650+2,488+1,404=14,767십억 달러보다 크다.

오답분석

ㄱ. B국은 C국보다 GDP와 GDP 대비 국가자산총액 모두 높다.

ㄷ. (국가자산총액)=(GDP 대비 국가자산총액)×(GDP)÷100으로 F국과 D국의 국가자산총액을 구하면 다음과 같다.

- F국 : $\frac{828}{100}\times1,404 \fallingdotseq 11,625$십억 달러
- D국 : $\frac{522}{100}\times2,650=13,833$십억 달러

따라서 D국의 총액이 더 크다.

13

정답 ①

답변 중 '보통'에 응답한 비율은 남성이 17%, 여성이 20%이므로 남성의 비율은 여성의 $\frac{17}{20}\times100=85\%$에 해당한다.

오답분석

ㄱ. 남성의 긍정적인 답변율은 11+24=35%, 여성의 긍정적인 답변율은 6+14=20%로 긍정적인 답변은 남성이 더 높다.

ㄴ. 여성의 부정적인 답변율은 28+32=60%이고, 남성의 부정적인 답변율은 34+14=48%이므로 여성의 부정적인 답변율은 남성의 60÷48=1.25배이다.

ㄹ. 남성 200명과 여성 350명이 조사에 응답했다면, '매우만족'이라고 응답한 인원은 각각 남성이 200×0.11=22명, 여성이 350×0.06=21명이므로 남성이 여성보다 많다.

14

정답 ④

소비자물가지수는 상품의 가격 변동을 수치화한 것으로 각 상품의 가격은 알 수 없다.

오답분석

① 그래프를 보면 세 품목이 모두 2019년에 소비자물가지수 100을 나타낸다. 따라서 제시한 모든 품목의 소비자물가지수는 2019년 물가를 100으로 하여 등락률을 산정했다.

② 2023년의 자장면 소비자물가지수의 2019년 대비 증가지수는 115−100=15로 가장 많이 오른 음식이다.

③ 설렁탕은 2014년에 물가지수가 가장 낮은 품목이며, 2019년의 세 품목의 물가지수는 100으로 동일하다. 따라서 설렁탕이 2014년부터 2019년까지 물가가 가장 많이 오른 음식이다.

⑤ 세 품목의 2019년 물가지수 100이 기준이기 때문에 2023년에 물가지수가 높은 순서대로 가격 증가액이 높다. 따라서 2019년 대비 2023년은 '자장면, 설렁탕, 커피' 순으로 가격이 올랐다.

15

정답 ③

합계 출산율은 2015년에 최저치를 기록했다.

오답분석

① 2015년 출생아 수(435천 명)는 2013년 출생아 수(490.5천 명)의 약 0.88배로 감소하였다.

② 합계 출산율이 일정하게 증가하는 추세는 나타나지 않는다.

④ 2020년에 비해 2021년에는 합계 출산율이 0.014명 증가했다.

⑤ 주어진 그래프로 알 수 있는 사실이 아니다.

16

정답 ⑤

9월 말 이후의 그래프가 모두 하향곡선을 그리고 있다.

오답분석

①·③ 표를 통해 쉽게 확인할 수 있다.

② 환율이 하락하면 반대로 원화가치가 높아진다.

④ 유가 범위는 85 ~ 125 사이의 변동 폭을 보이고 있다.

17

정답 ①

2020 ~ 2024년 동안 전년 대비 투자액이 감소한 2024년을 제외한 나머지 해의 증가율은 다음과 같다.

- 2020년 : $\frac{125-110}{110}\times100 \fallingdotseq 13.6\%$
- 2022년 : $\frac{250-70}{70}\times100 \fallingdotseq 257\%$
- 2023년 : $\frac{390-250}{250}\times100=56\%$

따라서 2022년도에 전년 대비 증가율이 가장 높다.

오답분석

② 전년 대비 투자건수 증가율은 2024년에 $\frac{63-60}{60}\times100=5\%$로 가장 낮다.

③ 2019년과 2022년 투자건수의 합(8+25=33건)은 2024년 투자건수(63건)보다 적다.

④·⑤ 제시된 자료에서 확인할 수 있다.

18

정답 ⑤

6명 중 두 번째로 키가 큰 사람은 연준이며, 연준이의 몸무게는 4번째로 가볍다.

19

정답 ③

커피전문점은 치킨집보다는 5%p 낮고, 그 비율은 30% 이상(32%)을 차지하고 기타 업종이 5% 미만(3%)을 차지한다.

오답분석

① 기타의 비중이 5% 이상이다.
② 커피전문점이 치킨집보다 3%p 작다.
④ 커피전문점의 비중이 30% 미만이다.
⑤ 커피전문점의 비중이 1위이다.

20

정답 ④

ㄴ. 93.6kg×4,700만 명≒440만 톤이 2023년 전체 쌀 소비량임을 알 수 있다.
ㄷ. 2014년 전체 쌀 생산량은 469만 5천 톤인 데 비해, 쌀 소비량은 106.5×44,609,000≒475만 톤이므로, 생산량이 소비량보다 적었다.

오답분석

ㄱ. 농가 인구와 비농가 인구의 인구 구성비율을 알 수 없으므로, 1인당 쌀 소비량만으로는 농가에서의 소비량과 비농가에서의 소비량을 서로 비교할 수 없다.

제4영역 창의수리

01	02	03	04	05	06	07	08	09	10
⑤	①	①	④	④	②	②	①	②	②
11	12	13	14	15	16	17	18	19	20
⑤	③	①	⑤	④	⑤	③	①	①	③

01

정답 ⑤

앞의 항에 +7, +14, +21, +28, …인 수열이다.
따라서 ( )=65+35=100이다.

02

정답 ①

앞의 항에 ×(−3)인 수열이다.
따라서 ( )=−459×(−3)=1,377이다.

03

정답 ①

앞의 항에 +1, +1.1, +2, +2.2, +3, +3.3, …인 수열이다.
따라서 ( )=23.6+4.4=28이다.

04

정답 ④

앞의 항에 $+1$, $+\frac{1}{2}$, $+\frac{1}{3}$, $+\frac{1}{4}$, …인 수열이다.

따라서 ( )$=\frac{29}{12}+\frac{1}{5}=\frac{157}{60}$이다.

05

정답 ④

나열된 숫자를 각각 A, B, C라고 하면 다음과 같은 관계가 성립한다.

$\underline{A\ B\ C} \rightarrow C=-\frac{1}{2}(A+B)$

따라서 ( )=(−2)×(−13)+4=30이다.

06

정답 ②

$x(3x+6)+12=84$
$\rightarrow 3x^2+6x+12=84$
$\rightarrow 3x^2+6x-72=0$
$\rightarrow x^2+2x-24=0$
위의 식을 인수분해하면 다음과 같다.
$(x+6)(x-4)=0(\because a+b=2,\ ab=-24 \rightarrow a=6,\ b=-4)$
$\therefore x=-6$ 또는 4
따라서 x의 해 2개의 합은 −6+4=−2이다.

07

정답 ②

두 소금물을 모두 섞으면 소금물의 양은 1,000g이 되고, 각 소금물에 들어있는 소금의 양은 다음과 같다.

- 농도 8%의 소금물 200g에 들어있는 소금의 양

  : $200\times\frac{8}{100}=16\text{g}$

- 농도 3%의 소금물 800g에 들어있는 소금의 양

  : $800\times\frac{3}{100}=24\text{g}$

따라서 두 소금물을 모두 섞었을 때 소금물의 농도는

$\frac{16+24}{1,000}\times100=4\%$이다.

08

정답 ①

여학생 수 비율을 a라고 하면 남학생 수 비율은 $(1-a)$가 되고, 각 남녀의 총점과 전체 총점에 대한 방정식을 세우면 다음과 같다.

$60a\times1,000+45(1-a)\times1,000=51\times1,000$

$\rightarrow 60a+45(1-a)=51$

$\rightarrow a=\frac{2}{5}$

따라서 여학생의 인원은 $1,000\times\frac{2}{5}=400$명이다.

09

정답 ②

A, B가 각각 하루에 포장한 제품의 개수는 A의 작업량인 $310\times5=1,550$개로 서로 같다.

B가 처음 시작하는 1시간 동안 x개의 제품을 포장한다고 하면

$x+2x+4x+8x+16x=1,550$

$\rightarrow 31x=1,550$

$\therefore x=50$

따라서 B가 1시간 동안 포장하는 제품의 개수는 50개이다.

10

정답 ②

최저 합격 점수를 x점이라고 하면 30명의 평균은 $(x+5)$, 합격자의 평균은 $(x+30)$, 불합격자의 평균은 $\left(\frac{x+2}{2}\right)$이다.

$30(x+5)=20(x+30)+10\left(\frac{x+2}{2}\right)$

$\rightarrow 30x+150=20x+600+5x+10$

$\rightarrow 5x=460$

$\therefore x=92$

따라서 최저 합격 점수는 92점이다.

11

정답 ⑤

두 사람이 내릴 수 있는 층은 $1\sim8$층이다.

따라서 두 사람이 엘리베이터에서 내리는 경우의 수는 $8\times8=64$가지이고, 같은 층에서 내리는 경우의 수는 8가지이다.

두 사람이 같은 층에서 내릴 확률은 $\frac{8}{64}=\frac{1}{8}$이므로 서로 다른 층에서 내릴 확률은 $1-\frac{1}{8}=\frac{7}{8}$이다.

12

정답 ③

50,000원을 넘지 않으면서 사과 10개들이 한 상자를 최대로 산다면 5상자($9,500\times5=47,500$원)를 살 수 있다. 나머지 금액인 $50,000-47,500=2,500$원으로 낱개의 사과를 2개까지 살 수 있으므로, 구매할 수 있는 사과의 최대 개수는 $10\times5+2=52$개이다.

13

정답 ①

식물의 나이를 각각 x, y세라고 하자.

$x+y=8\cdots$ ㉠

$x^2+y^2=34\cdots$ ㉡

㉡을 변형하면 $x^2+y^2=(x+y)^2-2xy$가 되는데, $x+y=8$을 대입하면

$34=64-2xy \rightarrow xy=15\cdots$ ㉢

㉠과 ㉢을 만족하는 자연수 순서쌍은 $(x,\ y)=(5,\ 3),\ (3,\ 5)$이다.

따라서 두 식물의 나이 차는 2세이다.

14

정답 ⑤

원가를 x원이라고 하자. 정가는 $(x+3,000)$원이다.

정가에 20%를 할인하여 5개 팔았을 때 순이익과 조각 케이크 1개당 정가에서 2,000원씩 할인하여 4개를 팔았을 때의 매출액은 같으므로 식을 세우면 다음과 같다.

$5\{0.8\times(x+3,000)-x\}=4(x+3,000-2,000)$

$\rightarrow 5(-0.2x+2,400)=4x+4,000$

$\rightarrow 5x=8,000$

$\therefore x=1,600$

따라서 정가는 $1,600+3,000=4,600$원이다.

15

정답 ④

평지의 거리를 $x$km, 평지에서 언덕 꼭대기까지의 거리를 $y$km라고 하자.

$\frac{x}{4}+\frac{y}{3}+\frac{y}{6}+\frac{x}{4}=6$

→ $\frac{x}{2}+\frac{y}{2}=6$

$\therefore x+y=12$

따라서 철수가 걸은 거리는 왕복한 거리이므로 $12\times2=24$km이다.

16

정답 ⑤

양 팀이 한 번씩 승부차기를 하고도 경기가 끝나지 않는다는 것은 양 팀 모두 성공하거나 실패하는 경우이다.

- 양 팀 모두 성공할 확률 : $0.7\times0.4\times100=28\%$
- 양 팀 모두 실패할 확률 : $0.3\times0.6\times100=18\%$

따라서 경기가 끝나지 않을 확률은 $28+18=46\%$이다.

17

정답 ③

처음 숫자는 $10x+y$, 바꾼 숫자는 $10y+x$이다. 바꾼 숫자는 처음 숫자보다 9가 크므로 식으로 나타내면 다음과 같다.

$10x+y+9=10y+x$

→ $9y=9x+9$

$\therefore y=x+1$

따라서 처음 숫자는 $10x+y=10x+(x+1)=11x+1$이다.

18

정답 ①

밭은 한 변의 길이가 12m인 정사각형 모양이다. 한 변의 양 끝에 점을 찍고 그 사이를 1m 격자 형태로 점을 찍으면 한 변에 13개의 점이 찍히고 인접한 점 사이의 거리는 1m가 된다. 사과나무 169그루는 13^2그루이기 때문에 각 격자점에 한 그루씩 심으면 일정 간격으로 심을 수 있게 된다.

따라서 나무 사이의 거리는 1m이다.

19

정답 ①

B팀이 전반전에 딴 점수를 x점이라 하면 A팀이 딴 점수는 $(x+7)$점이고, B팀이 후반전에 딴 점수를 y점이라 하면 A팀이 딴 점수는 $\frac{3}{5}y$점이다.

$x+7+\frac{3}{5}y=75$ → $x+\frac{3}{5}y=68$ ⋯ ㉠

$x+y=78$ ⋯ ㉡

㉡−㉠을 하면 다음과 같다.

$\frac{2}{5}y=10$

$\therefore y=25$

따라서 A팀이 후반전에 딴 점수는 $\frac{3}{5}\times25=15$점이다.

20

정답 ③

3대의 버스 배차시간은 30분, 60분, 80분으로 첫차 시간 오전 7시 이후에 다시 같이 만나는 시각은 배차시간의 최소공배수를 구하면 된다. 배차시간의 최소공배수는 $10\times3\times2\times4=240$분으로 $240\div60=4$시간마다 3대의 버스가 같이 출발한다.

따라서 오전 7시 다음에 같은 정류장에서 같이 출발하는 시각은 $7+4=11$시(오전)이다.

2025 하반기 시대에듀 사이다 모의고사
CJ그룹 CAT 온라인 적성검사

개정12판1쇄 발행	2025년 08월 20일 (인쇄 2025년 07월 16일)
초 판 발 행	2018년 10월 10일 (인쇄 2018년 09월 14일)
발 행 인	박영일
책 임 편 집	이해욱
편 저	SDC(Sidae Data Center)
편 집 진 행	안희선 · 조승흠
표지디자인	김경모
편집디자인	김경원 · 고현준
발 행 처	(주)시대고시기획
출 판 등 록	제10-1521호
주 소	서울시 마포구 큰우물로 75 [도화동 538 성지 B/D] 9F
전 화	1600-3600
팩 스	02-701-8823
홈 페 이 지	www.sdedu.co.kr
I S B N	979-11-383-9661-5 (13320)
정 가	18,000원

사
이
다

사일 동안
이것만 풀면
다 합격!

CJ그룹
온라인 CAT

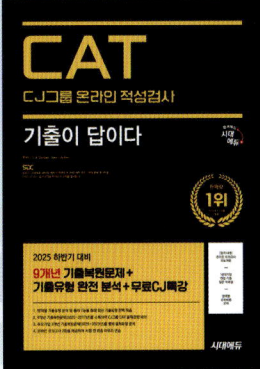

시대에듀가 합격을 준비하는
당신에게 제안합니다.
성공의 기회
시대에듀를 잡으십시오.
NEXT STEP
시대에듀
기회란 포착되어 활용되기 전에는 기회인지조차 알 수 없는 것이다.
– 마크 트웨인 –